belle vue

人生風景・全球視野・獨到觀點・深度探索

belle vue 51

放意人生

運用PLAY模式×SAVOR法則，養成樂趣習慣，活出快意人生

作　　者　麥克・魯克（Mike Rucker）
譯　　者　潘昱均
總 編 輯　曹　慧
主　　編　曹　慧
編輯協力　陳以音
封面設計　比比司設計工作室
內頁排版　楊思思
行銷企畫　林芳如
出　　版　奇光出版／遠足文化事業股份有限公司
　　　　　E-mail：lumieres@bookrep.com.tw
　　　　　粉絲團：https://www.facebook.com/lumierespublishing
發　　行　遠足文化事業股份有限公司（讀書共和國出版集團）
　　　　　http://www.bookrep.com.tw
　　　　　23141新北市新店區民權路108-2號9樓
　　　　　電話：(02) 22181417
　　　　　郵撥帳號：19504465 戶名：遠足文化事業股份有限公司
法律顧問　華洋法律事務所 蘇文生律師
印　　製　成陽印刷股份有限公司
初版一刷　2024年8月
定　　價　460元
I S B N　978-626-7221-64-8 書號：1LBV0051
　　　　　978-626-7221-65-5（EPUB）
　　　　　978-626-7221-66-2（PDF）

國家圖書館出版品預行編目資料

放意人生：運用PLAY模式×SAVOR法則，養成樂趣習慣，活出快意人生 / 麥克・魯克（Mike Rucker）著；潘昱均譯. -- 初版. -- 新北市：奇光出版, 遠足文化事業股份有限公司, 2024.08

面；　公分

譯自：The fun habit : how the pursuit of joy and wonder can change your life.

ISBN 978-626-7221-64-8（平裝）

1. CST: 幸福　2. CST: 自我實現　3. CST: 成功法

177.2　　113008763

線上讀者回函

運用PLAY模式╳SAVOR法則，養成樂趣習慣，活出快意人生

放意人生

Mike Rucker, Ph.D.

美國正向心理學家
麥克・魯克 著　**潘昱均** 譯

The Fun Habit

How the Pursuit of Joy
and Wonder Can Change Your Life

Contents

獻給布萊恩・魯克。希望我們再見面時，能看到你和博登與康奈爾在一起，幾個人一起喝著紅酒，享受美食，旁邊陪著開心果法利和赫德伯格。記憶的功用在於提示，提醒你充分利用每一天，包括把這本書讀到最後。最終你會發現世上有更多好玩的事，我知道這會使你快樂。愛你，兄弟。

作者的話

我在二〇二〇年年初開始整理本書的完稿，然後，我相信你已知道那年發生了什麼，百年難遇的一件奇事——全球疫情大爆發。就在美國開始接種疫苗，試圖恢復某種不穩定的新常態時，我把本書第一版定稿交了上去。換句話說，我寫這本書的時候，是我們全人類正**集體**經歷人生最無聊的一段時光（希望啦）。

本書的概念經過嚴格的戰鬥性檢驗，但那是在「正常」情況下；而新冠疫情導致完全陌生的情況。經過疫情肆虐這段最具挑戰性的時期，追求樂趣不再是人的首要議題，包括我自己在內。二〇二〇年五月我病得很重；是得了初期流行的新冠感染和種種壓力加在一起的後遺症。我幾個月都無法入睡，要維持日常生活都近乎困難，更別提找什麼樂子了。雖然我很滿意我在書中提出的內容，但也犯了「冒名頂替症候群」（impostor syndrome）[a]的毛病，明明寫了一篇又一篇討論樂趣的好文章，卻害怕自己

a 譯註：「冒名頂替症候群」：心理學現象，意指明明自己做得對或做得好，卻擔心自己只是走好運，終有一天會被人發現是冒牌貨。

欠缺太多親身體驗，終究會被人發現是個冒牌貨。儘管身體毛病不斷，我仍認為自己很幸運。試想，有數百萬人失去生計，失去親人；更不幸的是失去性命。除了疫情擴散、病毒難以控制外，世人還須解決制度性種族主義和不平等的問題，要抗衡政治動盪，要對抗氣候變遷的挑戰，麻煩清單上的問題還更多。當我們連身心安全的需求都無法滿足的情況下，難怪沒什麼人關心追求更高的需求。

在疫情如此嚴峻的情況下若說還有一絲欣慰，那就是它為我們提供了一輩子僅只一次的機會，讓我們得出空檔觀察自己從前的生活——包括行程安排、人生步調、執著的事——從而提出重要的問題：這就是我想要的人生嗎？什麼是偶然，什麼是注定？我能活得更認真嗎？甚至，是的：**人生可以充滿更多樂趣嗎？**

若有人正在找尋這些問題的答案，本書正能派上用場。無論我們是否全然領悟，這場疫情的確讓我們更加熟悉本書的重要概念：有了這次經驗，我們終於知道浪費寶貴時間、無法做喜愛的事有多麼痛苦了。無法與朋友家人即時互動是一種折磨；孤單一人接觸不到他人時會有多難受。我們意識到以下這個說法的真相：「安全大多是一種迷信」，並且都渴望回到「大膽的冒險」。[1]

現在是我們回歸大膽冒險，重新找回樂趣的時候了——踏上一條復原之路，不僅是為了我們自己，也是為了我們所愛的人，最後你會發現，這也是為了整個社會。

前言

我一生都在尋找幸福快樂，這就像一個謎題，我永遠解不開。青少年時，我無可救藥地抱持著一個痛苦願望，不顧一切想在家鄉加州戴維斯的社會結構中找到自己的定位。十幾歲的我在家中不快樂，然後我看開了，想看看快樂是否在世界其他地方等著我。從那時候起，我走了一段相當漫長的路。

人們一直在追求幸福，但將幸福快樂視為一種習得技能的想法卻從未普及。到今天出現了一個由權威大師、心理學家、專門機構組成的幸福產業鏈，試圖對此難題做出「解答」。這類書籍一本又一本出版，由神經學、心理學、宗教和靈性等各種角度解說人們該如何擁有更多幸福快樂。幸福終將到來的願景，總能引起人們的共鳴，因為幸福所帶來的滿足與財富、成就或其他外在特質都不一樣。然而，當我們試圖克服看似不可能的逆風，走向美好人生時，大部分人都感到無助。

所有人都一樣，上至與過去歡樂緣分告終的嬰兒潮世代，下至忍受孤獨、焦慮、過勞無一不創紀錄的年輕世代，追求幸福為我們的人生難題帶來希望。人們的想法是，只要啟動了「幸福開關」，生活中的其他挑戰就不再那麼逼人難耐。無論我們的處境多麼嚴峻，我們都能找到內心的滿足。我不是說過嗎？現代辦公室還為員工設置了「禪堂」。[2]

然而，你很快會發現，追求幸福這件事本身可能就是個陷阱。事實上，對我們大多數人來說，幸福就是個追求目標，除了追求還是在追求。我知道，因為我自己也曾陷入追求幸福的陷阱。早在二〇一六年初，我覺得自己已經滿足了幸福快樂必備的所有條件：美滿的婚姻和兩個健康的孩子；事業有成，無論從白手起家自行創業的角度看，或從企業內部革新的角度看都是如此。我參加過兩次鐵人三項，遊歷廣闊，足跡遍及各大洲。我拿到博士學位，畢業論文是經過同儕審查並發表出版的那種。在我的專業領域聲譽卓著、獲獎無數。絕大多數人都會說我擁有一切。從外在條件看，我的人生美好。除此之外，我身為國際正向心理學協會（the International Positive Psychology Association）的創始會員，更掌握各項快樂研究的最新知識，自然也將所有最新發現用在自己的生活中。我還是量化自我（Quantified Self）[a]社團的成員，以致在生活品質外，更講究以量化數據提升生活，也就是——我會記錄我的好日子和壞日子，不斷尋找其中關聯和改進方法。我已做到極致了，不會再有什麼快樂方法是未經我實踐的，也沒有我沒用過的快樂技巧。

我是個熱愛寫作的部落客，為了支持這項愛好，我每三個月、也就是在十二月、三月、六月和九月的二十三日左右會發送季度電子報。二〇一六年六月二十三日，一切如常，我按下電子報的「送出」鈕。把事情完成的感覺就像拿下一場勝利，此刻的人生真是太讚了。在電子報最後，我還開心地寫下最近我才和至愛的弟弟布萊恩完成了某件此生心願清單上的項目——我們去搭了京達卡雲霄飛車（Kingda Ka），那可是世上最高的雲霄飛車啊！

然後在電子報送出不久後，不到二十四小時，我的弟弟竟意外去世了，死因是肺栓塞。這感覺超現實：才剛和朋友、家人、網友分享了我和布萊恩共度的愉悅經歷，一下子他卻不幸逝世，歡笑共度的場景從此不再。當震驚消失，我卻陷入深切的悲傷和不安。這段時期像是一條不請自來的道路出現在我面前，要我質疑一切。

不久後我住院了，我需要動髖關節的大手術。當手術後醒來，我感覺不到我的腿。躺在醫院病床上，我努力保持正面的態度。我的生活建立在身體活動無虞和正向心態所帶來的益處上。現在的我正學著適應現實，我再也不能參加賽跑了，在情感上我一團亂。傳統的正向心理學工具對我不再有效，無論做多少冥想，無論在日記上寫下多少感恩文字，仍抓不到任何快樂感受。到最後，我不得不承認這些工具已經失

a 譯註：量化自我（Quantified Self）是藉由記錄及追蹤個人數據，進而管理生活的行爲。此觀念從二〇〇八年由Wired雜誌提出，在行動裝置普及的年代大量盛行，就如現代人多利用智慧穿戴裝置測量睡眠、運動、心率等數據並記錄比較，就是藉由量化自我管理生活。

效。一個堅信人生意義建築在幸福快樂上的人，如今卻無法感到幸福快樂，我經歷了嚴重的認知失調。我以為自己早把人生看透了，現在的我又迷失。

謝天謝地，我的雙腿又有感覺了。在接下來的幾個月康復期，我開始意識到一些重要的事。我開始懷疑，如此急切想得到幸福快樂是否也是個問題。當我不再以人生快不快樂、幸不幸福評斷自己，奇妙的事情就發生了。那些我為了追求幸福而不停耗費的能量，終於可以用在其他地方了。就算我人生缺乏的如鴻溝般大，當我不再糾結在那一點上，而是開始在當下做出更好選擇，利用時間採取行動，這時才有樂趣。正如你將會讀到的內容，包括簡單的小事，例如以創造性方式安排時間與老婆交流，或利用一種非正統的物理治療手段，讓我有機會在與女兒溝通的同時成為更好的舞者。

隨著時間過去，這種認知逐漸發展為全面體悟。我終於了解到，我之前為了所謂的人生幸福付出的努力和心血是多麼徒勞，甚至適得其反——不僅是在這段危機時期，而是經年累月。為了快樂幸福所付出的努力，已耗去我有限的時間和我應該用來體驗人生的精神。

從科學角度來說，我的領悟完全合理。人類進化出快樂需求是有原因的：是為了引誘我們去做那些能增加生存機會的事和活動。如果我們總是感到滿足，就沒有前進的動力。有時候驅動我們的力量，並非幸福或快樂本身，而是**不滿足**。然而，儘管我們在觀念上理解這點，但人人也依然故我地要追求幸福。正如薛西弗斯無意識地將巨石滾上山，又眼睜睜地看著它滾下去。為了擁有幸福、保有快樂，我們不斷努力，卻從不質疑努力的價值。

就我個人而言，我現在已來到新的階段，我相信刻意關心自己是否幸福快樂只會讓我注意到我缺乏的事，讓我更不快樂。（我後來了解到，幸福科學的新興研究也支持這個論點，而我將在本書中分享這些研究。）我開始接受事實，我的弟弟過世了，我不快樂我很悲傷；我的身體需要復建，我不快樂我很害怕，這些情緒是在悲劇發生時適當且不可避免的反應。悲傷和痛苦是人類經驗的一部分，在我不斷追求幸福快樂的過程中，我非但沒有接受這些事實，反而試圖抑制悲傷、逃避痛苦，從而加深了我的痛苦。我過度強調人對快樂的需要，沒有尊重有些事也需要消化、感懷和哀悼。

如果刻意追求快樂讓我痛苦不堪，那人還有什麼選擇呢？我們人類還有什麼可靠的東西**可以**幫助我們度過黑暗時期？大哉問，我決定問一些不需這麼嚴肅內省的問題，而是站在同情的角度，全面審視自我價值觀。儘管我處於悲傷狀態，當我拋開自責努力思索時，一瞬間，洞察力突然出現：我不可能一直處在幸福快樂當中，但我永遠可以找到樂趣。我可以透過刻意安排，創造出享受與愉悅的時刻——是的，即使在自己很悲傷的時候。正如你將讀到的內容，玩樂可以與各種情緒狀態同時並存，甚至完全超越它們。

與幸福的感受不同，我所說的「找樂趣」並不是你人生處境的反映，而是一種行動導向，可由你控制且幾乎可以隨時隨地實踐。它對身心有益，因為與其擔心人生裡沒有的東西，倒不如關心有什麼能讓你即時得樂。

享受樂趣是加強幸福感受的直接神經途徑——然而，就像我找到它的過程一樣，享受樂趣也是需要訓練才能習得的技巧，至少對那些只會嚴肅看待人生的成人來說是如此的，而孩子自然就會玩樂。身為成年人，我們面臨三個障礙：

1. 隨著年歲增長，我們習慣性地認為玩樂是幼稚的，甚至是不恰當的。
2. 我們低估了玩樂對身心的好處。
3. 我們被一個違反直覺的事實困擾：玩樂對於忙碌的成年人來說居然需要紀律才能做到，這聽起來……嗯，不好玩。

當你讀完這本書，你會獲得清晰可信的科學證據，證明玩樂是維持生命有效且重要的元素。你還會學到策略技巧，以一種舒服明確的方式讓樂趣規律存在於生活中，不用勉強，不是虛假。這些技巧大大改善了我的幸福感，我也用這些技巧幫助他人獲益。

我不是初入凡塵的大師。當我說不要再追求幸福，應該開始享受樂趣時，這些原則完全基於嚴格評審的科學研究。我和我的團隊花了數年時間來驗證，你也會讀到這些想法和策略。我們都有能力過著更歡樂的人生，我們只是沒有合適的工具，而這本書解決了這個問題。

1 樂趣是解藥 Fun Is the Antidote

「我一生中曾有一段時間，認為自己擁有一切——萬貫家財、豪宅、汽車、華服、美女，以及任何你能想像到的各種物質東西，而我現在只求平靜。」

——美國演員李察・普瑞爾（Richard Pryor）

亞利桑納州鳳凰城某個乾旱如常的冬日，一位名叫威爾・諾瓦克的男子收到一封電子郵件，信中邀請他參加單身派對。聽起來很好玩啊：在佛蒙特州滑雪，度過一個狂野週末。派對是八〇年代的主題，有燒烤和義大利美食、啤酒、美麗的初雪。只有一個小小問題，派對主角是新郎安傑羅，威爾根本沒聽過他，也不認識他的任何伴郎；一定有人發錯了邀請函。（值得注意的是，有個伴郎叫比爾・諾瓦克，而比爾是威廉的小名。）不過，讀到這封電子郵件讓威爾心情很好，身為一個十個月大嬰兒的父親，無疑很需要放鬆。

他自顧自地笑了起來，寫了回函：「他媽的也算我一個！從邀請函內容看來，安傑羅聽起來棒極了，我想幫他好好地告別單身，我希望他的新娘（或新郎）非常棒。」他還附上了他的T恤尺寸。

他從沒想過會收到回音，他只是向宇宙丟出石子，這顆石子卻激起了些漣漪。伴郎們認為威爾很有趣——他太搞笑了，一定會為派對加分。威爾很快得到回覆：「如果你是認真的，我們也是認真的，那就來吧。」

威爾愣住了。**他真的要去嗎？**這趟旅行要花一千美元，家裡還有妻小要顧，加上翻修房子經濟上已經很窘迫。而且……對方都是陌生人。但另一方面，他從十四歲起就沒有再去滑雪過。他的生活雖然充實，但就像大多數新手父母一樣，生活充滿爆炸多的尿布和睡眠不足，打個小盹都算冒險。

因此他不想拒絕，而是加倍努力。他在GoFundMe平台發起募款活動，訴求「幫我參加陌生人的單身派對。」這可是重要的事，為了一個睡眠嚴重不足的新手爸爸，為了一群隨性策畫派對的兄弟團。一開始只有幾十人支持，到最後有數百人跳上來贊助，這些人在當天沒有做其他更正經的事，都到GoFundMe平台上投幾塊錢。當天還沒到募款結束，威廉的旅行資金就已全部到位。到最後共有兩百二十四人捐了四千六百一十五美元，這項募款活動轉發六千三百次。（超出旅費之外的錢以準新郎和新娘的名義捐給一個名為「大學／食品／玩具／任何所需」的兒童慈善基金會。）

如果你覺得這件事太荒唐了，請暫時站在威廉的立場思考，設想一下這是一種如何的體驗：

將錯就錯的大玩笑。

因冒險激發出的腎上腺素大爆發。

從平凡躍入非凡的純粹喜悅。

隨性而至的旅行帶來的刺激感和玩樂的可能性。

結交新朋友的獎勵。

以健康形式逃避現實的機會。

威爾的故事在去蕪存菁之後是存粹的樂趣。在老婆的祝福下，他登上飛機，度過一段愉快的時光，創造終生難忘的回憶。對其他人來說，他成了傳奇。等到有一天，他的孩子會看到這些照片，難以置信地大笑，因為他的父親竟做出如此性之所至的事情。

我說這個故事的目的並不是說你應該效仿威爾，要你拋開每日行程轉去做別的事。這並不是本書的重點。歸根究柢，故事的重點根本不是威爾，而是所有在場外為他的冒險鼓勵歡呼的人，這些如病毒般散布的熱情是有啟發性的。人們資助威爾的募款活動或贊助網路上其他好玩的事都是有原因的（當然你也可以說那些是「毫無意義」的無聊事）：

我們生活在極度缺乏樂趣的世界，我們無法自己找樂子，就只能敲幾個按鍵，把找樂子的事託付給像威爾這樣的人。

所以玩樂是——或說應該是——人人都能獲得的基本物品。如果人生必定有失望、痛苦和失落，玩樂就是神奇的膏藥，就算巨石襲來、利箭穿身，只要好玩就能讓命運無情的折磨變得可以忍受。

從出生開始，玩樂對於人類大腦的發育至關重要，如利用「躲貓貓」這樣簡單遊戲讓我們埋下理解世界的種子。孩童的玩樂有助於發展基本的社交和運動技能，建立界線也測試極限，定義自己與世界的關係。在青春期和成年早期，我們利用玩樂來探索生活，找尋是什麼人事物會帶給我們快樂。我們經歷不同角色和身分，最終形成成熟的自我意識。（以喜劇動畫《南方四賤客》（South Park）裡大廚（Chef）的名言來說，就是「有段時間、有個地方是為所有事做準備，那就是大學。」）

當我們慢慢進入成年，生活可能變得更複雜，玩樂成為豐富人生的工具，也成為卸除生活壓力的排氣閥，同時也維持我們的健康：因為玩樂帶來的歡笑和幽默感可以減少焦慮、減輕壓力、增強自尊、自我激勵。玩樂帶來的趣味可以改善呼吸和循環，降低脈搏和血壓，有助於將腦內啡釋放到血液中。玩樂可以緩解孤獨和無聊。當年齡增長，玩樂是保持活力的關鍵。

這就是玩樂的真相和潛力，至少應該是這樣的。但可悲的現實是，我們多半在剛成年時就放棄了它，因為「我們總有一天會長大，對吧？」《華爾街日報》曾有一篇文章〈衰老過程中被忽視的技能：如何享受樂趣〉，作家克萊兒．安斯貝里（Clare Ansberry）在文中表示，在整個成年過程中，我們多半都忘記了如何玩樂。我們讓這個重要技能被削弱，因為我們錯誤地認為它幾乎沒有什麼價值，而事實是，「歡笑、放鬆、享樂、消遣——這些都可作為壓力、憂鬱和焦慮的解藥。」[1]

親愛的讀者，你既然買了這本書，很可能對我們缺乏樂趣的人生感到懷疑。若是如此，你很特別。很多人都認為玩樂是幼稚的、沒有必要的、分散專注力的，甚至是危險的。我知道，因為當我告訴別人我正在寫一本讓人重新正視玩樂的書時，我看到他們的反應充滿疑惑。有人緊張地扭頭看別的地方，有人輕聲低笑轉移話題，還有人雖熱情點頭，卻只是等待時機，想證明為什麼在他們的情況下玩樂不能優先考慮。

在重視生產力高於一切的社會，我們已經接受了這樣的觀念：玩樂是「有，也不錯」。玩樂並不出現在日常的重要時刻，而是規畫在一年一度的度假時間裡。如果幸運的話，也許週末還能來一趟一次性的冒險行動。根據人力資源公司Zenefits的調查資料，美國的帶薪休假時間是已開發國家中最少的，但許多美國雇員必須在公司的督促下才會使用帶薪休假。[2]日復一日，我們不管在精神上或身體上都綁在辦公桌前，只能對著待辦清單生悶氣。在身心俱疲之下，我們既然無法選擇在生活中來次冒險，只好透過像威廉這樣的人替我們滿足需求。他們像是出來搞笑的甘草人物，不時出現在我們的社群消息中。

當我說「選擇去冒險」，我並不是指要去跨州旅行和陌生人聚會，也不是去做什麼其他更激進的事。**我的意思是：用心生活，有意識地把日子慢慢過成能享受樂趣的日子——就從現在的生活開始，而不是幻想明天。這概念我稱之爲「玩樂的生活實踐」**。

要想在生活中實踐玩樂並養成習慣，首先要徹底重新認知什麼是「樂趣」，以及它為什麼是健康、幸福、成功的關鍵，甚至它的重要性比我們想的更重要。

只有工作，沒有玩樂

我們是如何來到這裡的？在美國和歐洲，人們多半接受古老基督新教對職業道德的詮釋，這是美國夢的精神軟肋：努力工作是一種美德。對清教徒來說，成功不僅定義了人的自我價值，也定義了我們的精神價值。如此，真正的靈魂才會處於平衡。在這樣的背景下，工作是否努力以及工作的產出就變成非常嚴肅的事了！

如果工作是神聖的，那干擾工作的事——又名玩樂——不僅毫無價值，更是**邪惡的**。

遵循同一福音的教導，要想創造財富和實現美國夢，只要努力工作就夠了——儘管現代社會學表示，貧窮與個人的關係要複雜得多。記者兼社會評議家芭芭拉·艾倫瑞克（Barbara Ehrenreich）在她的著作《我的底層生活》（*Nickel and Dimed*）[3]中描述她如何只靠一份最低工資的工作謀生，生動地證明了這一點。簡單做結論：在沒有個人儲蓄或有意義的社會安全網下，做最底層工作的人連勉強餬口也嚴重地無能為力，努力工作根本不足以克服困境。

儘管如此，由工作衍生的各種觀念（在各層面上）仍然根深蒂固。我們的自我價值感隨著個人的生產力上升或下降。暢銷書作者拉哈芙·哈弗斯（Rahaf Harfoush）在《未來、工作、你》（*Hustle & Float*）[4]一書中強調，工作是一種美德——無論它與快樂、意義或勞動成果有多麼悖離——因為工業革命將工作細分為瑣碎的小任務，且藉由測量來最佳化小任務的產值，在此過程中工作努力很有幫助。這是所謂的「演算法工作」（algorithmic work），工作內容可由一定的順序模式重複進行，這是過去許多人的謀生形式。[5]就如我的祖父，他在奧克拉荷馬州有一家鑄造廠，他和同事每天早上同一時間進廠工作，每一天，每個人都知道別人對他的期望是什麼。這種工作耗費的體力非常繁重，所以沒有熬夜這回事。你知道該做什麼，也做了該做的事，更得到了報酬，工作以外的剩餘時間都是你自己的。

到了一九七〇年代，迎來了資訊時代。許多工人不再製造小零件，而是在新興的「知識工作」領域進行交易。智慧財產和創新成為工作產品，我們不再是產線上的工人，操作裝著鏈輪與齒輪的機器；我們自己**就是**鏈輪和齒輪，我們的執行能力就像生產線上的設備一樣，被人利用，過度提升。我們現在就是機器，輸出商品，為他人創造利潤。

更複雜的是，近年來生產力變得越來越難以衡量。與生產線不同，創造性工作是由非線性思維和流程驅動的，因此不再遵循一致的模式，結果是我們的工作沒有明確的終點線。如果不像演算法工作那樣提供明確目標，我們就只能模糊判斷自己是否在辦公室度過誠實的一天。因為急著賺錢謀生，只好讓自己永遠處在「開機」狀態。同時，新的通訊方式使我們可在任何時間、任何地點進行溝通，問題因此變得更複雜。到現在，我們多在家工作，但工作似乎永無止境。不管工作、吃飯、睡覺，所有行動都在同一個物理空間，因此沒有明顯的過渡期告訴大腦我們已經「下班」了，只能一直回覆電子郵件直到頭撞到枕頭上。

近年來，「零工經濟」（gig economy）的觸角進一步打破這種平衡。對於那些依靠Uber、Lyft、Fiverr、Instacart、DoorDash和Upwork等平台謀生的人來說，生活的每個角落都擠滿了工作。零工工作者被工作可以自理的虛假承諾所吸引，往往沒有意識到有股強大力量讓他們辛苦創造的大部分價值都流向他人。更糟的是，這些平台的運作機制從設計之初就在誆騙零工工作者，讓他們以越來越少的工資做越來越多的工作。如果你是零工工作者，簡單搜尋一下網路就會找到許多軟體開發人員的告白，為他們把技術用在操縱運作規則上而感到內疚。

零工經濟受到應用程式的支援而出現了一種錯覺，認為可對旗下工作者進行有效控制和有意識的操縱，這錯覺很極端但絕非唯一。除非你是自己的雇主，不然很少會有雇主把最高原則全部透明公開；所謂的最高原則就是盡可能利用一切資源（包括人力），能擠出多少是多少。這種企業手段在Slate線上雜誌的一篇文章中看得一清二楚，文章是〈我的公司在做企業健康管理app，但請看我恐怖的工作配額〉（My Disturbing Stint on a Corporate Wellness App），作者安・拉森（Ann Larson）曾在管理企業健康的軟體公司工作，據她推測，公司不可告人的目的就是將低薪與過勞的不良影響從雇主肩上轉移到員工身上，她也因此必須從事更多、更長時間的體力勞動。[6]確實有些公司是以與員工分享財富為其創業使命，但這種公司並不常見。

工作和生活沒有界線，「付出一一〇％！」全新且惡毒的工作意義出現了。美國各類勞工的過勞情形處於歷史最高峰。公司雇用當紅的激勵大師發出精神喊話，蓋瑞・范納洽（Gary Vaynerchuk）堅持認為你需要「撩落去[7]」[a]，葛蘭特・卡爾登（Grant Cardone）宣稱榮耀屬於那些為工作付出「十倍力」（10X）的人。[8]這些話語在舞台上聽來很棒，但越來越多的實證研究揭示，接受這些訊息且起而立行的人會付出相當大的代價。史丹佛大學商學院組織行為學教授傑弗里・菲弗（Jeffrey Pfeffer）在他的《為薪水而死》（*Dying for a Paycheck*）一書中概述現況，他認為現代工作場域「永遠待命」的要求對我們造成嚴重傷害。[9]而後，在史丹佛商學院《洞見》（Insights）網站的一篇訪問中，菲弗稱讚西班牙IESE商學院的教授努里雅・欽奇莉亞（Nuria Chinchilla），認為她將這些適應不良的行為稱為「社會污染」很對。[10]這種工作優先的概念是一種侵入性的傷害，不僅破壞了友誼和家庭關係，且真實地正在殺人。根據世界衛生組織和國際勞工組織的調查結果，二〇一六年，長時間工作導致七十四萬五千人死亡，比二〇〇〇年調查的數據增加了二十九%。[11]

讓工人為組織生產更多產品並不是新概念，管理大師菲德烈・泰勒（Frederick Winslow Taylor）在一九一一年的著作《科學化的管理原理》（*The Principles of Scientific Management*）中就提出這樣的想法，泰勒在書中闡述他如何利用提高工資和嚴格管理工作節奏等方法，讓鐵工廠工人的日產量從十二噸提高到四十七噸。儘管我們的經濟型態發生了如前所述的巨大變化，這個故事在今天仍然豐富了管理學理論和實務。（但是泰勒毫不掩飾地鄙視這類勞工，他表示：「這些人是如此愚蠢和遲鈍，以致心理構造比其他類型的人都更像牛。」）[12]我還記得我念博士時學過「目標設定理論」（goal-setting theory）[13]，此理論在一九六〇年代中期，由組織行為研究的先驅愛德溫・洛克（Edwin Locke）和蓋瑞・萊瑟姆（Gary Latham）確立，他們也將此方法用在改善工人生產而聞名。在在顯示，將人類最佳化為工作機器是一種進化過程，並且有著悠久歷史。最近企業正向我們推銷如下訊息：「咬牙忍耐」是一種榮譽徽章。但事實上，它是有毒的。

讓我們面對現實吧，如果你沒有不顧一切努力；如果你沒有連在上廁所時都在回電子郵件；如果你沒有日行一萬步……那麼你一定是個懶惰鬼，**是吧？**老實說，這些資訊蒙蔽我們理智的程度令人難以置信，這種犧牲會讓我們付出可怕代價。玩樂、遊戲和休閒才是我們幸福感的來源，才是人生活力的重要組成部分，而現代生活已經侵蝕了我們享受它們的機會。

跳出幸福的陷阱

正如我在前言中說的，很多人都將「追求幸福快樂」當成努力不懈的目標，我也是對這壓力鍋做出回應的其中一人。在追求幸福的過程中，我也像許多人一樣踏入量

a 作者註：我見過蓋瑞，我相信他的意圖是好的（我認爲葛蘭特也是如此）。在過去幾年裡，蓋瑞確實對「撩落去」的立場有所軟化，我覺得說明這一點很重要。

化這個願望的陷阱，我會把帶來快樂體驗的各個層面量化。舉個例子，我喜歡冥想。為了「增進」我的冥想體驗，我買了一台能測出神經反應的設備，這樣我就可以測知我的冥想有多「好」。然而，這種體驗很快就變質了，因為裝置軟體不斷督促我進行改善，而不是讓我簡單享受冥想體驗。就如現今人類做很多活動，但我們都受到鼓勵使用app和小工具來追蹤生活的各層面，從睡眠、運動，到與愛人親密的天數等私密事情都要計算一下。14

我們不是按照自己方式享受這些活動，而是將它們轉化為可供分析的統計數據。我們將今天的自己與昨天的自己比較，同時也將自己與隔壁的老王比較。我們糾結在當前狀態與偶然欲望之間的差距，但這些差距很可能只是偶然的問題。但若我們想走向真正能滋養我們、能幫助我們成長的有意義經歷時，幸福變成了海市蜃樓，遠遠地看還滿清楚的，可一旦我們到達，就會發現那裡什麼都沒有，只能再次從地平線上搜尋，最後變成無限循環。

這不是你的錯：科學表示，情況對我們不利。我們的大腦程式從一開始就**設計**成專注於現況與期待幸福之間的差距。學術界用來描述快樂體驗的專業術語是「享樂」（hedonic）這個字，當我們談論享樂體驗時，通常有兩個組成要素——預期的快樂和最終的快樂。過去的科學認為，人類行動的主要動力是為了追求完美的愉悅——這是把人類追求幸福的目的界定為「為了讓自己感覺爽」的奇妙說法。但現在科學已經認識到，真正驅使我們追求快樂的，往往不是讓我們感覺良好的事件本身，而是追求快樂可能得到的潛在獎勵或正面回饋，以及當我們的期待沒有落空時，隨之而來的良好感覺。原因有三：

一、我們會期待。如果你之前讀過幸福相關的文章，很可能聽過多巴胺（dopamine）這個物質。多巴胺是一種神經傳導物質，它有個更常見的別名「快樂荷爾蒙」，因為發現之初就認為它可以幫助我們體驗到愉悅、快感。但正如神經學家布萊克・波特（Black Porter）在回答我的採訪時所說，「多巴胺快感的故事在目前的神經學領域幾乎快消失了。」科學家研究多巴胺時注意到一些讓人驚訝的事：多巴胺激增的時刻是在我們做快樂的事**之前**。我們曾認為要體驗快樂和愉悅，多巴胺是不可或缺的一部分。但現在我們知道，那種強烈感覺之所以產生、主要是因為我們**期待**。[15]事實上，期待與快樂感受根本沒有必然連結。現今科學家認為，多巴胺的演化目的是在提高你的興奮程度，讓你為意想不到的事做準備。至於「這件事情」本身的品質如何？多巴胺不在乎。現在，多巴胺也被認為與追求目標有關，它為我們衝向終點提供動力。

在多巴胺的推動下，我們興之所至地**追求**幸福，而不是真正享受幸福本身這個禮物。[16]在設計上，想緩解這種渴望本來就被設定為不可能。因此，我們覺得自己就像坐在倉鼠跑步輪上，科學恰如其分地把它稱之為「享樂跑步機」。類似的相關術語還包括：享樂適應（hedonic adaptation）、享樂相對性（hedonic relativism、幸福設定點或幸福原點（happiness set point）。這些概念在在顯示，生活變化和事件會對我們的幸福感受產生影響，而我們傾向高估這些影響。通常情況下，一旦改變的事物變成熟悉的事物，我們的幸福感就會回到我們各自設定的「原點」——與改變之前我們既有的幸福水準相同。我們並不比以前更快樂，所以我們又開始追求更多東西。

在享樂跑步機上還有另外兩個「欺騙人類的花招」，讓幸福變得更加難以捉摸。

二、我們會適應。人生中的任何結果，無論好壞，通常影響有限，對我們主觀認定的幸福感受都是暫時的。當我們自以為抓住幸福的時候，幸福就會溜走。幾十年來科學界一直用「適應水準理論」（applying adaptation-level theory）來探知為什麼美好事物不會持久，但真正引起關注的是社會心理學家在一九七八年發表的一篇論文，研究者布里曼（Philip Brickman）、科茨（Dan Coates）和賈諾夫-布爾曼（Ronnie Janoff-Bulman）針對彩券中獎者做了一番研究。[17]他們發現，人生可能出現某些讓人驚奇、意想不到的經歷——例如中樂透，當下生活會暫時充滿興奮感。但我們有適應的傾向，最終會適應新的現實，回到我們最初習慣的幸福預設水平。事實上，當我們不以理性思考的態度面對不斷變化的境遇時，我們依然會變得不快樂，只要新的併發症出現了（例如，中樂透之後出現了想要分一杯羹的朋友和家人），或出現了新的問題要處理（就像饒舌歌手Notorious B.I.G. 唱的，「mo money, mo problems——沒錢，沒麻煩）。好消息是，最近的研究表明，即使對於樂透中獎者來說，也不會失去所有希望。如果我們能夠有效地吸收好運，我們確實可以提高生活滿意度。[18]如果你中了樂透，只要有正確的工具，仍然可以「智取」適應水平。

三、我們會比較。快樂感受往往與我們的實際經驗關係不大，卻與我們與他人經驗比較後出現的認知有關。

我們對幸福的看法絕大部分取決於共同經驗。以此看來，幸福就像集體幻覺。無論何時何地，共識現實出現的當下，我們就會把自己經驗的現實與他人經驗的現實進行比較。

例如，法國做過一項社會人口學研究指出，如果人有選擇，他們通常要的不是抽象意義上的「更多」，而是比周圍的人擁有更多。研究人員詢問研究參與者希望選擇下列哪一項：一種是自己的智商為一百一十，而周遭他人的平均智商為九十；另一種情形是自己的智商為一百三十，但他人的智商則為一百五十。研究參與者多半選擇第一項，儘管自己的智商較低。其他狀況也是一樣的，若問參與者想要有幾週假期，一種情形是當別人放假兩週時，自己放假四週；另種情況是自己可以有六週假期，但別人卻有八週假期，研究參與者多會選擇四週假期。[19]

進化機制根生蒂固在人類身上，讓我們偏好選擇享樂跑步機。你終於休假了，但休假並沒有像你想的那麼快樂，因為它沒有達到羨煞眾人的效果。你終於獲得晉升，但隨著你適應新角色，你的喜悅逐漸消失。更糟的是，你發現那根本不是你期待的。你的孩子享受著節日禮物帶來的興奮，但當他們將自己的好運與表弟比較、發現運氣更好的表弟恰巧收到更酷禮物，他們的世界就會崩潰。經驗的正向感受是短暫的，我們會回到原來的狀態，那個令人討厭的幸福設定點，甚至會讓你感覺更糟。

輸入空虛

你看過電影《大魔域》（*The Neverending Story*）嗎？故事講述魔法世界「幻想國」（Fantasia）正被一種名為「空虛」（The Nothing）的強大惡勢力吞噬，最後只留下缺乏想像力的「真實」世界，僅存一片淒涼的空虛。這就是我對使用腦殘媒體、參與空心活動的看法——一種看似勢不可擋的**空虛力量**，將會吸走生活中的快樂和意義……如果我們允許它這樣做。

就以使用社群媒體為例，你可以在社群平台上立即找到有點興趣的東西、很快建構起與他人的聯繫、勾起記憶、緬懷往事。我當然喜歡與人交流做線上分享，我並不想妖魔化這些工具。但重要的是要記住，這些應用程式本來就是為了侵占我們的休閒而設計的。它們透過人為參與擴大吸引我們的注意力，程式會不時提醒我們要對某事做社群性的獎勵，所以我們也慢慢學會透過留言與按讚建立我們的排序，在此狀況下，因經驗產生的內在優點反而不是重點。

這樣的遊戲規則讓我們對平台產生黏著性，很可能會導致意想不到的行為改變，一點一滴，積沙成塔，最後得到快樂的是「Gram」b，而不是我們自己。我們放棄真實情境上的親密關係，透過替代性行為轉移且淡化它。當我們的網友追蹤者越來越多，但核准與否都來自外部：來自一支**空虛**軍隊——但他們只是陌生人，對我們自身福祉鮮少關心甚至根本沒有興趣。

經驗本身不再是目的，所謂的經驗變成利用奇怪的虛擬貨幣來獲取地位的手段，對我們大多數人來說，這些虛擬貨幣幾乎沒有任何價值、沒有任何好處。看到點讚數又上升了，多巴胺釋放了，暫時感到滿足。這種滿足感來得快去得快，但它容易獲得也容易讓人愉悅，所以我們一次又一次地重複回去以獲取更多。這聽起來有點像毒品上癮的初期症狀，不是嗎？沒錯，它就是。近期的科學研究表明，這些行為正在改變

b 譯註：二〇一八年Telegram發行比特幣Gram用以支持區塊鏈平台Telegram open network（簡稱TON），一時間各社群網站紛紛貼出名人富豪爆量購買的消息，引發眾人瘋魔搶購，兩次開放私募共募得十七億美元，爲史上第二高的ICO募資案。

我們的大腦結構，使我們更容易抑鬱和焦慮。[20]事實上科學家認為，自殺和憂鬱症的統計數字上升趨勢，與智慧手機和社交媒體的統計數據上升趨勢呈現一致。[21]聖地牙哥州立大學心理學教授尚・瑪麗・溫特格（Jean Marie Twenge）對此議題做了研究，特別指出智慧手機正破壞人們的心理健康。儘管有人批評她的詮釋過於負面，但研究的確顯示，社交媒體可能對我們的幸福感產生顯著的負面影響。[22]

《愉悅的祕密：解開人類成癮之謎》（*The Compass of Pleasure*）[23]全書主旨在以科學知識陳述人類愉悅感的來源，作者大衛・林登（David J. Linden）指出，痛苦曾經認為是快樂的對立面，直到我們開始研究專門騙人的多巴胺，並發現痛苦也可以啟動我們的獎勵迴路（reward circuit）。我們現在了解，快樂的反義詞是**無聊**（ennui，或說無聊到極致帶來的萎靡感），一種缺乏刺激和充實感的不滿足。若說無聊是樂趣的敵人，那麼**空虛**就是毀滅樂趣的終極惡霸。

樂趣的祕密武器，催產素

以往我們相信能保有快樂的方法，現在則證實與豐富人生無關，只是努力迷失在**空虛**中。我們努力讓自己快樂，卻得不到持久回報，當快樂捉摸不定，我們就會想知道為什麼。

對於這一切，玩樂是解藥——不管從真實意義層面還是從神經化學的角度來看，它都是解藥。是的，與他人共享玩樂與一種重要的荷爾蒙有關，但我們談得不夠多，它是第二種會讓我們感覺愉悅的荷爾蒙：催產素（oxytocin）。我們可透過親社會互動（prosocial interaction，又稱利社會互動）以及與他人的相處經驗得到催產素。打個比方，催產素帶給我們的是超出我們想像、真正的糖，而多巴胺則是糖精，只是讓我們感覺不錯。

若不經過有意管控，我們自己的時間很容易就被別人占據了，接著是被綁住的無力感，因為我們知道事情不該是這樣。我們忽視了人有自己行動、自主掌控的原始渴望，只好透過捐款給威爾的冒險，或者發佈#tbt懷舊照片c，看著按讚次數持續升高，心裡的那一塊渴望好像就被安撫了。問題是，這並不是真正的交流聯繫。我們按著按鍵，卻忽略了與我們一起吃飯的人，然後說，虛擬交流也是社會參與。但內心深處卻有種感覺低語著，生活正與我們擦肩而過，我們所做的一切只是把生命片段投入**空虛**中。

當我們想去玩的時候，我們就開始收回控制權。當我們著重在分享真實細膩的經

c 譯註：#tbt是IG熱門標籤字，throwback Thursday的縮寫，原本是星期四很忙沒時間拍照，丟個舊照片應景，但成爲風潮後，就成爲今昔對比照的常用標籤。

驗，當我們想透過玩樂積極尋求有他人參與且有意義的社交互動時，我們就不再需要多巴胺靜脈注射。因此，玩樂就是享樂跑步機的解方，它豐富我們的生活，而不會壓抑我們要感覺活著、我們要感覺與他人連結的真實需求。

催產素的作用似乎不只在讓人愉悅，研究顯示它可以保護我們免受自己負面衝動的影響。德國呂貝克大學的沃克・奧特（Volker Ott）博士和同事做過一個實驗，他們給二十名健康男性注射催產素後，這些男性的自我克制能力增強，零食攝入量減少。研究人員得出結論，催產素對控制與獎賞相關的行為有顯著效果。[24]如果我們優先要做的都是那些能補充催產素、滿足樂趣需求的活動，我們就會把自己裝備得更好，把那些速食滿足拋在腦後，為我們的時間分配和精力投資做出更好的選擇。鼓勵催產素的釋放，就能更深入體會同理心，也就更支持了人際連結的維繫。如此，我們就能從餵養**空虛**，變成餵養我們自己和那些我們真正關心的人。催產素的存在，讓我們表現得更加親社會、更加利他，更能認知玩樂這件事無關乎自己或與他人比較，而是一種互相支持、一起邁向更好未來的狀態。[25]

請注意：催產素和多巴胺等荷爾蒙與行為間的關係是真實且經過研究的。科學正在蒐集謎團的各部分線索，但必須承認它們在體內運作的全貌比我們目前理解的要複雜得多。神經傳導物質並非「不是這樣就是那樣」，而是關聯共生的關係，在身體上產生各種不同用途。因此，雖然上述並不能完整闡述**催產素vs.多巴胺**對大腦的作用——事實上，它們更像是彼此需要的玩伴——但上述所說可作為我們該重視什麼，以及為什麼該重視的隱喻。

簡單的玩樂理論

玩樂已經被妖魔化、邊緣化、混淆和忽視，以致需要重新定義。既然要一起冒險，就要先了解玩樂的真正本質。首先，幸福快樂是一種心態，但玩樂是你能做的事。它不需要教育、金錢或權力；它要的只是你願不願意。如果幸福是海市蜃樓，那麼玩樂就是你家後院的綠洲。在本章結束時就該立刻採取行動，這就是玩樂的作用。

從科學角度看，玩樂是相對少被探知的領域。就像閃電一樣，人類自誕生以來，就以恐懼和敬畏的目光注視著閃電。閃電是壯觀的，也是真實的，在某些情況下甚至具有破壞性——即使到今天，閃電到底是如何出現的仍然是一個謎。[26]科學家對於雷雨雲如何充電以及如何引發火花依然意見分歧。閃電打破了物理的基本規則。

同樣的，玩樂也是神祕的。有關玩樂起源的科學論述很大程度是推測來的。一種理論是，在人類演化早期，我們發現玩樂可支持大腦發育。[27]與他人一起玩樂可教導人類合作及達成協議，為未來的社會規範與共識奠定基礎。當我們的祖先玩耍嬉鬧時，發展出獎勵機制和利他、親社會的俗成約定，這是現代群體運作的基礎。基於玩樂力量的影響，玩樂很可能促進社會發展，至少理論上如此。

但這些都是猜測。事實上，沒有人確切知道玩樂的演化源起，也沒有人知道為什麼嬉鬧玩耍對我們的成長茁壯幫助這麼大。玩樂與**幸福快樂**不一樣，幸福快樂是一種由人類感知所定義的主觀概念，而玩樂是可以展現的、可以觀察的、真實的，且能立刻掌握的。它是原始本能、舉世皆然，它的運作與呈現要比文化更深層——這一點無庸置疑，在你印象裡應該不只人類愛玩，很多動物也都愛玩吧。玩可以很簡單，簡單到就像兩隻狗追逐嬉鬧；玩也可以很複雜，複雜到像愛因斯坦某些最重要研究的發現途徑。

對於某些只想了解玩樂簡單定義的人，我們奉上：**玩樂是活動的愉快體驗**，但其意義遠不止於此，若想更深入了解，以下是我們對玩樂的定義：

1. 玩樂具有行動性

玩樂是即時行動。你要去玩，不然就是不玩。在科學中，當我們要定義某個經驗的情感品質，我們會透過「**享樂基調**」（hedonic tone）為標籤，更常見的說法是「**效價**」（valence）來描述此經驗。本著事情越簡單越好的精神，在我們一路說明的路上，只有**享樂**和**效價**這兩個流行心理學術語是我希望你們記住的。效價是某經驗的正向評價，當某經驗評為正向效價時，這是個令人愉快的經驗，而負面效價則不是。當我們願意讓自己去玩，意味著我們願意為了獲得更正向的體驗而將我們的喜好重新洗牌，如此就會開始累積好處。[28]相反，當我們關注的重點在能否「變得」更快樂時，其實正下意識地認為自己不快樂（或不夠快樂）。這樣的差距內化在我們心中——這是幸福感的滯後指標——卻成為我們關注的重點，成為自我認定的一部分，進而排擠掉自己也有力量改變、對自己時間安排也有自主權的信念。

2. 玩樂是親社會的

玩樂是包容性的。它並不靠關注幸福的人所說的那一套，不會有「空杯子倒不出水」或「自己先戴氧氣罩再幫助人」的態度[d]。相反的，玩樂常常會讓你超越自己的立場。我很喜歡神經學家麗莎．費德曼．巴雷特（Lisa Feldman Barrett）對我說的話：「把自己從自己構成的宇宙中心移開幾分鐘。」換言之，把自己從**我**的空間轉移到**我們**的空間。

玩樂不僅會讓你受益，也會讓所有一起玩的人受益，就像放聲大笑總要和朋友一起笑才好。正如喜劇演員約翰．克里斯（John Cleese）說的：「放聲大笑時，幾乎不可能與人拉開距離或區分社會階級。笑聲是民主的力量。」[29]

---

d 譯註：兩句俗語都是先顧好自己再幫別人的意思。

這並不是說玩樂時需要有人陪，一個人玩也同樣重要，甚至對內向的人特別重要。這只是說，我們關心的人是我們找樂子時的最可能資源。同樣，當我說玩樂具有親社會特徵時，我的意思是玩樂的樂趣不是你用犧牲別人為代價而獲得的東西。有趣的是，當十七世紀晚期「玩樂／樂趣」（fun）這個詞首次出現在英語世界時，最初的意思是作弄人或惡作劇。到今天，這個意義仍然隱隱存在。舉個例子，當我們說「消遣別人尋開心」的時候，會說I had a little fun at someone's expense，其實就是這個意思，這也暗示了我們對玩樂的普遍態度。讓我們擺脫這個包袱，往前看吧。讓我們先有個共識：如果你必須傷害別人才覺得高興，那就不好玩了。

3. 玩樂有自主性

玩樂的親社會傾向，讓某些人認為提倡一起玩只是辦公室惡霸告訴你多微笑的另一種形式。與幸福不同（科學已對幸福進行量化定義），好不好玩是由自己定義的。它可以由自己控制，是你自己認定的，是你自己擁有的。對於玩樂、我們與其他人唯一的共同點是玩樂帶來的效價是正向的——讓我們充滿能量。當別人把他們的玩樂觀念強加給你時，可能適得其反。這種做法是大家對玩樂產生負評的另一個原因，我們將在討論有關工作玩樂的章節中說明這個問題。

4. 玩樂讓你超越平庸

玩樂帶來的樂趣有很多層次——情況顯而易見，可能是你讀到有趣的漫畫然後不停傻笑，也可能是你達到顛峰體驗（peak experience）[e]時沉浸悸動的身心愉悅。樂趣可以是擁著伴侶看Netflix，也可以是打鼓打到技驚四座。最棒的是，無論玩樂對你意味什麼，它都能引導你超越平庸，進入超越科學、無法測量的神奇領域。

我喜歡將效價想成賭博用的雙色輪盤。你可以決定哪種顏色代表正面的經歷，哪個顏色代表負面的經歷。你自己選。當我們養成玩樂的生活習慣後，就可以根據自己的喜好來定義哪種顏色代表贏。雖無法保證擲出的球一定不會落入負數效價，但可以藉此方式調整時間安排，嘗試著讓好經驗多於不好的經驗。就算你做的事沒什麼突破性效果，也可以當做學個經驗。這就是我為什麼喜歡用輪盤來比喻了，因為輪盤上有綠色格子，它的號碼是0。玩樂的最高境界是超越快樂與不快樂的二分法。有一種特殊的愉悅是你在比例尺上找不到的，它超出了效價。我們跳脫了希望有更多主觀幸福感的簡單期待，認知幸福的本質只是那些零零碎碎的自我關注。巔峰時刻出現的當

e 譯註：巔峰經驗（peak experience）是美國心理學家馬斯洛（Abraham Maslow）在提出「需求層次理論」時創造的心理學名詞，是指人在達到最高的自我實現時出現的一種精神狀態，在那裡沒有不安恐懼，只有極致的快樂，然後進入渾然忘我天人合一的境界。

下無所謂幸福也不是悲傷，有幸發現它的人將這種經歷描述為言語難以形容的奇蹟。

玩樂像是放開一切大步飛躍，將我們與某種更偉大的事物聯繫起來——正如你將看見的，那個我稱之為**神祕**的東西。

玩樂名人堂：愛因斯坦

愛因斯坦 72 歲生日派對後的留影。
紐澤西州普林斯頓大學，1951 年 3 月 14 日。

愛因斯坦心智複雜，本人卻很風趣愛玩。你大概常看到這幅指標性的肖像「愛因斯坦吐舌頭」，但你可能不知道背後的故事。這張照片攝於一九五一年三月十四日愛因斯坦七十二歲生日當天，由攝影師亞瑟・薩斯（Arthur Sasse）所拍攝。如果你看到的是未裁切的版本，可以看到愛因斯坦坐在車子中間位置，旁邊是他的妻子艾莎和普林斯頓高等研究所所長弗蘭克・艾德洛特（Frank Aydelotte）。據說，那時愛因斯坦的生日派對已結束，一行人要正搭車離開回愛因斯坦的家。但攝影師一直糾纏他，一直要求他對著鏡頭笑。當薩斯說最後來一張吧，愛因斯坦挑釁地做了個鬼臉。但他非常喜歡最終的圖像，立即訂了很多張照片，還簽名當成開玩笑送給朋友。後來，他還用這張照片做成賀卡。

什麼人都無法妨礙愛因斯坦找樂子。他很愛開玩笑，不穿襪子（他認爲穿鞋子就夠了），讓鬍子頭髮任意生長，穿著蓬鬆的粉紅色拖鞋在自家門廊上接受採訪。他對玩樂的追求很執著——然而，當薩斯把他的照片投給報社刊登時，編輯卻考慮愛因斯坦的傑出地位，爭論著是否應該將這張照片公開。後來這張照片之所以問世，是因爲薩斯一直說這位偉大科學家本人很愛這張照片。

根據華特・艾薩克森（Walter Isaacson）所寫的《愛因斯坦：他的人生他的宇宙》（*Einstein: His Life and Universe*）[30]，愛因斯坦有如此偉大成就，背後最大的支持力量是他的好奇心和不墨守成規的人格特質。科學研究顯示幽默和智力是相關的，表現出風趣天性的人也有優秀的認知能力。31愛因斯坦完美地證明了這一點。有個傳說是這樣的：愛因斯坦表示，在相對論之後，他的另一個偉大想法是在煮湯時加一顆沒剝殼的完整雞蛋一起下去煮，這樣你既可以煮蛋，也不用弄髒另外的鍋子。

玩樂不是入門毒品

我想很多人只需輕推一把，稍微提醒一下就能重新調整了。當我聽到有人不分青紅皂白地抹殺玩樂的重要，認為想玩就是想胡鬧。每次聽到這種說法我就很高興，因為只要用一些你將學到的策略，讓他們發現有更多樂趣等在前面時就能解決。

對於那些仍然抗拒玩樂的人，我向你們保證，我並不是想向你們推銷一種入門毒品。養成樂趣習慣並不是要你明年去參加火人節（除非你真的覺得這個活動很有趣）。我也沒有要求你忽視或否認生活中的困難、錯誤和煩憂，若我這樣做就是要求你放任「毒性正能量」（toxic positivity）——這是一種很糟的正能量觀，好像我們不該有負面情緒。之後我會說明，限制情緒範圍會帶給我們嚴重的負面影響，生活現實本就無法一直快樂，假裝快樂是有害的。所以，讓我們從現在起拋開「只有正面氛圍」的迷思，接受只要身為人，每週就是有固定時間必須花在不愉快的事務上。除了日常總有小麻煩外，人生不免還有意外，不少是躲不過的禍事。

我想說的是，現在社會嚴重貶低玩樂和休閒的價值，這是一種傷害，就像社會上也曾一度流行貶抑休息復原的需求，同時讚揚睡得少的價值——只有在揭露這觀念極愚蠢和不健康後，這種生活實踐才會逐漸消失——現在是我們以同樣方法停止抹黑玩樂價值的時候了，因為愉悅的人生與好好休息的生活同樣重要。

如果你覺得你並不認同生活中需要更多玩樂的想法，也擔心玩樂會變成猖獗的自我放縱或有逃避現實的風險，那請評估一下這種反應是否與現今較新的世界觀相呼應。奪回我們的控制權、自主權並追求樂趣，這件事從未如此重要，越早意識到這一點越好。讓我們開始吧。

採取行動：創造一個玩樂推進器

養成玩樂習慣從這裡開始：瀏覽照片，找出一張能反映你生活樂趣的圖像。理想情況下，照片裡會有你，以這張照片爲視覺假想圖，反映你在某時某刻經歷過的純粹生活之樂。（如果找不出有你參與的歡樂照片，就找任何你覺得有趣的照片都可以。）

把照片印出來放在桌子上。看個人喜好，你也可以把照片裝在漂亮的相框或手繪邊框裡。當你感到沮喪或疑惑時，看看照片，這是第一步。第二步是藉著照片上的影像，在腦中生動重現與照片有關的體驗。

就像本書其他建議一樣，這項行爲也是有科學根據的。科學期刊《幸福雜誌》（*Journal of Happiness*）曾發表過一項科學研究，科學家研究了不同類型的回憶對提升情緒的影響。參加實驗的學生被隨機分配爲各組，每組每天要花十分鐘回憶，一組憑空想像重播快樂的記憶，也就是利用認知意象（cognitive imagery）來回憶；另一組使用照片或剪貼簿等紀念品來回憶；第三組對照組花十分鐘思考目前的狀況。研究人員發現，兩個回憶組都回報在後續一週內對快樂感受的百分比增加了，但認知意象組的快樂情緒增加得更多。[32]

這個實驗一直被我記在心裡，私心覺得看照片就很好了。用它作爲出發點，或者自己用想的，用意念重溫有趣的一天就更好了。讓它提醒你，你不僅能享受樂趣，而且無論生活帶來什麼挑戰，你都走在通往眞正和永久幸福的道路上，**玩樂照亮前進的道路。**

2

該去玩了：PLAY模式中的時間規畫
Time to PLAY

「我今天會來這裡是因為我拒絕不開心，所以我逮到機會就來了。」
——美國演員汪妲・賽克斯（Wanda Sykes）

讀完第一章後，希望你能與我一同分享對玩樂天生既有的熱情，能欣賞它的奇妙價值，渴望學習書中策略並應用它來駕馭樂趣的力量。當然，你也認識了障礙和逆風，並準備加入對抗現狀的戰爭。請發動第一波攻擊：從今天開始，在日常生活中加入新奇愉快的活動。從理論轉向實踐，如有任何障礙請認清並消除阻力。讓我們立刻開始儲備動力吧。

「我沒有時間。」當我鼓勵人們在日常生活安排更多玩樂行程時，這是我最常得到的回應。因此，本章的目的就是要提供解決這個問題的一切。養成玩樂習慣意味把每一天當成享樂的機會，這些經驗會豐富你的人生，並隨著時間整合後帶來更多更好的選擇。在本章中，你會學到如何透過這些正面經驗重洗一手好牌。

「PLAY模式」是一套簡單但功能強大的工具，可以支援這段前進道路。進入PLAY模式後的行動是激進的，甚至反文化的，但也是一種解放。過去你可能被鼓勵檢查行事曆以提高工作效率，你甚至參加訓練課程或花錢請顧問幫忙你壓榨時間，就算榨出一分鐘也要利用。現在，請召喚出最叛逆的你，**不要爲了生產力審查你的行事曆，請爲了安排玩樂去審查行事曆。**況且，審

查（audit）這個字既然已經收錄在《韋伯極度無趣完整版字典》（*Webster's Unabridged Dictionary of the Utterly Unfun*）中，難以改變，那就讓我們**徹底改變**你的行事曆吧。勇敢一點，張開眼睛看清問題，擺脫過去束縛你的信念，放下過去左右你決定的優先考量。我保證這樣做，你會發現一些從沒發現的機會，增添生活樂趣，即使**不**犧牲生產力。

PLAY模式有四個象限，橫軸與縱軸各依挑戰程度與樂趣程度排列，請依照象限特性整理出你的各項活動。

* * *

Pleasing／愉悅的活動：是那些易於執行、容易獲得愉悅感受的活動，是我們日常生活中充滿歡樂和喜悅的時刻。你可以自己定義愉悅的活動，範例包括與朋友聊天；與孩子或寵物嘻笑玩鬧；從事個人嗜好等。這類活動通常被認為瑣碎不重要的，但科學告訴我們並非如此。心理學家馬修．基林斯沃思（Matthew Killingsworth）還在哈佛大學做博士研究時就發現，有些活動雖只能帶來短暫幸福感，卻會造成更高的生活滿意度。[1]這些活動持續時間短且不需太多投資，但當這些活動全部混在一起時，就會形成某種虛幻的感覺，那是我們一輩子都在尋找的——我的人生有價值、我的生命是充實的。因此，短暫的樂趣是我們活動清單的重要組成。

Living／精采的活動：人生要活得精采一定要做有趣與挑戰性兼具的活動。要體驗這種有人生價值的玩樂趣味，有時需在舒適圈外才能得到，好讓我們就算回到舒適圈，仍可回味這一刻。這些活動包括學習新技能，接受挑戰邀請，做一些讓人驚呼尖叫的事，例如一面登山健行挑戰體能，一面欣賞壯麗景色。這些通常不是在日常生活中隨時可進行的活動。然而，若我們也想有超凡入聖的巔峰經驗，通常要藉著挑戰、冒險、體力消耗、自然奇觀、豐富的心靈震撼及深刻的人際互動才能引發，而且回饋是巨大的。怎樣的玩樂才能讓你感到真正活著？

Agonizing／痛苦的活動：這是執行起來不但有挑戰性且幾乎不會帶來任何快樂的活動。平心而論，生活本來就不會永遠歡樂。上班不快樂，負責任不快樂，但仍然需要完成。每個人的痛苦清單看來都不同，包括上班工作和個人責任、家務勞動（例如清潔和庭院工作），或者要做其他瑣碎雜事（例如報稅等）。這些活動可能很難說痛不痛苦，因為真實偏好會被情感或文化包袱掩蓋。例如，當我和妻子審視自己生活時，我們驚訝地發現我們都把晚上幫孩子洗澡的時間歸類為「痛苦」類別。（**請注意**：全心全意愛孩子並不代表養育子女就不是一件苦差事。二○○四年有一份研究報告調查德州九百零九名有上班的母親的樂趣感受，結果顯示她們覺得照顧孩子與做家事雜務獲得的樂趣大致相同。）[2]

Yielding／放鬆的活動：最後一個活動類型是放鬆或說耍廢，放鬆活動很容易執行，但不會為生活帶來太多價值。放鬆的功用通常在安撫，就像放空頭腦，瀏覽社群媒體或遊走電視各台頻道。這也會得到一些方便之交（friendships of convenience）[a]，也會因為某些義務需要參加一些社交活動。對某些人來說，他們大部分或全部休閒時間都花在耍廢上了，把時間花在放鬆活動上只是在餵養**空虛**。

你今天在哪個象限？

你好奇嗎？你**到底**如何度過時間的？

請做一件簡單任務：按小時記錄日常活動並評估它們在PLAY模式中的象限位置，如此記錄一週（一週共有一百六十八小時）。分成兩種狀況：如果你是會寫日記或每日記錄行事曆的人，可立刻得到簡單粗暴的數據，你只要翻閱過去一週的行事紀錄就好了。

a 譯註：基於鄰近與方便性交到的朋友，例如住在附近常點頭的鄰居，在健身房常遇到的熟人，剛好有空可以一起吃飯的同事。

但是若要進行更全面的評估，請追蹤下禮拜每一天的作息。b我是指一切活動，包括：睡覺、做飯、吃飯、通勤、工作、休閒、家庭時間、爭吵、做愛、運動——一週七天所有的歡樂和平淡。

當你完成這份紀錄，你會立刻清楚哪些活動對玩樂的生活實踐更能發揮最大作用，哪些活動只是浪費機會。一旦發現干擾和障礙，就更容易診斷出要做什麼改變。

* * *

這時候大多數的書都會提供評估。要你把估算的各項分數加起來，然後給你一個評分，訂出你屬於哪一種「玩樂類型」。我開發了一個線上工具（https://share.michaelrucker.com/fun-type），但這樣做也只是為了新鮮好玩。在這裡我不打算讓你界定類型，因為我早已說過，所謂玩樂的樂趣是個人自主定義的。我最不想做的就是把你限制在某種身分中，或套用外界公認的對錯標準給你打分數。檢視時間安排的目的根本不是為了名次高低，而是關乎**適不適合**——要你仔細審視你選擇的行程安排，考慮它們是否能成為幸福的支持力量，不管是現在的幸福或將來的幸福。

最後，我們希望你花在愉悅象限和精采象限的時間是平衡又健康的，同時也要減少你在放鬆象限和痛苦象限度過的時間（這樣才合理）。重要的是，你還需要特別排出時間來休息復原。當然我們的目標絕對是放在要得到更多樂趣，但事情安排得太緊密會讓我們筋疲力盡。

但有些人不免還是會問自己，**好吧，我應該花多少時間在玩樂上呢？**提供一個起點：**每天兩小時**。我這樣建議是基於兩個針對人類行為的研究：首先是夏利夫（Marissa Sharif）、霍姆斯（Cassie Mogilner Holmes）和赫什菲爾德（Hal Hershfield）三位教授做的研究，他們認為休閒時間的甜蜜點需符合「金髮姑娘原則」（Goldilocks principle）[c]，每天安排二～五小時最佳，超過五小時的非生產性時間分配則是比重太多，反而會產生負面的心理影響。[3]其次，根據美國人休閒時間的研究，美國人的平均休閒時間是兩小時，所以這樣安排至少可以達到我們大多數人的基準線。

根據美國勞工統計局所做的美國人時間利用調查報告，全職工作人員平均每天

b 作者註：不需要等到下禮拜，建議就從今天開始。我開發了PLAY模型時間追蹤器，請自下列網址下載：https://share.michaelrucker.com/time-audit。

c 譯註：源於英國童話故事「金髮姑娘與三隻小熊」，金髮姑娘闖進森林裡熊住的屋子，發現大中小三熊的食物與生活用具，試過後發現中間的最舒適。這個童話強調「恰到好處」，而此隱喻在六〇年代後被廣泛應用到認知心理學、經濟學、傳播行銷等各項應用科學。

有四・〇九小時的休閒時間[4]，工作日的休閒時間為三・三四小時，週末的休閒時間為五・八七小時。毫無意外，家裡沒有孩子的人每天可有更多的休閒規畫，時間可達五・九三小時，即使是有孩子的人也報告每天休閒可達四・一二到五・〇〇小時。皮尤研究中心（Pew research）表示，異性戀關係中的現代父親[5]正努力縮小父母平權的差距，但值得注意的是父母性別角色之間的差距仍然存在。[6]皮尤的報告指出，母親每週的休閒時間比父親平均減少二・七小時。[7]

很難想像這些實驗參與者若套用PLAY模式評估時間規畫，又會如何界定他們的空閒時間，但研究人員將以下活動也算作休閒：看電視、社交、閱讀、健身、運動、放鬆、打電玩和其他類似活動。

如果你認為每天四到五小時的閒暇時間太多（或比你想像的要多很多），英國保險集團Direct Line做過一項兩千人的調查認為，我們最佳的閒暇時間算起來其實應該是**六小時五十九分鐘**！[8]換句話說，在這項特定的研究中，人們**想要**的空閒時間比大多數人實際享受的要多得多。

對大多數人來說，試圖每天找出近七小時的空閒時間不太現實。然而，幾乎每人每天至少都能擠出兩小時的自主運用時間，所以兩小時是一個很好的起點。

財富的新定義

很多人用了太多時間關注財務意義上的富裕，我們總想著生活上錢夠不夠用，專注生產那些超出我們需要的東西。然而，我們花在累積**時間財**的時間卻很少。如果快樂的定義僅是有錢，且將有錢人生訂為我們的人生目標，那就錯了。加州洛杉磯分校管理學院教授霍姆斯在二〇一〇年做過一份研究表示，只要將我們的**思維**從重視金錢轉向重視時間，就能幫助我們為生活帶來更多樂趣。霍姆斯先讓實驗參與者做一項引導思考的測驗，讓他們把思考焦點放在金錢，此時參與者將生產力視為一種價值。然後，她又引導參與者把思考焦點放在時間，令人振奮的事情發生了：至少在參與者的短期思緒中都會立刻將社交關係置於工作之上。[9]由此可知，只要讓人們把注意力放在時間財，就可能會讓他們更容易欣賞玩樂的好處。有研究表示，重視時間而不是金錢的人通常更快樂。在這一份針對時間與金錢的研究中，加州大學洛杉磯分校和賓州大學的教授發現，雖然美國人多數更重視金錢而非時間，但越重視時間的人，得到的長期幸福感越大。[10]

儘管很多人擔心這是一種有你無我的取捨，但「有生產力的生活」和「玩樂有趣的生活」並不一定是對立的。令人高興的是，從工作中騰出休閒時間並不會影響你的專業表現。事實上，在我自己和同事身上都見過完全相反的情況。把時間用在放鬆和恢復可以讓工作更有效率、做得更好，得到更好的結果（這是行得通的，但前提是你夠幸運，擁有拉動這些槓桿所需的自由和財務保障，可惜並不是每個人都適用）。越來越多企業意識到，將工時拉長到一定程度後，回報會遞減，特別是對上一章所討論過的那些做創意或發想設計工作的人來說。

還有最後一種方法可以讓你重視時間財，而此概念對你朝著樂趣生活重新規畫時間具有極大意義。一般來說，財富產生要靠機會投資，看中的是未來有回報。但並沒有太多人以同樣邏輯思考時間，尤其是我們的閒暇時間。當你想做一項活動，請自問它是一項投資還是一項花費。玩樂是一種豐富體驗，不是花費。例如，花三十分鐘進入放鬆象限，上社群軟體看別人在動態中的度假照片？這是**花費**，全貢獻給**空虛**了。花三十分鐘安排下一個假期的細節？這是**投資**！花在愉悅象限和精采象限的時間不僅讓我們在當下很滿足，也讓我們的未來更豐富。而放鬆活動有時是投資，但更多時候是花費。痛苦的活動呢？更是如此，但與放鬆活動不同的是，痛苦活動是一種為達目的而不得不的手段。它們是花費，但有時是必要的——就如做家務，但放鬆活動通常可由自己決定。

最後，想想人們對金錢的說法——「財來財去，財富今天來，明天走」——對時間來說更是如此，所以我們更應該意識時間財的重要性。當然，時間是有限資源，因此累積時間財的方法就是增加你能掌控的時間。因此，應用PLAY模式的方法是先從盤子裡**拿掉**一些，而不是多加一些。

讓人生少一點痛苦活動

如果你做完行程審核，也許對自己一路走來的時間安排有了嶄新的了解。現在該是你累積時間財的第一步了：盡可能拿掉一些讓你痛苦的事，替自己創造一些空間。

當然，我們無法避免痛苦象限裡的每件事。但當人們套用PLAY模式檢視行程時，總是訝異其實有很多活動只要「不要做就可以了」——只因為他們從未用批判性眼光評估過自己的生活習慣。燙衣服就是非常基本但普遍的例子，除非身處少數需要衣裝畢挺的職業領域，否則你大可以把熨斗扔掉，根本不會有人注意你衣服有沒有燙。所以，別再買需要燙的衣服了。只要你意識到「維持外表」的真正總成本，你可以少做很多家務和個人維護，甚至完全停止。

我有幸能有尼爾・艾歐（Nir Eyal）這位朋友，尼爾是暢銷書《專注力協定》（*Indistractable*）的作者，也是培養習慣的專家。藉由他的智慧，我學會如何大幅減少痛苦程度最高的一項活動：回電子郵件，尤其是**電子郵件鏈**——一長串不知可否的訊息、無可避免會引發漫長而重點分散的來回對話。「但我必須回答提問，」我抱怨道：「不回信是不禮貌的。」尼爾的解決方案非常高竿。他說：「麥克，如果你不想收到這麼多電子郵件，就**不要寄給他們**吧。」我非常在意別人**對我**做了什麼，卻從來沒想過我對**他們**做了什麼，而且，要控制那些綁住我的電子郵件數量，能做到的只有我而不是別人。所以，在寫信之前我開始問自己：這次的溝通真的有必要嗎？答案多半是**否定**的，所以我就此作罷。我也訂出一套回信原則：我不回應文中只有「你覺得呢？」這幾個字的轉寄郵件。如果這封轉來的郵件內容貧乏，貧乏到連轉寄者都無法對它產生想法且提出背景資訊，那也幾乎明確表示這封信不值得我花時間。這兩種減少痛苦活動的策略讓我一週至少省了三小時，現在我可以把這些時間重新用在更有趣的活動上。

但總會有一些你省不掉的事，但你可以外包給別人。我之前提過每天晚上要幫兩個孩子洗澡有多痛苦，首先我要說明的是，我的妻子安娜並不認為每天洗澡就能「維持外表整潔」。但洗澡是生活中的現實，在我們家，一個禮拜要跳掉兩晚不洗澡是不可能的。（我能想像，如果沒有我美好的另一半，我的孩子會變得多麼蓬頭垢面和營養不良。）我們喜歡和孩子相處，但洗澡的時候卻暴露了我們所有人最糟糕的一面。孩子從來不想進浴缸，所以我們必須一步步戰鬥。孩子感受到父母的壓力，故意和我們作對。我們想省時間，想讓他們一起洗，一起進浴缸就能縮短一半時間，這卻讓孩子有機會互相打鬧，情況變得更糟。搞到事情失控，安娜和我都不想負責，都等著對方出手，直到其中一個扮黑臉的烈士站出來，這很**痛苦**。

當我們夫妻首次認真考慮這個問題時，都陷入一個想法：我們需要請保姆嗎？但我們負擔不起，狀況也沒到非請不可，也並不想請。但情況越來越糟，終於我們當中有人開口：「每週請保姆來三次，只負責晚餐和洗澡怎麼樣？」一開始，我們覺得請人來家裡只負責洗澡有點怪，但後來我們決定不在乎了。因為這可能就是適合我們的方式，你猜怎麼著？我們找到了孩子喜歡的保姆凱特琳，她為這項活動帶來各種玩樂能量，例如把我最小的孩子當成如假包換的墨西哥捲餅，一面把他擦乾、一面用毛巾把他捲起來。孩子們不再打架了（當然有時還是會打），但打鬧也變成樂趣。結果，安娜和我每週可進行三次晚餐約會。怨懟消失了，還有機會像情侶一樣重新約會。然後意想不到的事情發生了：因為和保姆一起洗澡成為孩子期待的事，輪到我們幫孩子洗澡時，孩子居然不再抗拒了。當然，我們借用了凱特琳的一些技巧（「那些好玩的」）。總之，洗澡時間變得不那麼痛苦了。我們從一週行程裡省去三次洗澡時間，獲得了三個約會夜晚，最後還可與孩子共度**更多**美好時光。大獲全勝。

有幾項我不斷聽到的典型的痛苦象限活動，該如何消除它、減少它們在生活上的影響，以下提供幾個做法：

・**避免「全天候」盯著新聞不放，又稱「末日新聞衝浪」**（Doomsurfing）：若接收太多壞消息，特別是當事件超出控制範圍時，人會覺得很痛苦，對我們產生的負面影響甚至超出了觀看新聞的時間效益。誰不想深入了解情況呢！但請考慮以每週一次，定下心來，用思辨的態度，從少數值得信賴的來源獲取新聞，而不是社群媒體的人云亦云。請關閉手機上的新聞通知。我甚至見過有人特別安排一段具體且明確的時間來「擔心」世事，藉以避免一週其他時間對世上紛擾感到焦慮（這是古老的心理學技巧）。設定一段有限的時間做一件事，然後繼續前進。

・**不要做會議遊魂**：還有什麼比一場無限拖延、毫無進展、打斷生產性工作的會議更令人痛苦的？我的朋友布萊德・威爾斯（Brad Wills）在一家科技公司擔任高階主管時，就鼓勵下屬不必開任何浪費他們時間的會議。是的：他讓他們默默走出去，若有人批評，他還會保護下屬員工。並不是每個人都有幸能有這樣開明的主管，但禮貌拒絕參與行程上的某些會議可能會比你想的更容易。

・**重新思考健身房**：我的工作就在幫人設計健身房，而且熱愛健身房，但即便如此我也會告訴你：如果你討厭健身房，就不要去！它並不適合所有人。相反地，請選一項不需通勤的健身活動，例如在家中做重訓或在附近公園快走健身。（去健身房的重點是可以創造更多有趣的訓練經驗和使用更多具有多功能性的器具，如果這是你想要的，健身房對你就是有趣的選擇。）

・**把洗衣服等日常家務外包**：這件事的好處顯而易見，但我認識很多人都自認為負擔不起請人的費用，直到最後真的做了，然後懊悔自己怎麼沒有提早幾年就這樣做。想想花這些錢可以節省多少時間，然後看看有哪筆預算可以省去，用來支付新的開支。洗衣只是開始，從記帳到排隊都可以委託別人幫忙，請發揮創意以金錢換取日程表上的時間。

・**排除令人痛苦的工作步驟**：分析工作流程，檢查目前的管理流程和工作步驟是否能達到確實成效。這聽起來很簡單，但對於事情該怎麼做，我們多半都有很多學過但未經檢驗的假設。就如我的朋友蘿絲瑪麗，她是ＵＸ／ＵＩ設計師。她從學習這門技術以來，就被教導要畫線框圖（wireframe，一種非常基本的線條圖，用來顯示新型數位產品的組成元素和設計布局），大家都說線框圖是設計過程中絕對核心、不做會死的必要步驟。但她進入專業領域多年後，開始感到製作線框圖既痛苦又不必要。她開始試著省略不做，發現對她的客戶來說，最終結果並沒有不同。所以，再見了，線框圖。同樣地，請想想你可以排除哪些繁重的任務？

・**與孩子共同分擔家務**：孩子必須一起分擔家務！我的朋友克莉絲汀一手包辦所有家務，她認為孩子還太小，也做不了什麼事。但無論如何，最後她還是決定給他們一個機會，然後發現孩子完全有能力把碗洗好、把衣服洗好——這是她最討厭的兩項家務。過去幾年在我的社群朋友圈中有一篇動態被頻繁轉發，內容是一張令人瞠目結舌的資料表：「適合孩子年齡的家務」（Age Appropriate Chores for Kids）[11]，從這張圖表看來，想必很多父母都低估了孩子對家務的可能貢獻。這張圖表是由家事專家東妮・安德森（Toni Anderson）根據自己身為「快樂家庭主婦」經驗所製作，她建議，當孩子長到兩、三歲了，就可以開始做基本的家務了，儘管這聽起來很瘋狂。

不要耍廢餵養空虛

如果你在審核過程中發現自己耗費太多時間在放鬆活動上，請不要自責，這是個好消息。拿來放鬆的時間是你自己可以控制的時間，只要在行為上小小改變就能帶來立竿見影的巨大勝利。我最喜歡的例子是《創意入侵》（*Creative Trespassing*）一書的作者塔妮亞·凱頓（Tania Katan）說的故事。[12]幾年前，她在一位超級外放的執行長手下工作，這位執行長鼓勵員工一起做所有事——狀況是：「我們一起吃工作午餐吧。讓我們一起努力……我們一起去尿尿吧。」她開玩笑似地告訴我這個故事。但這種風格不太適合塔妮亞，她每天都需要離開同事和辦公室一段時間才能做好工作。她沒有屈服於既定的社會文化，而是開始在午休時間獨自散步。漫無目的地閒逛，或步行到咖啡店去見朋友。她的計畫是「我要獨處和自由思考的空間」，但隨後其他員工開始接近她，詢問是否可以和她一起逃跑。「我無意中開始了一場散步革命。」她這樣說。（後來，塔妮亞遇到了她的妻子，是視覺藝術家、經營步行博物館的教授，彼此的共同興趣就是對散步的熱愛。）

正如塔妮亞經歷的那樣，我們有時會在文化壓力下屈從，改變自己的社會生活。

在第七章中我們將會討論如何將玩樂的生活實踐應用在社會生活上。

現在，讓我們把注意力轉向最普遍、最常見、也最浪費的放鬆活動：無意識地使用社群媒體、新聞和娛樂內容。

幫我一個忙：拿出你的手機，開啟計算平均每日螢幕使用時間的功能。**沒聽錯吧，我聽到你倒吸一口氣的聲音？**一天的寶貴時間全都吸進空虛裡了。

根據尼爾森市調公司（Nielsen）最近的調查結果[13]，我們現在每天幾乎有一半時間都花在社群媒體和娛樂內容上了。請別誤會我的意思。看愛看的節目或電影可以愉快地進入愉悅象限（尤其與朋友或親人一起看時）。然而，從多年的媒體消費研究中得知，無意識地看電視與不快樂的情緒有關，[14]而那些沒有把所有時間花在電視螢幕前的人通常比較快樂。[15]

社群媒體利用隨身攜帶的智能設備輕鬆傳播，也將問題拉升到新的水平。在這一點上，滑太多社群媒體會造成不良影響，我們都對此類型的研究並不陌生——例如，有一份針對大學生的研究，參加實驗的大學生若將社群媒體的使用時間減少到每天三十分鐘，他們的憂鬱症和孤獨感會得到快速而顯著的改善。[16]社群媒體就像製作垃圾食物的公司，目的就是要我們上癮，這套運作機制幾近是一套完美的科學。儘管我們熟悉這些事實，但只要遇到休息時間，我們仍然會拿起手機——哪怕只是休息兩分鐘甚或兩小時。最重要的是，我們將使用社群媒體定義為「有趣的」或「放鬆的」，更捍衛這個信念。儘管事實壓倒性地告訴我們，只要使用過度，滑手機看社群媒體就絕對不是放鬆與有趣的活動。

我們為什麼如此認定呢？簡言之，當我們發現自己處於中性或負面效價時——換句話說，當我們缺乏樂趣時——社群媒體通常是逃避不安的最簡單方法。此外，我們渴望新奇與社交互動，而多巴胺的預期獎勵會誘使我們陷入認知錯誤，誤認社群媒體同時能提供兩者。

於是，我們陷入了**空虛**之中。就像常態性做放鬆活動一樣，滑手機看社群對我們經驗記憶的影響其實是——沒有任何影響。我們永遠失去了那段時間。因為大腦講究效率，凡是平淡無奇的日常活動都會編碼為單一記憶。如果你有兩百項相同記憶，有必要保留另外一百九十九項嗎？不如將常見事件作為單一經驗編入記憶中。想想你過去的通勤經驗，某地你去了五十次，你是否記得這五十次的個別經歷？還是只記得你曾去過某地的「單一印象」，然後認知你過去一直以同樣方式去到那裡？

那麼，我們如何從耍廢狀態中解救自己，無論從社群媒體或是其他虛擬朋友手中？我們不像酒精中毒者，要戒酒的人直接把酒倒進馬桶就好，我們很少人會放棄手機。我認識一位女士，她買了保險箱，要她的丈夫每天把她的手機鎖在保險箱一段時間。（這很有幫助，直到她拒絕把手機交給丈夫。）我自己使用封鎖軟體BlockSite，這款app可以阻止我拜訪那些會勾魂的網站。

你還可以利用PLAY模式做到這點，我們將在下一節揭曉答案。

擴建你的玩樂檔案

大家都知道，減少已成習慣的放鬆活動並不容易，有時需要幫助。一種幫助來自行為科學，它告訴我們，若想戒掉不健康的習慣，可以用其他事物取代現有的習慣就有成功機會。例如，讓想戒菸的吸菸者嚼口香糖，他們的成功率就比那些不鼓勵進行替代活動的吸菸者高。17

建立玩樂檔案。玩樂檔案是一套廣泛的活動選單，必須經過集思廣益，也通過了你的審查，確定這些活動屬於PLAY模式的前兩個象限。建立檔案後，你就不必絞盡腦汁思考替代方案，而是掃描清單選擇有趣的活動——就是去找那塊口香糖。有了清單在手，就能更方便地採取行動，而不是陷在舊習慣裡。

建立玩樂檔案的三步驟

第一步：腦力激盪

首先準備一個可靠方式記錄和儲存清單（例如筆和紙、Word檔案、Google文件、

Evernote等）。然後開始腦力激盪，思考過去和現在有哪些活動帶給你或曾經帶給你快樂愉悅。從簡單的快樂（和你的狗一起玩）到複雜的活動（帶著你的狗來一趟公路旅行）。

把眼光放在未來，重複這個練習。什麼事會為未來的自己帶來快樂和愉悅？什麼事情是你從未做過但很想嘗試的？以我為例，我未來想去太空旅行，我已經為維珍銀河計畫（Virgin Galactic flight）存好了頭期款。

有些人覺得限定一段時間進行的腦力激盪更有效，有些人則喜歡用幾天或幾週時間進行思考。看個人喜好方式進行即可。

第二步：加入檔案結構

有些人會說，這樣做太死板了吧，把玩樂趣味都先設定建檔了，這與玩樂的特質有矛盾，會讓想去玩變成一種負擔而不是一種獎勵。我不同意，原因如下：制定一個有組織的選項清單既能讓我們有選擇自由，也能提供一種指引機制，選擇時就更有方向。科學研究表示，避免不斷思考新選項的腦力負擔，獲得有趣結果的可能性就會增加。在人類欲望的世界中，自主的需求和結構的需求是一對動態組合，[18]我們多半兩者都想要。

在玩樂清單中加入結構還有一個額外的好處，就是可以發展更多有趣的想法。組織行為學專家艾瑞克．里切爾（Eric Rietzschel）與其同事的研究表示，有些人需要有結構才會變得更有創造力，因為結構秩序減輕了必須憑空發想的認知負擔。一旦我們了解自己找到樂趣的路線模式，類似發想就會變得更容易（例如，「我顯然很喜歡演唱會，還有哪些我沒有想到的樂團？說不定會很有趣」）。然後，剩下來的腦力就可以來做決策和執行。當我們建立系統化、設定目的性時，我們就能更專注在最重要的事——**真正享受樂趣！**

現在要問的真正問題是：玩樂檔案的正確結構量是多少？好消息，不多！但我認為有兩個要素是必不可少的：

1. 列出對你有意義的排序類別（例如「活動類型」、「實現難度」、「年度實行時間」等）。
2. 你的「候選名單」。（若要查看我目前的候選名單，請到下列網址：https://share.michaelrucker.com/fun-list。）

第三步：選出入圍者

建立玩樂檔案的最後一步最是困難：請從你構思的長長列表中，選出最喜歡的八到十五個可實現的選項作為未來幾個月的首選。清單上所有入圍項目都應該是可實現的（例如，再次參加鐵人三項比賽對我來說雖然很有趣，但由於我已經動了髖關節置換手術，所以這件事不太可能做到）。

腦力激盪且廣泛考慮選項是建構檔案的重要起點，但列出數百項活動並不會完成這份清單。這是過猶不及，科學上的術語是**過度選擇**（overchoice）。

過度選擇會遇到什麼問題？請試想你的週五電影之夜，你願意從一千部電影還是從十部電影中開始選片？如果你說十個，那麼你已直觀地預測到對此問題的科學結論。科學研究已確定：若讓電腦用戶從片庫短清單中選擇，他們會做出更好決定也更會喜歡他們選出的電影。[19]如果選擇清單裡有一千部電影，看幾個小時你很容易就睡著了，說不定那時候連電影都還沒看，還在看預告且思考要看哪一部。

過度選擇會讓我們很難決定優先順序，在某些情況下，甚至會阻礙我們去選擇。

爲什麼是那個？還記得前面說過，我們人類的特性就在於會比較嗎？當我們想出各個玩樂點子時，大腦會根據下一個選項來評估每一個選項，試圖預測哪一個是最愉快的。我們不希望建立玩樂檔案時也遇到這種情況。

如果你疑惑我是如何提出「八到十五個」這個選項數字，那也是有科學根據的。有一項研究要參與者從六個、十二個或二十四個項目中做選擇，同時以核磁造影（MRI）掃描大腦活動，結果顯示從十二個項目中選擇會帶來最高程度的滿足感。科學家最後得出的結論是，當選項限定在八到十五個時，大腦的表現最佳。[20]

如果出自好玩心態，讓你做一個叛逆者，然後訂出一份有十七項活動的清單，那就去做吧。比確切數字更重要的是，活動清單上至少要有幾項是可以引導你進入精采象限的。如果你無法確知未來的巔峰體驗會是什麼模樣，請看下一節就會知道了。

通往巔峰經驗的五條途徑

《美國心理學會心理學字典》（*APA Dictionary of Psychology*）將巔峰體驗定義為：「那一刻充滿敬畏、狂喜，或對人生突然頓悟，猶如天人合一般強大，超越了空間、時間和自我。」——這是描述精采活動最高境界的絕妙說法。[21]當我找尋此類體驗的「入口」時，意外地在童年熟悉的地方找到了一些答案：電玩遊戲。電玩遊戲打從設計一開始，它的目的就在使用者一定要得到快感與挑戰、風險與獎勵，這種獨特的綜合體驗與精采象限裡的活動體驗如出一轍——儘管刺激只有在電源打開時才會持續，與現實世界帶來的樂趣不同。但是，如果你把這樣的基本設計理念用在活動安排上，使現實生活變得更有趣呢？

根據電玩設計者亞歷山大．曼德里卡（Alexandre Mandryka）網站上的自我介紹，他開發了多款……準確地說是二十四款電玩遊戲，銷量超過五千萬套。然而，我更喜歡將他視為世上最能為巔峰體驗創造條件的頂尖專家。值得注意的是，曼德里卡對於設計刺激遊戲的看法就如一套激發驚人巔峰體驗的模板，這套想法是可行的。你可吸收他部分或全部見解，開拓你的想像空間，隨時調整設計你的玩樂檔案。你很快就會發現，你不需要攀登聖母峰，生活上也能擁有更多振奮人心的精采體驗。

一、升級

曼德里卡表示，遊戲最大的樂趣，就是在升級增加挑戰難度和享受掌控之間交替切換時所獲得的。換句話說，在焦慮區和舒適圈之間的移動，比一直處於同一種狀態更能讓你興奮。舉個真實世界的例子，請回想一下第一次騎自行車的感覺。一開始就算裝了輔助輪，你也緊張個半死；直到不緊張了，拿掉輔助輪，雖然還有點害怕，但只有一下子，直到——是的！當我們掌握平衡騎得更好時。當事情變熟悉，我們開始嘗試更快速、加速度、加長距離，甚至可能是特技。我們會改變挑戰路線，修練騎車技巧，或尋找不熟的道路景致增加變數。

有趣的是，這種「挑戰與技能的平衡」是米哈里・契克森米哈伊（Mihaly Csikszentmihalyi）備受讚譽的「心流理論」（Flow）的組成要素，心流理論描述了藝術家、音樂家和其他高技能人士經過數千小時的磨練，對個人技能達到全然掌控的境界時，所可能進入的某種渾然忘我、近乎催眠的狀態。而心流狀態就是一種巔峰體驗，它可能需要大量投資。然而，只要讓挑戰與技能達到平衡掌控，幾乎每個人都可以愉快地享受精采活動的絕妙體驗。「升級」帶來的快樂可以發生在任何層次。

曼德里卡也認為，挑戰升級也可以讓玩家免受「雖然愉悅卻令人麻木的折磨，像把你掏空了一樣」。換句話說，如果這份快樂與學習經驗相關，就能使我們遠離**空虛**。「那種能提供快樂但不費什麼力氣，因此玩起來沒有限制的遊戲，我稱之為上癮。這種娛樂會欺騙身體和大腦，讓我們專注在毫無意義的閃光，並尋找下一次多巴胺的釋放。」曼德里卡在部落格上寫道。[22]

二、學習＋自我決定

學習是有趣好玩的——只要這是一條我們自己選擇的路。也許你讀過一則奇珍異聞，是關於法國老闆的故事。這位老闆的員工認為，讓老闆駕著法國戰鬥機來一次「捍衛戰士」（Top Gun）的體驗會很有趣，所以辦了一次讓人心臟怦怦跳的生日驚喜派對。你覺得這趟空中特技表演的驚喜效果如何？戰鬥機起飛前，智能手錶測量了老闆的心率，心跳快到驚人。當飛機以時速一千四百公里的速度載他到八百公尺的空中，他驚慌失措，按下彈射鈕。無論他對空中纏鬥的興趣進階到第幾級，我想我們都同意，要進行這種活動，應該是你自己想做的而不是強加給你的。這種活動有巔峰體驗，但也有創傷經驗。（該名男子確實安全跳傘返回地球，但飛機毀了。）[23]

直觀上的認定似乎得到科學的支持：當做這件事的動機是符合自我決定（slef-determination）時，學習和樂趣可以兼得。倘若你體驗的是**別人**認定的刺激，那就不太可能取得突破（不是那種從噴射機頂棚彈射出去的突破）。曾有一項小型研究計畫討論課後設計實驗室的特性（在這個實驗室裡，孩子可以和老師一起創造、設計和使用各種工具），此項研究發現，當讓孩子承擔責任並製作作品時，他們會獲得最大的樂趣。在分析創意實驗室的互動後，作者提出了一個簡單的樂趣公式：自我決定＋學習。24

三、不確定性

曼德里卡巧妙地將自我決定與另一個通往樂趣的入口聯繫起來，他寫道：「樂趣是對不確定性的渴望探索。」人類容易被不確定性吸引。我們顫抖著享受不知道下一秒會發生什麼的期待。閱讀也是一樣，如果書中情節曲折離奇出人意料，我們不是會更喜歡它嗎？

史旺西大學電腦綜合實驗的主任艾倫．迪克斯（Alan Dix）發現，添加驚喜元素甚至可將無聊活動變成有趣。例如，等待水壺燒水可能是再平常不過的事，但若水壺在水燒開時有隻鳥跳出來唱歌，這就為活動突然增添了趣味。迪克斯在說明爭論議題的論文中指出，這個實驗可能聽起來很蠢，但他追求的是樂趣，而不是酷。25沒有人會把水壺把戲與巔峰體驗混為一談，但當你將不確定性因素應用在更有意義的活動上時，它可以將活動提升到恍如進行精采活動般有趣。（我們在第三章討論「變動享樂」時會詳細介紹這一點。）

四、情緒的強度

狡詐的電玩遊戲設計師意識到，沉浸式遊戲根本不需要設計精緻的圖形作為玩家的樂趣來源。通常，玩家的樂趣建立在人類基本情感和本能的基礎上，那才是神祕和魔力的來源——幾千年來，人類透過講故事來理解世界，已本能地會對某些事情做出反應。

我認為，這裡根本不需動用研究報告就能說明情緒與巔峰體驗的關係。墜入愛河、結婚、生子與其他人生里程碑，通常在人生清單中名列前茅。花時間培養和發展親密關係可能是強烈正向情緒的來源，這是通往歡樂的重要途徑，對大多數人來說都是可以實現的。

也就是說，情感強度不僅存在於人際關係中。請試著用創意思考你的生活。如果你覺得日子平淡，問問自己：我要如何為我的人生故事添加更多的動作元素和懸疑情節？我要為這個月（或今年）安排怎樣的故事高潮？如果你的生活缺乏戲劇性的弧線，你絕對有能力創造一個。

五、冒險和極限活動

追求身體上的刺激並不適合所有人，但對某些人來說絕對是獲得樂趣的必經入口。史蒂芬・林格（Stephen Lyng）是自願冒險的社會學先驅，他把這些走在極限邊緣的活動稱為**極限活動**（edgework）。林格表示，許多人願意從事有可能傷害身體且需要特殊技能的活動，因為這些活動提供獨特且令人滿足的體驗。[26]當日常生活提供的皆是設限的或商品化的制式活動，極限活動提供的絕對在日常之外，這也讓極限活動的意義遠超過一般專業、成效和收入。這一點在喬治・里策（George Ritzer）所寫的《對已除魅的世界施魔法，消費工具的革命》（*Enchanting a Disenchanted World*）[27]一書中有明確觀察。著名心理學家馬斯洛（Abraham Maslow）也將「被要求追求平庸項目」作為不想行動的動機，而此心態就是人們願意趨向巔峰體驗的內在因素。[28]例如，路易斯維爾大學的兩位教授尚恩・史考特（Shane Scott）和馬克・奧斯丁（Mark Austin）就對極限單車運動（BMX）做過研究，他們發現，從事極限單車的樂趣不僅與身體刺激有關。[29]參與者會將冒險描述為擺脫社會約束的一種方式，某種情況下，他們在騎車時獲得的樂趣是來自對平凡世界凡事合理化和商品化的反抗。

當然，冒險也有缺點。令我驚嚇的是思凱・布朗（Sky Brown）發生的意外，她從年紀很小的時候就是非常知名的滑板選手，二〇二〇年她分享了從高處摔落的影片，直升機將她送往醫院。[30]影片中，她躺在醫院病床上，眼睛發青，聲音微弱，她說她通常不會分享自己摔落的事故，因為她更喜歡大家看到她有趣的一面。但這一次是她經歷過最嚴重的摔落意外，她希望粉絲知道「有時摔落沒關係……，我希望大家都知道，無論我們做什麼，我們都會帶著愛和幸福去做。」對於任何探索極限活動的人來說，最重要的是要評估風險和回饋，了解利害關係，並考慮轉向實際風險低於知覺風險（perceived risk）[d]的活動，例如，從事攀岩活動時，若你不是經驗豐富的老手，就不要從事不加保護措施的徒手攀岩。

還在尋找進入巔峰體驗的更多途徑嗎？馬斯洛在《存在心理學》（*Toward a Psychology of Being*）一書確定了巔峰體驗的十六個面向。[31]根據他的說法，這裡進一步提供一些建議，希望其中某些概念能作為引導你進入精采象限的能量。請尋找具有以下特色的活動：

- 能幫助你拋開束縛
- 能讓你感受與環境融為一體
- 能給你一種完成感
- 能讓你發揮藝術表達與自由創造力

d 譯註：知覺風險（perceived），心理學名詞，表示做此事的人因無法確知結果與預期是否相符，而感知到的「不確定」。

・能讓你感到強大和獨特

避開樂趣的敵人

既然我們討論了通往精采象限的入口，架些防護欄如何？讓我們討論一下潛在的陷阱和玩樂的限制。

成癮、依賴和痴迷

我的工作場域，碰到的多是些健身狂熱分子。你知道我過去是兩屆鐵人三項選手，也許會猜想我是不是也是個健身狂。我們健身產業這一行，對長期健身者有個說法：「他們不是朝著某事跑，就是跑著遠離某事。」想像一下，有個人每週花在健身房的時間高達十五小時，他來這裡可不是為了賺錢付房租的。或許有人會說他一定熱愛健身，但事實上，他已經達到運動行為學家馬克・安謝爾（Mark Anshel）定義的**運動成癮**（exercise addition）的門檻。[32]雖然運動本身是獲得樂趣的健康方法，但很多專家都同意，對某些人來說，對運動的依賴可能會帶來極大的行為問題（例如，「我要用跑步度過我的餘生」）。

對樂趣過度熱中會導致自我控制和自主性的喪失，玩樂因此被污名化。上一章提過的神經學教授大衛．林登，也是《愉悅的祕密：解開人類成癮之謎》一書的作者，[33] 他認為大腦不知道惡習和美德之間的區別。我們在吸食海洛因或隨意性交時啟動的大腦迴路，與我們進行冥想或捐助做善行時啟動的大腦迴路是一樣的。這也有助於解釋為什麼玩樂本質上是好的，但過度熱中卻會變得很糟糕。重複經驗會讓我們的神經結構發生長期變化，這個過程稱為神經可塑性（neural plasticity）。記憶儲存在大腦中，因此，林登認為成癮可能是學習的一種形式。某些活動會產生帶來興奮快感的神經化學物質，如腦內啡（就像跑步者會得到一種「跑者嗨」〔runner's high〕）。歡樂活動產生的快感無人能敵，我們一次又一次地被它吸引，忽略一切保護自己的常識。

要確定激情是否轉向不健康的痴迷，請參考加拿大心理學家羅伯特．瓦勒蘭德（Robert J. Vallerand）建立的「激情二元模型」（dualistic model of passion）。[34] 瓦勒蘭德把激情分為健康的「和諧型激情」（harmonious passion）和不健康的「強迫型激情」（obsessive passion）。如果是出於自願且心甘情願興起參與某項活動的強烈傾向，此是和諧型激情。有些研究將瓦勒蘭德的激情二元模型當作研究方法做實驗，結果發現和諧型激情可以創造積極的情緒，並提高生活滿意度。

但強迫型激情不會讓人得到充實感，不做時，反而會感到空虛。例如，你整個週末都在打高爾夫球，但你早就和另一半商量好要彼此分擔某項責任，但你沒有做，反而一直在打球。等事情過後，你非但沒有滿足感，反而感到羞愧內疚。你也許會經歷：

・戒斷問題，類似於上癮：「如果我不練，就會感到煩躁。」

・頑固的態度：「我需要這樣做，即使會傷害自己或他人。」

・對風險視而不見：「我全力以赴。」在瓦勒蘭德的研究中，即使在氣溫降至零度以下的大雪日，狂熱的自行車手也會繼續騎車活動。瓦勒蘭德的實驗表示，強迫式激情與成癮行為有關，例如會讓人喪失一切的賭博成癮。35

當自我控制力和自我節制力消失，對活動的狂熱起而代之時，玩樂的陰暗面就會顯露出來，對快樂的追求確實會變得痛苦。

憂鬱症

如果你正在與憂鬱症或其他形式的精神疾病戰鬥，請不要多增加額外負擔，不要想利用「玩樂」擺脫困境。非常不幸的現實是，由於精神疾病本身被汙名化，我們當中獲得應有幫助的人並不多。無論你的病況是因為神經化學或創傷，心理健康問題最好尋求專業人士或藥物，或在兩者幫助下進行治療。

例如，你無法用意志力讓自己擺脫頑固型憂鬱症，這樣的嘗試也可能會致命。我二十多歲時曾因為病毒感染而住院，結果造成我無法自行應付的神經和心理併發症。接受幫助把我從黑洞中拉了出來，讓我後三年的大學生活仍過得豐富。我也服用過

SAMe（S-Adenosyl Methionine，腺苷甲硫氨酸），據稱可改善我在高壓時期的情緒。如果你需要幫助，尋求幫助並不可恥。一旦得到所需的幫助，樂趣就會在那裡等著你。

過度勞累和睡眠不足

說來其實簡單：如果睡眠不足，生活就毫無樂趣。睡眠不足是日益普遍的公共衛生危害，根據美國國家睡眠基金會（National Sleep Foundation）進行的睡眠生理和認知表現研究，成年人每晚應該睡七到九個小時。[36]相反地，若我們連續幾天都沒睡到那個時間，我們就開始走向睡眠不足，就會讓大腦運作不佳。[37]

並且，我們工作太努力了，哈佛醫學院睡眠醫學教授查爾斯・切斯勒（Charles A. Czeisler）表示，在二十四小時內，我們應該連續進行十一小時與工作無關的活動。此外，每週至少應該有一天完全不做與工作有關的任何活動——最好是連續兩天——這可以幫助我們避免養成不良睡眠的習慣，以防睡眠不足。切斯勒博士也認為，我們每週工作時間不應超過六十小時。[38]美國有超過三分之一的成年人表示每晚睡眠時間少於六小時，[39]如果你也身處其中，就算你不斷找新玩樂，無論這些活動有多有趣，對你都不會有益處的。此時任何活動都無法幫你復原，玩樂將成為另一種折磨。我們之前討論過的時間財匱乏和過勞是密切相關的。

誤把樂趣當成高喚醒

請根據自己的需求和渴望去定義樂趣，而不是用他人對樂趣的定義來養成你的習慣。加州大學柏克萊分校情緒與情緒調節實驗室的主任艾莉絲．莫斯（Iris Mauss）對幸福科學有深入研究，當我訪問她時，她指出，美國與西方文化傾向將「好玩」與高喚醒（high arousal）的情緒連在一起，例如，激動、興奮等。「我認為，作為一種文化，我們都低估了**低激發或低喚醒的積極情緒**（low-activation or low-arousal positive emotions），這是史丹佛大學心理學教授珍妮．蔡（Jeanne Tsai）所強調的樂趣成分，例如平靜、平和、安寧。」安靜讀書、冥想、做園藝都是低喚醒活動，有些人不會將這些活動歸類為玩樂，但事實上這些活動確是富含樂趣的，而且還提供平衡和復原，這是我們很多人都非常缺乏的。

過度提升

我常遇到有些人對我的工作充滿熱情，尤其是做科技類工作的年輕人，他們告訴我，他們非常善於在瘋狂的工作節奏中找到空閒時間來享受樂趣。「我工作時就像個動物，所以我每一分鐘都在找樂子。」某位年輕的企業家告訴我：「我連去一趟廁所的時間，都能點進Tinder交友App找到約會對象。」說這種話的人多半屬於某種次文化，他們無時無刻不關注自我最佳化，專以生活妙招節省時間。他們很多人都告訴我，我錯了，我不該不贊同他們每週排八十小時的工作，因為他們工作時其實就在玩。這可能是真的——然而，人在某些時刻，活在小小泡沫裡，最先想到的都是自己很小一段經歷，而不是廣闊的人生範疇。他們去一趟廁所就能把約會安排好，在最小的時間單位裡都能找到樂子，這種能力會給他們一種成就感。但有時，從日程表中拿掉一些工作才是我們大多數人該做的。意願才是最終目標，而不是把時間利用到最極致。

變得更有意圖

我希望你在讀完本章後，能夠對時間的有限及時間代表的各種機會有更深入的理解。我們常說要珍惜享受每一刻，但玩樂這件事卻正相反，不用時時刻刻都在意歡樂；有趣、愉悅的生活可以承受某種程度的單調甚至逆境。然而，時間是一種有限且稀缺的資源——儘管我們很少知道它有多稀缺，這是福也是禍——如果我們不正視這樣的事實，我們就會浪費時間，無法將時間投資在能產生樂趣複利的活動上。

我認識的那些在精采象限花了最多時間的人都不斷刻意地做到這一點，他們都是大忙人，所以會刻意將玩樂活動排入行程表。我們經常誤以為「神奇時刻」不需要計畫。雖然神奇時刻不可能經由人為安排，但你必須在生活中為它騰出空間，要有效地做到這一點就需要計畫和紀律。

我失去了我的弟弟，時間比我預想的早了好多，這也讓我更有意識地了解到這樣的必做之事有多重要。他只有四十一歲，至親過世絕非易事，我在情感上對此毫無準備。往後幾年，有件事對我克服悲傷很有幫助，就是回味我們成年之後一起創造的快樂回憶，儘管我們大半人生都不住在同一州。

我和弟弟有分享彼此心願清單的悠久傳統。我們去了慕尼黑啤酒節，我們去看了芝加哥第二城劇團（The Second City）[e]的喜劇演出。他住在印地安納州的時候，我們還一起去了黑魔王節（Dark Lord Day）[f]——這是為精釀啤酒愛好者舉辦的節慶，請了好多重金屬樂團演奏音樂——布萊恩在為我們尋找冒險時發現了這個活動。（他是精釀啤酒愛好者，我喜歡重金屬，這個活動是絕妙搭配。）

就在他去世的前一個月，我們才一起做了最後一趟旅行。當時我身兼兩份工作，公司在疫情後要重啟，壓力幾乎把我壓到滅頂。然後我有機會去紐約出差，立刻想到我一定要抽出時間和住在紐澤西州普林斯頓的弟弟碰個面，儘管那意味著要拒絕一些工作要求。我們打算去紐澤西傑克森市的六旗大冒險樂園（Six Flags Great Adventure）。如果你是雲霄飛車愛好者，一定知道這個樂園有世上最高、速度第二快的京達卡雲霄飛車。去那裡玩是很明顯的選擇，因為它相對方便。不過，對我來說，這是一趟來回八小時的旅程，如果我說我沒有不時叨念這些不便，那我就是說謊。

那天我們到了樂園，所有煩惱都被我拋在腦後了。兄弟重聚最是高興，掩不住興奮，但也有點擔心。十年前我們就去過加州的六旗遊樂園想坐雲霄飛車，但失望而歸。我弟弟是個大塊頭，體型太大，大多數遊樂設備的安全設備都裝不下他。紐澤西這裡也一樣嗎？我們走向雲霄飛車，越來越緊張。**會不會不讓我們搭京達卡？**

排到我們的時候，我們趕緊入座。我們都知道這時要聽到什麼，咔噠，安全扣環卡住的聲音，沒有響就沒法搭。我緊張地看著我弟弟擠了進去，心裡嘟囔著我們一定可以。我弟弟盡全力深呼一口氣，又吸氣憋住，在工作人員的幫助下，我們聽到了咔噠聲！

聲音一響，我們就出發了。這趟雲霄飛車太棒了，完全就是我們期待的。**太好玩了！**那天之後我們一直講個不停。雖然其他遊樂設施拒絕我們，但已無關緊要。我們已經征服了野獸！第二天，弟弟送我去機場，走之前我們還一起享受了歡慶勝利的大餐。兩個人就像孩子般一面吃飯一面嘰嘰喳喳，回顧了這次經歷的每分每秒，是我們兄弟在一起度過的美好有趣回憶。

如果你對出去玩總是瞻前顧後想很多，我向你保證：在你行事曆上看似僵化的方

---

e 譯註：第二城劇團是一九五〇年代從芝加哥開始發展的喜劇團，表演形式就如在歌廳夜總會裡有歌有舞有喜劇的即興表演。

f 譯註：每年四月，印第安納州的Three Floyds Brewing酒廠都會爲其特產品黑魔王（Dark Lord）舉行一場盛大慶典，慣例會請符合啤酒特性的重金屬樂團表演，更免不了喝酒狂歡，是啤酒迷重要節日。

格裡，絕對有足夠隨性放肆的空間。有時你必須做一個「堅持一定要玩的人」，儘管這聽起來有違常理，但如此才能騰出空擋，來一次無預期的歡樂。（有時你認真安排了玩樂行程，結果卻玩得不爽快。這種事常有——所以你才需要再找機會再試一次。）

未來無法完全掌控，我們總希望生活處處驚喜——這不是壞事，儘管有時不如預期，我們能做的就是把握時間盡力而為。

紐澤西傑克森市的京達卡雲霄飛車，2016 年 5 月 14 日。

玩樂名人堂：馬克・蘇瑟蘭（Mark Sutherland）紀錄片《艾比的心願清單》（Abby's List）的創作者

你聽過狗也有心願清單嗎？對馬克・蘇瑟蘭和他的惠比特犬艾比來說，這樣的償願清單改變了他們的生活。艾比到了十三歲，馬克發現他可愛的女孩腳步越走越慢了。艾比身體虛弱，有關節炎，走路一瘸一拐，醫生警告他注意艾比可能有癌症。馬克開始覺得他們的時間是借來的，之前他養的兩隻惠比特犬，都在同樣的年齡離開了。

同時，馬克多年來第一次失業。「我想，我們應該來一趟公路旅行。」他說。

馬克代表艾比腦力激盪，列出有趣的心願清單：在世上最高的紅杉樹上撒尿；去拉斯維加斯享受客房服務；去迪士尼樂園搭乘小世界遊樂設施……時間過去，清單上出現更多更有意義的「第一次」：認識新朋友（海豚）；在雪地奔跑；狗生的第一次露營。

他把自己的家當放到倉庫，然後就上路了。計畫是從南加州的海灘開始，花幾週時間穿越全國，最後讓艾比的爪子泡泡大西洋的海水。馬克和艾比來到了加拿大的小乾草堆島（Little Haystack Island）露營時，發生了完全意想不到的事情：艾比的身體狀況改善了，不再一拐一拐，又開始在岩石上蹦蹦跳跳。「她跑啊跳的，開始微笑。我確實見證了她的衰老過程。」馬克說。

就在那時，他放棄了原來的計畫，決定盡可能地繼續旅行。三星期變成三年。艾比健康狀況一直維持到她眞的得了癌症爲止，但在她去世幾週前，病情似乎又好轉了。然後他們來到大西洋——馬克最初設想的旅途終點，只是旅行有了自己的生命而被擱置了。

三年的時間裡，他拍攝了一百多個小時的畫面，剪成一部完整的紀錄長片。「這部電影眞正的中心主旨是**離開沙發，開始生活**。這並不表示我們不能做正經的事，而是我們絕對可以自主且自願地下定決心享受我們一路上的歡樂。」

3 每一刻都有味：SAVOR法則
SAVOR Every Moment

「你知道，很多人認為只要鍛鍊身體、舉重、正確飲食，按照指示去做，就會長壽，也許真是如此。但是，為什麼人要用歲月來衡量生命，而不是用歲月中的美好來衡量人生呢？」

——美國喜劇演員蓋布瑞．伊格雷西亞斯（Gabriel Iglesias）

在PLAY模式的幫助下，你一定改善了一些時間浪費，在日常生活加入好玩的新活動。在這一章，我們將採取宛如煉金術的實踐方法，使用我設定好的工具，讓你的日常生活轉型，獲得更多快樂滿足。

我提出SAVOR法則，它以科學和實證為基礎，由五個要素組成：

・Story editing故事編輯

- Activity bundling 活動綑綁
- Variable hedonics 可變享樂
- Options 選項
- Reminiscing 回味

介紹SAVOR的最佳方法就是展示它們付諸實踐的變革力量。幾年前，那時候我還沒有利用玩樂改變人生，我的博士實習是去協助加州一家大型連鎖醫院，前不久這家醫院才發生某位醫生自殺事件。他的去世猶如警鐘，讓人們開始正視這個問題：連鎖醫院的醫生正承受著全方位的工作壓力。儘管倦怠會影響我們所有人，但從研究論文來看，針對醫護人員做的研究是最多的，因為他們的角色為研究者提供了研究人際壓力的方便機會。在這些研究中，有一組研究對象一直被認為受到最嚴重的影響：醫生。雖然自殺事件對這家醫院來說是可怕的打擊，但從整個連鎖機構收集到的醫生調查數據看來，更大的危機正在醞釀。[1]

我剛到這家醫院時就發現，醫院的醫療長對新想法抱持開放態度並採取積極作為。他看到越來越多正向心理學技術用來增強復原力的論文，深受啟發。但這些策略是否可用來改善醫師的健康？醫療長希望，如果我們能找到某種方法教導醫生，讓他們變得更有韌性，也就能保護他們不被倦怠感傷害。

在與醫療長進行數次會談後，決定先與醫院的福利委員會合作，醫院福委會的成員除了醫療長和我之外，還包括十幾名醫生，他們都代表醫院系統內的不同群體。對任何群體來說，要建立復原力都不簡單，事實證明，在醫院這種環境難度更高。觀察這家醫療集團之前的做法，我發現，面對根深蒂固的社會規範，之前的改善措施多半難以實踐。之前的做法分成兩部分，一方面讓醫生遠離工作，一方面鼓勵外部學習。但在醫院環境下，時間是一種稀缺資源，這樣的嘗試毫無進展可能——更糟的是，會造成更多的倦怠——潛在風險超過潛在好處。

如果醫院福委會不能指出對的方向，也許高危險群的醫生可以。我開始與醫生單獨會談，從第一個人開始，一個主題就出現了：他們把工作放在自己之前。

從醫學院畢業需要付出巨大努力，從做學生開始，他們就必須完全放棄自身利益，懷抱不懈無私的態度，自始自終遵守承諾。他們學到醫生準則高於其他，包括自身福祉。對許多實習醫生來說，這表示他們必須放棄一些有違醫生承諾的事——即使是像請假看電影這樣的簡單小事。為了在醫學院生存下來，未來的醫生已經把一些對事業成功沒有直接明顯相關的人生要素從根本上剔除了，包括體驗生活和自身健康。就算你沒有上過醫學院，這些事情對你來說也不陌生。有抱負的專業人士幾乎普遍有這樣的心態，醫生只是更極端的表現。我們堅信人生中所謂的成功和價值主要來自有薪工作，因此我們優先考慮我們的事業，強迫自己用剩餘的時間配合事業之外的其他。

我與那些高風險的醫生一一對談，他們多半已經從醫學院畢業很久了，我發現，上述所謂優先次序的重新定位——要求醫生遠離自身需求，轉向有利工作的要求——並沒有辦法消解自身情緒。當醫生逐漸習慣職業上的角色，隨著生活中有其他需求再次出現，那股全心全意行醫救人的熱情自然會隨著時間而消退。當醫生成為一種職業，「只做醫生別無其他」的吸引力就減弱了。原本以為只要有毅力、有熱情就足以支撐自己，但這樣的信念逐漸被揭穿成為謊言。不可避免地，他們對以工作之名要求他們犧牲的東西做了痛苦的清算，這一現實侵蝕了他們的精神。無可否認，醫護人員是最令人欽佩、最有用、最重要的職業，但即便如此，那些致力於這項職業的人也需要職責之外的生活。沒有人生、沒有學習和獲得世俗經驗的機會，沒有獲得豐富洞見和智慧的可能，最後就如行屍走肉。隨著工作逐日進展，我與福委會的幾位醫生建立了情誼。其中一位醫生尤其表現出鼓勵的態度，願意理解這套比較新的想法。這位醫生叫安東妮亞[a]，安東妮亞加入福委會是因為她自己也有倦怠，最近醫院發生的自殺事件讓她震驚難過，她想盡一切努力幫助其他醫生增進福祉。甚至連她自己也很不安，因為在她擔任住院醫生的這些年裡，她的個人生活也幾乎消失了。

我們決定共同努力，先從小改變開始，看看能做些什麼來增加個人滿足感和存在價值。雖然安東妮亞覺得這是個好主意，但她不確定要從哪裡開始。我建議她回想一下進醫學院之前或小時候的生活。我問：「你怎麼打發時間的？做什麼事會讓你微笑？」。她幾乎立刻回答：「畫畫」，但隨即把它當作一種愚蠢的愛好，然後就放棄了，她從來都不是「真正的藝術家」。我們一起練習**故事編輯**——重塑我們評量價值和優先事項的視角——重新認識繪畫對她的幸福也許真的很重要。事實上，畫畫曾是安東妮亞的一大樂趣來源；隨著年紀增長，畫畫的優先順序被降低，到了醫學院接受嚴酷考驗時，畫畫就再也不存在了。安東妮亞先前認為畫畫只是個多餘的愛好，但事實與此相去甚遠，她的生活缺乏自我表達和樂趣，正是導致她倦怠的重要原因。

起初，她很難找回失去已久的熱情，但我們沒有放棄嘗試。我們仔細檢查她的行事曆，尋找一天中最適合釋放創意的時段，哪怕只有幾分鐘。她發現，畫畫的行動可以和她晚上回應病人的時間**綁在一起**，然後她開始畫漫畫諷刺自己遇到的困境。她發現，這樣做可以幫助她緩解壓力，同時讓她連結起自己藝術和情的一面。這是一次初步勝利，以此為起點，我們探索了更多**選項**，例如參加她的孩子們喜歡的活動。一旦有了動力，她的「玩樂檔案」就開始變得很大。我們沒有把事情便成強加壓力、無法

a 作者註：我非常尊重那些在福委會和我一起努力的醫生，與醫院簽訂的實習合約中有保密條款，這是絕不可能違反的。所以安東妮亞醫生是真人，但我把她的名字改了，並將這些經歷與其他事情統合在一起，這樣就不會有人知道她是誰。

執行的垃圾場，而是將她的選擇減少到幾個她最喜歡的，並將注意力集中在這些事情上並加以實現。例如，安東妮亞一直有寫感恩日記的習慣，但我們對做法進行微調，將日記重點放在記錄和**回味**她最愉快的事情上。

然後我和其他醫生一起進行這樣的努力，毫無疑問，我的成功率很低。許多人嘲笑玩樂對他們工作的重要性微乎其微，只是不必要的干擾。但也有少數和安東妮亞一樣對此抱持開放態度的醫生，他們覺得這像是一種具有恢復療效的補品，最後甚至是一種安全合法且可增加性能的藥物。事實上，能享受生活的醫生會成為更好的醫生。

離開醫院福委會後，我偶爾會和安東妮亞一起喝咖啡，檢查她的進度。我很高興看到她帶著微笑開發了新專長，她用工作之外的時間拓展了自己的愛好，正在架設一個探索藝術與健康關係的網站。有趣的是，我覺得我們一起發現了一種治療倦怠的新藥，我感覺自己就像科學家，實驗性的新藥才剛剛通過了臨床試驗。

當你要往下讀下一節時，請先問問自己：對於自己和自己的人生有什麼看不見的故事？它們對我享受樂趣／玩樂的能力產生了什麼負面影響？這些敘述是否仍然有效？或者就像安東妮亞的舊思維一樣，它們是需要挑戰的遺跡嗎？我該怎麼做才可以不讓這些故事阻礙我的進步？

故事編輯

我一開始認識「故事編輯」這個概念是從《重新定向》（*Redirect*）這本書中學到的，作者是社會心理學家提摩西．威爾森（Timothy Wilson），書中探討了信念對塑造主觀現實的力量。根據威爾森博士的解釋，人們有能力「編輯自身故事，從而引導行為和幸福感持續改變。」[2]因此，當人們對玩樂產生誤解，認為它是愚蠢的、是浪費時間的事，故事編輯能糾正錯誤心態。

在我們「永遠開機」的生活型態中，強大的社會規範禁止我們重視玩樂，更不用說擁有自我了。故事編輯是突破束縛的第一步。事實上，只要意識到這些約制存在並努力活得更快樂就已經成功了一半。故事編輯可作為一種徹底的自我保健行為，利用這樣的操作，只需賦予自己享受玩樂的使命，連最平凡的情境都有變成快樂的機會。

開始操作之前，首先檢查你對玩樂可能存在的根深蒂固的偏見。特別提醒自己，享受玩樂和成為高效成功的成年人並不牴觸。（如果你仍有疑問，請繼續閱讀，我在書中無處不強調這一點。）玩樂不是「多餘的」，它是個人幸福的重要組成部分。對個人敘事的重新定向是重獲權力並放棄舊劇本的第一步，玩樂需融入你的身分。

利用指示產生愉快的想法需要刻意練習，所以需要有耐心。事實上，對大多數人來說，光是叫他不要去想擔憂的事，就可能讓人筋疲力盡。威爾森博士在維吉尼亞大學和同事曾做過一項實驗，他讓參與者在靜坐思考十五分鐘和承受電擊之間做選擇，居然有三分之二的男性和四分之一的女性選擇的是電擊。[3]之後，同校研究生莎拉・阿哈馬迪（Sarah Alahmadi）做了追加研究，進一步發現，如果我們不是有意識地做這件事，就不會優先考慮愉悅的想法，原因可能是我們傾向低估這些想法會帶來的愉悅程度和好處。研究小組的結論是，如果沒有認知應該享受快樂，我們可能永遠不會把快樂放在優先地位。[4]也就是說，當我們費盡一輩子努力達到某種人生目標，有了成就、名聲、金錢，但我們卻缺乏重要的享樂能力來享受它們。

這件事告訴我們，如果我們遇到對的觸發因素，也就是能提醒我們放鬆思緒並享受當下的觸發因素，我們必須抓住它。在一項研究中，研究者讓兩組參與者分別接受「思維輔助」幫助他們思考喜愛的主題。方法是讓參與者先列出一長串他們喜歡的事物，然後，要求他們思考這些事物幾分鐘。在誘導幾天後，實驗組開始收到提醒，內容是他們喜愛的事物，而對照組不會收到提醒。收到提醒的參與者發現，他們比對照組更容易專注在喜愛的事物上，他們的雜念變得較少，且更能享受喜愛事物帶來的樂趣。[5]我們將在下一章學習如何利用它的力量。

由於人類天生就有不考慮樂趣的傾向，因此我們應該將簡單的提醒融入生活中，這樣可以幫助我們將喜歡的事物帶回意識中。需要用一些指引「重新定向」（redirection），包括重新建構生活中最平凡的時刻，就如排隊、等水燒開，利用這些時間當成思考愉悅主題的機會。在生活的短暫間隙中，不用擔心錯失了社群動態，沒有「FOMO」（fear of missing out，害怕有沒收到訊息的「錯過恐懼症」），而是想辦法沉浸在美好回憶中。請利用各種方式執行，你可以翻看上一章要你整理的玩樂檔案，為自己設定日期提醒，讓過去的美好回憶自然湧現（就像臉書的「動態回顧」功能，應用日期設定也方便你全然控制你想回憶的內容）。

一個成功的故事編輯還有利人們發展「成長型心態」（growth mindset），這個概念是由心理學家卡羅・杜維克（Carol Dweck）所提出，她也根據此理念發展出暢銷書《心態致勝》（*Mindset*）[6]。杜維克發現，具有成長心態的人有更強的自我行為控制意識，他們認為自己是自己人生的駕駛，相信自己有能力提升自我、改善處境。與成長心態相對的是「固定型心態」（fixed mindset），定型性心態的人會將自己的能力視為已經定型，而生活已超出自己能控制的範圍。

請採取成長型心態，用「此事有助於提升改進」的角度，重新詮釋負面事件。例如，當你被人拒絕或犯了錯時，請選擇這樣想：「我喜歡困難的挑戰。下次，我會更加努力練習，在闖關過程中會有更多樂趣。」

相較之下，如果你採取固定型心態，會把任何挫折都解讀為「就是這樣了吧」，會說：「一點都不好玩，我一定不擅長這件事，至少我再也不用做了。」

如果改變心態很難，就先從小事做起吧。告訴自己，這個週末就是假期。很簡單，只要設定意圖就可以。這種微小的心態轉變已證實有積極的影響，[7]會釋放一些真正假期帶來的正能量。一旦體驗到心態微調所帶來的明顯好處，你就會覺得自己有能力可以嘗試更大的轉變。

練習故事編輯就會看到體驗樂趣的機會，那是你之前沒試過的。例如，何不將午餐視為真正的「休息」，利用這個機會做些好玩的事呢？比方找老朋友一起吃飯。如果幸運，你可能會像前面提過的塔妮亞一樣找到零魂伴侶。至少，在看到玩樂對自我感受的影響後，也許會重新發掘曾經強烈喜愛但卻錯過的興趣。[8]

玩樂名人堂：比爾・莫瑞

比爾・墨瑞（Bill Murray）絕對是大明星，不但被許多好萊塢大製作愛用（電影作品如《球童瘋狂高爾夫》（Caddyshack）和《魔鬼剋星》（Ghostbusters），隨便舉兩個例子就夠了），更別提占他職業生涯眞正重要地位的獨立電影。近幾十年來，他已不僅是個名人，你可以稱他爲沒架子老頑童。每次總有陌生人邀請莫瑞一起玩，聽到大明星說好時，他們還會嚇到，像這樣的故事有好幾十個了。就說有一次在紐約的卡拉OK店，一群陌生人隨口邀他一起來唱歌，他就跟著他們一夥人一起去唱歌了，邊喝邊唱玩了通宵。還有一次一對新婚夫妻在拍婚紗照，他亂入當電燈泡，活生生毀了美照，但是新郎新娘都笑翻了。還有一次，他在蘇格蘭遇到一個人類學學生，受邀參加學生派對，他不但去了還留下來洗碗。現在這些事情都成爲傳說趣聞——其中很多都收錄在湯米・阿瓦羅尼亞（Tommy Avallonea）以比爾・莫瑞爲對象拍的紀錄片中；電影取名爲《比爾・莫瑞的故事：從神話人物學到的人生教訓》（The Bill Murray Stories: Life Lessons Learned from a Mythical Man）。這些故事在在表明了一種隨遇而安的態度，拒絕把自己放在高於其他人的位置，更表示無論什麼冒險都願意嘗試，這是很令人欽佩的。[9]

說到比爾・莫瑞的職業生涯，從芝加哥第二城劇團開始，然後去了《週六夜現場》（Saturday Night Live），他都在走自己的路。眾所周知，他沒有經紀人，沒有經紀公司，有任何邀約必須透過電話的個人語音信箱留言，等他高興了他才會查看。電影《魔鬼剋星》的巨大成功使他的明星地位扶搖直上，但隨著激情消失，他遇到職涯的低谷，因此停工四年，去了巴黎索邦大學學習歷史和哲學。二〇一四年，他接受查理・羅斯（Charlie Rose）的訪問，羅斯問他有什麼想要卻沒得到的東西？莫瑞並沒有說他想得奧斯卡獎，卻說希望能全力活一回。「我真的很想知道，如果能真正活在當下、真正活得盡興，我想知道像這樣活著能活多久？」二〇二〇年，吉米．金摩（Jimmy Kimmel）在比爾七十歲生日那天打電話給他，他說：「我仍然認爲，如果我遇到任何眞正的麻煩，我仍然會像青少年一樣受到審判。」比爾．莫瑞用的是一支史努比玩具電話。

活動捆綁

當你跟著上一章檢視了你對時間的運用，你應該會敏銳地意識到，無論哪一週，你根本不可能掌握時間。我沒有魔法，無法幫你增加一天時間，但我可以幫你透過「活動捆綁」這項工具實現類似目標。

某種程度上，活動捆綁**就是**一種魔法——它可以在不必增加額外行程的狀況下，為你的一週時間增添更多樂趣。它是一個程序，要你檢視你如何度過時間的，然後巧妙地把某些正向元素融入那些可能沒有充分利用的時段中。當然，這種操作可能會損害一些基本活動，如睡眠、冥想、專心用來發想的時間。但是，如果小心進行，活動捆綁可以將生活中最平凡或最艱難的時刻轉變為較愉快的體驗。例如，安東妮亞將繪畫練習綁在她做醫病問答的夜間職責中。

只要把活動捆綁這項原則簡單應用在每週行程，就可增加享受樂趣的機會，它可以有效應用在PLAY模式的任一象限。你可以將兩個愉悅象限活動綁在一起，例如，看喜劇表演和與朋友聊天，綁在一起樂趣加倍。或者你也可以將一項痛苦活動與一項愉悅活動綁在一起，例如一面打掃家裡，一面聽你喜愛的podcast或有聲書。

活動綑綁的另一種做法，是把某項活動當成獎勵綁在一件你不想做但必須做，做了又不快樂的事上。行為學家早就知道，愉快的活動是進行不愉快活動的強烈動機。一九二〇年代，約翰霍普金斯醫院的科特・保羅・里克特（Curt Paul Richter）發現，老鼠在飢餓和期待食物時會增加體力活動。[10]大衛・普雷馬克（David Premack）進一步研究了這個現象，並建立了強化相對論，稱為「普雷馬克原則」（Premack's Principle）：「當單獨做A的頻率大於單獨做B的頻率時，A的反應會強化其他任一個B的反應」。[11]簡單來說，如果我們單獨做某個活動不快樂時，只要在此活動上**加上**某項有趣的活動，我們就會比較願意多做這件不有趣的事。

如果你為人父母，一定知道這種捆綁是有效的，因為你可能會用事後獎勵來強迫你的孩子做一些重要的事。「把你的房間打掃乾淨，然後我們就可以去買冰淇淋了！」科學論點也支持，你可以將這個策略應用在完成對自己重要但感到痛苦的任務上。樂趣是很好的激勵工具，**爲什麼不用呢？**

要注意的是：這種方法也可能會適得其反，嚴重起來，一種活動體驗不但不會補充另一種體驗，反而會降低它的效果。對於哪些活動可以結合得很好，要經過思考並切合實際。例如，一邊遛狗一邊聽喜愛作者寫的有聲書可能聽起來不錯——直到有一天你太專心聽書，然後你發現你的狗正在吃垃圾，連阻止都來不及。（這是發生在我朋友身上的真實事件。即使她的狗沒有探索附近的自助餐，但也太讓人分心了。她也自此意識到，她並不像喜歡讀小說那樣喜歡聽小說。）另一個危險的例子是將太過勞心燒腦的工作（例如，報稅準備）與約會綁在一起（例如：和喜歡的人一起看好看的節目）。這種情況下，工作可能變得更痛苦，與伴侶共度時光的快樂也隨之消失。最重要的是，要知道這種策略有局限性，隨意使用可能有害處。

活動捆綁對我自己的生活產生了巨大影響。就如你猜想的，人到四十五歲，從一個鐵人三項運動員到再也無法參加跑步競賽，這個轉變可不容易。跑步一直是我的療癒方式，所以當醫生告訴我，我的股骨已經抵到我的骨盆，跑步不再是一種選項時，我崩潰了。由於無法維持先前的活動量，我的體重明顯增加，血糖升高——對於在某種程度上靠倡導健康以維持生計的人來說，這可不太妙。

醫生告訴我，可以繼續動的唯一選擇是進行髖關節置換手術，我聽從指示。手術後幾週，我很難配合我兩個脾氣不好的孩子，身體還沒復原對我和女兒的關係特別有影響。在手術之前，我和女兒的聯繫就是一起運動一起玩。我想盡快恢復到可以和她一起玩的狀況，但初期的物理治療無法避免又很痛苦。對我來說，解決方案就是活動捆綁。

我看到女兒最近對舞蹈產生興趣，所以與其一個人孤零零地做物理治療，我就找了一位舞蹈教練幫我設計適合我的復健動作，而且是可以讓女兒一起加入的有趣動作。這項每週一次的跳舞儀式，變成精采象限中的快樂活動，讓我和女兒重新建立聯繫，我變得更健康，兩人對舞蹈越來越熟練，最重要的是，我和女兒一起玩得很開心。

月光路跑活動，加州，戴維斯，2014年7月12日。

變動享樂

「感覺真的很棒！你知道為什麼嗎？因為你等了五個月。就像你餓了五個月，有人丟給你一塊餅乾，你會說：「天哪，這是我一生中吃過最好吃的餅乾！這不是普通的餅乾，對吧？這是什麼，薄鹽餅乾嗎？天哪，太好吃了。而且……這不只是薄鹽餅乾。這是……這是Ritz，這不是麗滋餅乾嗎？天哪，這是我一生中吃過最好吃的餅乾。」

——艾迪．墨菲在《艾迪．墨菲野馬秀》（*Eddie Murphy Raw*）

研究顯示，如果我們被剝奪了一些愉悅事物，當它又重新回到我們懷抱時，我們會更強烈地喜愛它。剝奪的進行可以很簡單，例如在愉快活動中安排中場休息，或者改變日常生活。這是因為變異會破壞享樂適應，所謂享樂適應就是大腦讓享樂程度回到原始「設定點」的一種傾向。就如第一章討論的，我們每個人都有一個幸福設定點。無論外在環境如何，享樂適應都會讓我們回到設定點。請記住，你的大腦並不希望你一直感覺良好，因為與幸福相關的所有重點都在鼓勵正向行為。你得到了你想要的，你感覺良好，然後這種良好感覺就會消失，這是享樂跑步機的一部分。

加州大學聖地牙哥分校的萊夫．尼爾森（Leif D. Nelson）和紐約大學的湯姆．梅維斯（Tom Meyvis）發現，在正向體驗（例如按摩）中插入非預期的休息，可使體驗變得更加愉快。反之亦然——若在不好玩的體驗中停下來休息，這個不好玩的活動會變得**更**無趣。倘若休息後再次開始適應此過程，又會重新意識到之前習慣的刺激。例如，如果你在建築工地的巨大噪音中做事，最後你會排除噪音，專注在工作上，直到你停下來休息，此時你才會重新想起那些干擾，造成更不愉快的感受。[12]

尼爾森和梅維斯發現，與經驗相關的效價並沒有產生影響，也就是無論是正面感受還是負面感受，在休息後都會變得更強烈。因此，你該養成一種習慣：如果做的是痛苦活動，你就一鼓作氣不要休息；如果做的是愉快活動，你就可以安排休息和其他變化。

例如，有一項關於食用巧克力的研究，參與者分為三組，一組要求他們在一週內不吃巧克力，一組要求他們盡可能多吃巧克力，一組被要求吃的數量與平時相同，然後發現，與其他實驗組相比，一週不吃巧克力的人再重新吃巧克力時會更喜歡巧克力。[13]所以暫時放棄某項有趣事物，可能是讓你之後更加喜歡它的有效方法。

剝奪是為了之後更愛，當然，這種做法可能不適合每個人，不准吃巧克力的那組的放棄率超高就證明了這一點。

此外，在活動中引入不確定性是獲得更多樂趣的另一種方法。提摩西．威爾森與同事另一項實驗的方法是送參與者禮物：一組被告知禮物是什麼，誰送的以及為什麼送，而另一組則什麼都不說。感到不確定的那組參與者保持正面情緒的時間更長。[14] 變動享樂交織了驚奇、好奇和神祕感，藝術家、魔術師和藝人多依賴這些工具，因為它們在提升體驗上非常有效。事實上，一點點的變化可以讓樂趣的體驗感受更持久。當生活變得規律，時間就過得比我們的感知快。所謂「變動」就是打破常規以減緩時間的流逝。事實上，只要注意你正在做的事，留意通常自動去做的事，你就可以延長你對時間的感知。

做任何新奇的事都會迫使大腦放慢速度，因為大腦對此事還未形成思路結構（這些思路有時稱為**捷思法**〔heuristics〕），還無法迅速處理新接到的訊息。想想駕駛：當你還在學習階段，開車是一種壓倒性的感官體驗。你忙著觀察前方車輛和三個後視鏡，要記住道路規則，要實際用手腳操作車輛。你的大腦在加班工作，每堂駕訓課結束你都筋疲力盡。然而，經過練習，你的大腦會找到需要專注哪些資訊（例如前方車輛的煞車燈），以及可以忽略哪些資訊。隨著開車經驗越來越多，大部分開車動作對你來說變得自動自發且無意識。到了現在，每天開車通勤，但已不會注意每天的開車過程，大部分的注意力都放在想今天要做的事情上了。如果此時增加開車時的變數（例如，戴上厚手套和深色太陽眼鏡），我敢打賭，你再開車時會得到自從拿到駕照以來從未體驗過的集中和專注。（當然，請不要這樣做。）

日常經驗通常會被我們遺忘——例如，你能記得兩週前在你開車上班的路上發生了什麼事嗎？因此，在你的感知中，這些事發生得更快。耶路撒冷希伯來大學的阿夫尼巴巴德（Dinah Avni-Babad）和伊拉娜．里托夫（Ilana Ritov）兩位教授進行了一次包含六組實驗的研究，研究主題是日常生活對人們估計時間的影響。在六組實驗中，人們都推測常規活動持續的時間比非常規活動持續的時間短，儘管兩種活動持續的時間都相同。15

當你的生活充滿趣味和新奇，餵給大腦的也是大量新資訊——學習、旅行、結識新朋友、嘗試新活動——你回顧人生時，整體上會更滿意。神經學家大衛．伊格曼（David Eagleman）將時間描述為某種如橡膠般的東西，當我們的大腦全開時，時間可以拉伸。伊格曼與斯泰森（Chess Stetson）費斯塔（Matthew P. Fiesta）曾一起做過一項對時間感知的實驗，當我們把一段記憶編碼為強烈且豐富的體驗，時間就會變慢（所謂強烈的體驗多半就是新經驗或刺激興奮的事）。在這項研究中，參與者要從三十一公尺的高處做自由落體掉入安全網。事後要他們評估掉下來的時間有多長，首次做自由落體的參與者對時間的估計，比之前有經驗的參與者對時間的估計要長三十六%。研究者的結論是，「如果這段記憶在記錄時是被編碼為比較豐富的顯著事件，當再回顧時，它的持續時間就好像更長。」16

變動享樂也有缺點，不僅是時間變長了；也因為當你與他人比較時，滿意度有高或低的問題。還記得上次升遷時你的喜悅感嗎？就像我在第一章開的玩笑，隨著逐漸適應新角色，喜悅感會消失。一開始你非常快樂，覺得工作努力有回報，收入變多，地位變高，然後隨著外在境遇慢慢失去光彩，那種不滿足的感受又回來了。你適應了新職位帶來的工作內容和財務狀況，儘管生活環境有改善，但升職前的不滿足又重新出現在意識中。**這是怎麼回事？**正如演化設定好的，為了與你新的社交圈平起平坐，你的欲望又重設了——因為你看到了他們的成就、他們的才華、他們的地位。一開始對新高點的滿足感消失了，你又回到享樂跑步機上。

政治學者法蘭西斯·福山（Francis Fukuyama）在《歷史的終結與最後一個人》（*The End of History and the Last Man*）一書中寫到，人類渴望某些東西「不是因為自己渴望，而是因為別人渴望。」[17]我們都希望不要輸給別人，無論在哪一方面，但事實上我們攀比的對象會隨著我們在不同階段、不同處境變化。除非刻意做些什麼規避這個循環，不然激烈競爭將永不結束。

不斷有科學研究證實，我們的主觀幸福感不在於自己擁有多少（所謂收入和地位的絕對水平），更在於與他人比較後自己的位置（收入和地位的相對水平），這個現象稱為「位置性」（positionality）[b]。以人性角度辯護，人多半會因為自己擁有的比別人（我們的比較對象）多一些而感到高興，但自己實際擁有更多似乎不會產生相同效果。[18]

不幸的是，在這種情況下，變動是陷阱的一部分。好像只要我們多努力一點**就有**

多一點的回報。因此，跑步機永遠不會結束——**除非**我們基於個人的內在需求，刻意保持設定點恆定。當我們對成功有自己的定義時，外在壓力就會減輕，比較對象對我們的影響就會減弱。然後，我們可以重新將精力集中在那些真正有意義、能為我們帶來快樂的事情上。

有人找到位置性現象的解決方案：他們將自己定位在社會階級的最頂端。為此他們遠走他鄉，自己國家的貨幣在那裡更值錢，當地政治給予外鄉人更多自由，這個地方聚集了志同道合的波西米亞人，所以彼此也有歸屬感。19

例如，不少西方人移居到印度果阿邦、印尼峇里島和泰國等地，這就是在利用位置經濟學。有些人認為這種做法在道德上有疑慮，也有人認為這是促進發展中經濟體更加蓬勃發展的方法。無論如何不可否認的是，欲望達到一定水準時，利用位置經濟學可以提高資源利用率，增加獲得樂趣的機會。

想從位置經濟學得到好處，其實不需要搬到另一個國家。只要做一些研究，你會發現擁有類似好處的地方也許離你不遠。搬到生活成本較低的地區幾乎會立刻產生正

b 譯註：位置性（positionality）出自社會學，一個人在環境或社會的特定位置及心理感受，會因為地域（如城鄉、國家、地理位置）、社會定位（如種族、階級、性別）、生活場域（如工作、家庭）等各種出自位置概念的維度影響。位置性是流動的、不斷變化的、互相影響的。

面影響，因為它可以釋放資源，資源可以拿去做比付租金、繳貸款更有趣的事，從而提高生活品質、改善生活條件。所謂「生活方式遷移」（lifestyle migration），這正是我和妻子逃離昂貴的加州灣區、搬到生活成本較低的卡羅萊納州的原因。

社會學家米凱拉．本森（Michaela Benson）和凱倫．奧萊利（Karen O'Reilly）將「生活方式遷移」定義為「一種空間性的流動，出現在各年齡層相對富裕的個人，出自各種原因，會讓他們全天或部分時間遷移到某個有意義的地方，而當地有提供較高生活品質的潛力。」[20] 對於這種現象，學術論文中討論的名詞不只是「生活方式遷移」，這種移動策略有各種名稱：國際退休移民（IRM）、舒適移民（amenity-seeking migration）、第二居所旅遊（residential tourism）和（國際間）逆都市化（counter-urbanization）。不管學科上如何稱呼，這些策略執行者的共同點是透過改變自己的位置來增加獲得安樂的機會。雖然經濟富裕確實會讓人有較寬廣的選擇範圍，但對於財力有限的人來說還是有選擇的，例如，可搬到離城市中心更遠的地方，或者搬到勞動力短缺但工資更高的地區。

但還是要提醒一下：搬家並不能保證你一定會過得更快樂。如果你決定利用位置經濟學，請務必提前規畫。當我們讓公認的「標準」──也就是我們的幸福設定點──不斷在社會現實下低頭，屈服於社會適應性（adaptability），事情就會偏離軌道。獲得更多樂趣的祕密是在維持欲望不變的同時操縱經驗變數。同樣重要的是，不要放任想像力過度發展，把特定目的地浪漫化。例如，你想搬到法國鄉村去，你對那裡的既定印象是大片葡萄園、色彩繽紛的村莊。但一旦到了那裡卻發現可能不符期待，遺憾怨懟就難免了。一定要先做好功課，找個切合期望、幾乎確定會更安樂的地方。

選項

如果有更好的選項，我們就會做更好的選擇。既然把目標設定在人生要有更多樂趣，那我們就來探討一下增加樂趣的選項。如果願意多努力一點，獲得真正樂趣的機會其實很多。從我與安東妮亞的合作中就可看出，增加你對可行選項的認知是這個過程中重要的一步。什麼是能執行的玩樂項目呢？機會只會受到想像力的限制，有時只需要腦力激盪、發揮創意。不妨找找你在玩樂檔案上已建好的基本選項，從那裡開始再更進一步。

要想有效激發創意，找到更多玩樂好點子，我們可應用「**五個選項技巧**」（five options technique）作為指導原則。顧名思義，你只要逼自己想出五個新的玩樂活動就好，它們是你目前沒有做過的，是可以在未來幾週和幾個月內付諸實行的。這些點子可能包括和老朋友一起去看電影、參加有趣的課程、培養某個被忽視的興趣等。如果無法找出五個選項，請問問自己以下問題：

- 在過去的經驗中，有哪些活動讓我覺得有趣好玩？
- 有哪些活動是我朋友在做，覺得不錯，而我也想試試看的？
- 有哪些活動不但有趣，而且可以和我現在已經在做的活動綁在一起？

當你至少有五個活動選項時，就可以找個你想立即嘗試的。如果你很難選出一個，請想像你在做完每個選項之後的感受。請用對每項活動的感受來衡量哪一個最有意義。一旦你選出你要的，再回頭確定執行步驟並付諸執行，一步步把獲得樂趣的機會變成現實。

要耍小聰明是解鎖樂趣的另一個好方法。私人活動和VIP體驗之所以好玩有趣，原因雖然很多，但最明顯的事實是這些活動是具有排他性的。然而，打敗守門人往往比你想的要容易，需要的只是找到後門的鑰匙。要去這些原本不對外開放的活動，我提供我最喜歡的走後門途徑——就是找到對這個活動有所貢獻的方法。我透過志願服務來參加私人活動，這個策略被我有效運用，不僅讓我參加我負擔不起的聚會，還能跟一線名人互動交流。

九〇年代末我還是研究生，某個夏天我很幸運地當了背包客遊遍整個歐洲。旅途中有人告訴我法國坎城影展有一場「電影抗愛滋」（Cinema Against AIDS）的活動。這是一場專為國際電影製作菁英辦的派對，只有受邀人士能參加。我根本無法從前門進去，所以……我走了後門。怎麼進去的？**我用問的**。我問：「你們需要人幫忙嗎？」結果，對於像我這樣的無名小卒要花多少入場費呢？就是跟著一群有趣好玩的人一起度過整理名人禮品袋的一天。然後，門房就讓我進去了。

活動有一段是慈善拍賣。好萊塢巨星伊莉莎白．泰勒為了增加某件拍賣品的注目度，想找一名年輕人扶她上台。由於我符合要求，工作人員詢問稍早剛成為志工的我是否願意做這項工作。我當然接受了，當下也不知道這一扶會帶給我十五分鐘的成名風光。第二天，我還沉浸在美妙夜晚的餘暉裡，走出和其他窮學生合租的旅館時卻驚訝不已，我竟在法國最受歡迎的報紙《尼斯早報》（*Nice-Matin*）上看

第六屆電影抗愛滋活動，法國坎城，1999 年 5 月 20 日。

到自己和巨星的合照。這一切都起於我的選擇，因為我想到這個獲取有趣夜晚的好方法。

你還可以發揮旅遊駭客和玩樂駭客的創意擴大選項。旅遊駭客可說是一種策略運用，就是利用信用卡積分加速累積旅行紅利點數，可換到免費航班。當我和妻子第一次利用旅行駭客的方法旅遊時，我們都有點害怕。然而幾個月後，這種感覺很快被悔恨取代了，心中只想著怎麼沒有早點這樣做。如果運用得好，累積紅利的速度比我們想像的還要快。雖然過去有關旅行駭客的有用資訊很複雜難懂，但新的策略就很平易近人，用Google就搜尋得到。

很多人不知道的是，有些信用卡的回饋計畫也適用於其他的玩樂體驗——例如會員專屬的影視娛樂、私人旅遊以及可以參加名廚的用餐邀請等。現在信用卡的回饋活動已經包山包海，我把利用累積紅利點數參加有趣活動視為一種玩樂駭客行動（因為活動項目已不限旅行）。只需要一點努力，活動選項就有無限可能。這種玩樂駭客活動並不像旅行駭客那麼普遍，因為紅利積點多與旅遊公司配合，並且銀行信用卡的活動優惠資訊通常隱藏在卡片的其他資訊中。想知道有什麼玩樂可能，最好方法是致電銀行客服詢問有什麼適合你的精采活動。就我個人而言，我最喜歡用紅利駭入的玩樂活動是ＶＩＰ演唱會。My Morning Jacket樂團在替專輯《One Big Holiday》巡迴打歌時，我就兌換紅利去看了他們的演唱。如果你不喜歡演唱會，還是有其他一系列適合你喜好品味的新選擇。現在你知道去哪裡找了，請盡量利用體驗。（有關信用卡的紅利活動列表，可參考https://share.michaelrucker.com/rewards。）

回味

回味是擺脫享樂跑步機的好方法。心理學家尼科・弗里達（Nico Frijda）說得好：「不斷認知自己的處境有多麼幸運，可以抵消對滿足感的適應。」[22]

大家都知道感恩的正面好處，對美好回憶不斷**回味**是像吃了感恩類固醇，以一種稱為「性格感恩」（dispositional gratitude）的感懷形式出現。性格感恩的特徵是（一）對他人感謝；（二）對簡單快樂的欣賞；（三）有充實感。

當你有意識地感恩過去經驗並建立例行的回味機制時，它會讓你意識到玩樂是多采多姿的。執行狀況就如，給你一個具體的提示，讓你回味生活中的愉快經歷並全然感謝，利用這種方式可以減輕你的遺憾和被剝奪感覺，認知生活中處處有樂趣，這樣的習慣自然會增加你滿心感謝的正向心理，放大樂趣的正面影響。

科學研究一直對某些形式的認知感恩（acknowledging gratitude，以某些形式刻意感恩）表示批評。例如，加州大學河濱分校心理學系的索尼雅・柳博米爾斯基（Sonja Lyubomirsky）與她的同事發現，那些每週一次把感激之情寫在感恩日記中的人的確會看到正面好處，但若每週寫三次，這些人的正面情緒就全部消失了。[23]寫感恩日記的危險是，有些人很難找到值得感激的事，對他們來說寫感恩日記就是一種提醒，提醒他們的生活過的並不好，最終反而覺得傷心，只會讓你反思自己與幸福之間的差距。即便如此，大多數專家還是認為，一般認知感恩——心懷感激、表達感謝——對我們的幸福感有重大的正面影響。[24]透過回味機制進行的感恩與一般常說的謝謝有什麼不一樣？這樣的感恩是以行動為導向，因為我們積極參與我們感恩的事——因為我們有所得，我們才慶祝；因為我們創造出值得感謝的事物，所以才沐浴在這種情懷中。

開始執行吧，SAVOR法則可以將生活的平淡變精采。挑戰你的假設（和我的！）。如果某些想法不適合你，就剔除；若有用，就將它固定下來，內化成你自己的。只要你應用這些法則找樂趣，你會發現受制於社會的壓力正在解除，你會感到苦中也有樂。現在這樣的好日子就要來了，請利用SAVOR為生活帶來歡樂、驚奇和玩樂。

我們還有好長一段路要走！讓我們進一步提升，創造正向回饋的循環——一個支持永續成長、積極向上的正向循環。

4 回味樂無窮：「之後」的力量
Enjoyment After the Moment

「每當我想到過去，就會勾起很多回憶。」
——美國脫口秀演員史蒂芬・萊特（Steven Wright）

現代人的生活喧鬧、行程滿檔，以致壓力也爆表，面對這樣的生活，近年來社會主流應對方法是強調活在當下。**馬上、現在、NOW**。的確，正念可以幫助我們享受當下。就如艾克哈特・托爾（Eckhart Tolle）[a]、史賓塞・強森（Spencer Johnson）[b]以

---

a 譯註：艾克哈特・托爾（Eckhart Tolle），當代著名心靈導師，著有《當下的力量》（*The Power of Now*）。

b 譯註：史賓塞・強森（Spencer Johnson），知名心靈勵志暢銷作家，著有《誰搬走了我的乳酪》（*Who Moved My Cheese*）。

及所有在他們之前的眾多心靈導師所說的，珍貴的當下對於獲得更多樂趣而言，具備了重要的修正和改善的力量。重視當下也有助記憶的形成，簡而言之，它確保我們不會錯失精采的細節。但千萬別忘記，除了當下該珍惜外，還有另一件事也值得重視，它能讓我們進一步享受樂趣，而我們卻很少提起這個資源：**事後**的回味。對於這點，**當下**派可能不贊成，但如果你沒有深刻認知應該用回想來品味樂趣，你就會把某些人生樂事一再擱置——那些昨天、去年或十年前你擁有過的樂趣。

本章目的是幫助你充分利用SAVOR工具中的「R」——Reminiscing，也就是「回想」——將樂趣的力量延伸到當下之後。為了充分利用當下每一刻，有許多書籍和網路文章對正念進行細致的剖析。而我所謂的回想則（幾乎）完全相反：是對應事發**當下之後**的工具。我希望你能充分利用你的記憶，無論是正向的還是負向的，即使事情過了很多年之後，它們也能盡可能地對你的幸福有所貢獻。

為了幫你回想，我提出四種策略，每種策略之下都有戰術：

一、時間旅行。人生的巔峰體驗來得快、次數少、間隔大。我們可以用回想將這些時刻擴展到短暫時間範圍之外。

二、策畫展示。從有利的角度出發，強調美好的記憶，同時挖掘不好的記憶。是的，即使是不好的記憶也對你的幸福有幫助。

三、安排提醒。就像你學會安排玩樂行程一樣，你也可以在科技幫助下安排回憶的時間。

四、回饋。當你養成玩樂習慣並嘗試新鮮事時，就會學到很多真的照亮你人生以及你想繼續做下去的事——只要你留心。在結束SAVOR循環**後**花些時間評估體驗，你將更清楚哪些活動會帶來更多喜悅，如此隨著時間過去，你就會做出更好的選擇。

策略一：時光旅行——把過去帶著走

人一生最重要、最有趣的時刻往往只是幾小時的事。尊重這一現實，就會更努力保留重要記憶。固然這不是本章的重點，但提升當下意識是有幫助的——為了確保事情過了你還能回味，請在事發當下提醒自己事情過去得有多快。例如，很多人都記不得自己婚禮當天發生什麼。在這件事上有人給過我最棒的建議，要我在婚禮那天不斷關照自己，在歡樂的混亂中注意自己的感受和得意洋洋的情緒，在腦海裡留存當日場景形成心理照片。這個明智的建議，讓我喝了再多雞尾酒都還記得那個美妙夜晚，因為我在婚禮結束後就花了一點時間回想當天活動，極力記住我最喜歡的時刻。但要小心，因為提醒自己時間過得多快也很容易變成負面思考，反而削弱樂趣。

再次強調，重點是享受當下的巔峰體驗，然後品味**事後**的記憶。雖然本章提供的所有策略都能幫助你重溫這些時刻，但當講到婚禮、假期和其他一生只有一次的經歷，我最喜歡用的法寶是我說的「百寶箱」。我有個回憶百寶箱，而且我得承認：它很重。這個百寶箱可以是有形的東西，也可以是數位產品，或是兩者結合。無論哪一種，都應該裝滿讓你回到過去的紀念品。裡面放的可能是舊火車票、去過地方的傳單、冰箱磁鐵、照片、小東西，或是一兩句金玉良言。但就像樂趣本身一樣，請自己決定什麼是回想有趣回憶的最佳方法。我沒有為你開藥方，我只是收集了一個袋子，裡面有一些儲存記憶的好主意，請挑選適合你的。

・做個假期罐。每到有趣的地方，請在途中收集一些小物（例如石頭、貝殼、布料、明信片、圖畫）。將它們全部放入玻璃罐裡，變成裝飾品放在架子上。

・不要寫日記，寫隨記。寫日記太正式，倒不如隨手寫下短短的小故事或心情小語，描寫那段你最喜歡的時刻，然後保存在文件夾中，隨時添加新的內容。我的女兒和安東妮亞一樣也喜歡畫畫，所以她都利用畫畫執行這個策略。

・做個主題相簿。婚禮相簿很棒，但任何有意義的事件都值得做一本專屬相簿。現在有許多經濟實惠的列印選擇，可以不需擔心相簿是否會因為頻繁使用出現磨損，因為可以隨時重新列印。如果是重大事件，你也可以特別製作一份正式版本歸檔放在架子上，另外再弄個適合孩子髒手摸來摸去的便宜版本。

・剪貼簿是全方位的藝術。我自己沒試過，但顯然有很多手巧的人覺得這種紀念很有趣。請上網快速搜尋，一定可以找到很多製作的好點子。

・如果對某件活動有真愛，就讓自己置身在活動紀念品中。就像我父親，他收集很棒的爵士樂專輯和各種低音號，這些讓他想起從前的嗜好。之後你還會讀到企業家兼收藏家傑瑞米・費賽爾（Jeremy Fissell）的故事，對他來說，這會是一間裝滿他寶貝音箱的倉庫。

玩樂名人堂：大衛・史派德和克里斯・法利

人生不免變動和失去，當我們緬懷過去的人事物時，紀念品就扮演重要角色。二〇一五年，喜劇電影《老闆有麻煩》（Tommy Boy）上映二十週年，主角大衛・史派德（David Spade）在臉書上分享說，他的辦公室還掛著這部電影的宣傳海報，上面還有他的好友搭檔克里斯・法利（Chris Farley）的簽名，而克里斯・法利在一九九七年去世，享年三十三歲。這兩位喜劇演員互相在海報上簽名只是爲了開玩笑，但幾十年後，這張海報格外心酸地提醒兩人難忘的友誼。史派德說，如果他想太久，他就會大哭，「就像現在一樣，正如克里斯所說，太孬了。」[1]

策略二：梳理過去，改善未來

我們一家都很喜歡《腦筋急轉彎》（Inside Out）這部電影。如果你不知道，我介紹一下。這是一部動畫片，劇情大多發生在年輕女孩萊莉的腦中。這部片子原本設定的觀眾是小孩，但因為它的製作公司是皮克斯（Pixar），編劇諮詢了兩位頂尖的心理學家，精心製作出這部不僅老少咸宜，而且是經過精巧安排的心理學探索電影，讓我們了解記憶形成和情緒轉變。隨著故事情節的展開，我們遇到了萊莉五種情緒的化身：快樂、悲傷、厭惡、恐懼和憤怒。故事從樂樂的敘事中展開（樂樂是快樂的擬人化角色，英文版由艾咪·波勒〔Amy Poehler〕配音）。樂樂竭盡全力想讓萊莉的回憶充滿樂趣。她這樣做有充分理由：我們聚焦的經歷是我們之所以是我們的核心，包括我們是誰，我們會變成什麼，我們如何感知周遭世界。

回想那些因玩樂活動形成的回憶會帶來一大堆好處。心理學教授芭芭拉·弗列德里克森（Barbara Fredrickson）（以及之後的學者）[2]提出了令人信服的案例，認為擴展和記錄正向情緒有長期的適應益處。[3]麻省理工學院的研究員也發現，啟動正面記憶有助於抑制憂鬱症。[4]但有趣的記憶似乎不僅是雞尾酒派對上的風流韻事。有趣的記憶幫助我們建構長久智力、社會和心理資源。當生活不再有趣時，這些記憶可以提供情緒復原力（emotional resilience，又稱心理韌性）。因此，當我們培養玩樂的習慣，再利用刻意回憶的練習擴展樂趣的好處，也就增加了美好未來的可能性。

寫日記是我們儲存記憶、消化經歷、歸納事件和活動，讓它們構成連貫敘事的一種有效也高效的方法。它讓我們有能力擁有自己的故事。在日記中，我們可以按照自己認為合適的方式進行策畫、修剪、慶祝和哀悼。

如果你認為寫日記是你執行SAVOR系統的好工具，以下列出一些建議，幫助你做練習：

初階基礎

・無論你用條列式或描述性的方式寫日記，都請在內容中包含細節，針對那些令你難忘的體驗做細節上的描述。**爲什麼**很有趣？感覺**如何**？和**誰**一起進行？地點在**哪裡**？以及發生的時間？如果你不喜歡寫作，也許規定要寫多少字或規定你要寫多長會讓你更不想做。但就算這樣，至少寫下足夠的細節，等到之後你有機會再看，就會想起那件事。起碼對於我來說，如果寫得太簡潔，當我再看時，雖然這件事條列在日記上，但我卻想不起太多相關內容。不要讓這種事發生在你身上。如果你是喜歡寫作的人，**那就寫吧，**這是另一個獲得樂趣的好方法。

・在日記中請盡量納入一個記憶小物。也就是能讓你想起這件事的東西——照片、歌詞、影像片段（如果你使用線上日記或電子產品）。透過以這種物品記憶的方式，記憶既存在於主觀腦海中，又以有形的形式存在於客觀現實中。納入這類型的記憶點可以提高我們的記憶力，也能確保將來我們會記住這件事。

如果你的基礎功已經練得夠好了，但是想升級，那就可玩一點帶有科學元素的工具。在此，我特別受到《品味：正向體驗的新模式》（*Savoring: A New Model of Positive Experience*）一書的影響，這書由弗瑞·布萊恩（Fred Bryant）和喬瑟夫·維羅夫（Joseph Veroff）兩位心理學家合著，探討如何處理正向體驗。[5]這本書雖然內容頗學術，但充滿實用技巧，可以幫助你更好地品味人生經歷，其中有一大段在說回憶。其中有很多內容我覺得適合用在寫日記上。我改編了我最喜歡的內容並列在下面提供參考，但對於想深入探討的人，我強烈建議讀一讀這本書。

充實日記內容

- 有些經驗特別會讓你有感覺，請寫下這些經驗的元素。這是我在本書中少數幾次鼓勵你做些自我驅動的地方。這些經驗是來自精采象限的記憶嗎？如果是，**爲什麼？**記憶點亮你哪方面的感覺？給了你怎樣的歸屬感？給你一種驕傲感嗎？這段經歷是如何讓你成長的？
- 感恩的有效運用是個強大的工具。只要心裡有想感謝的人事物，就記錄下讓你感恩的記憶成分。是否有些事情只要你一想到就覺得很感恩？這個記憶本身有哪些部分在牽扯你的心？朋友相交是友情，但這份情誼是否也包含對彼此的感謝？是否有什麼經驗將你與人間至善至美聯繫起來，以致每次一想到就感激不已？例如，對某事敬畏或對某事驚嘆？

．使用正念鎖定記憶，這個正念工具稱為**感官知覺銳利化**（sensory-perceptual sharpening）。在描述記憶時，請說出感覺上值得注意的元素。例如飲食，請描述食物味道如何？若聽音樂會，請說明聆聽時劇院音響效果有多棒？若是健行，請想想那時秋天的空氣聞起來怎麼樣？當你在公園牽著他的手時，你們兩個放的風箏是什麼樣子的？一學期沒見到她，等兩人再見面，觸感不一樣了嗎？

．如果情況合適，可在寫日記中間進行一些本能的行為表達。快樂的身體動作提供大腦額外的證據，證明你在記錄的事是正向記憶，行為表達可促進回味練習。當你寫下的記憶很有趣，就大聲笑出來，說不定更暢快。

．到了日記快寫完的時候，請寫下未來還會出現類似事件的預期。因為預測可以擴展回味記憶的能力。如果這件事真的在計畫中，且過程中再次發生，那就更好了。期待未來有好事是一種有效的品味技巧。

．把記憶記錄下來後，試著以某種形式與他人分享這些重述的內容。可能說給一起參與的人聽，或者說給某個也會喜歡的人聽；或者以其他方式敘述內容，例如以某種方式口頭分享，或發布在社交媒體上然後標記其他人。

・承認不有趣的成分。為此，寫下對你來說較有挑戰的時刻（或想法、情緒），以及你如何處理這些情緒——有時這些負面情緒也會轉變為正向情緒，就如透過重述，把事情重說一次就像有機轉換，能讓轉變真正發生。把不好玩的事寫下來（甚至可以單獨歸為一類）作為映襯好事的背景，你才能進一步欣賞美好的時光，也是警惕未來的寶貴回饋。

回憶並不全是有趣的

雖然我建議你加強有趣的經歷，提升它們在記憶中的位置，但不是要你忽視或壓抑不好的記憶，也不是要你永遠保持正面態度。在這方面，《腦筋急轉彎》再次提供極好的例子：當樂樂試圖阻止憂憂（悲傷的化身）碰觸任何記憶時，萊莉的心理（和電影）都陷入了危機，一切都崩潰了。只有當萊莉終於意識到自己的悲傷時，她才能繼續創造更多有趣的回憶。這與心理學家布雷特・福特（Brett Ford）、菲比・林（Phoebe Lam）、奧利弗・約翰（Oliver John）和艾莉絲・莫斯（Iris Mauss）等多位研究者的研究結果相吻合，這些研究表明，只有接受情緒和想法（包括負向和正向的）才是良好心理健康的預測因子。[6]

之前我曾表達我對芭芭拉・弗列德里克森教授的欽佩，她強調正向心理的價值。這也是她一開始研究的主題，但隨著她的研究進程，有件事變得清楚：只要負面情緒沒有占上風，負面情緒也同樣重要。甚至有人說，如果我們只專注正向情緒，之後就會變得冷漠、注意力不集中。猶他大學凱文・拉桑德（Kevin Rathunde）教授建議，應該在正向情緒和負面情緒間進行對話，並將兩者結合獲得最佳結果才是有創意的努力。[7]另外一些心理學家，如丹・席格爾（Dan Siegel）則提出「說出來、馴服它」技巧；研究顯示，如果我們把負面情緒說出來（例如，**我覺得生氣、我害怕**），就能整合大腦左右兩側並降低杏仁核和其他大腦邊緣區的反應，則這些負面情緒的效力會降低。[8]當孩子煩躁不安時，這個技巧用在幫孩子平靜下來特別有用。

我建議，無論選擇何種方式來回憶，都要向負面情緒和負向想法致敬，這可以幫助你欣賞美好的事物。提供我個人的做法為例：

・我使用某個日程安排工具提高發送節日賀卡的效率，但對於離世親友，我沒有從主要郵件清單中把他們一鍵剔除。相反地，每年我都會手動一個一個取消過世親友的選框。一面選，一面我回想起與這些人一起度過的美好時光，並在假期間將他們留在我的腦海。

・我原本常常看著大腿上十五公分長的手術疤痕，提醒自己，我永遠無法再享受長跑比賽了。直到我用故事編輯策略改變了疤痕的用途——現在，當這件藝術品吸引我的目光時，我用它的象徵意義提醒自己在運動方面得到的成就。另外，我也感激手術讓我恢復活動能力，可以與孩子一起創造更多美好回憶。有時候，這疤痕甚至成了很好的提醒工具，要我在行事曆上動手動腳（因為它會提醒我新關節可能會降低我的行動力，必須需要修改行程安排）。

・我寫日記，內容大多是有趣的事，但當某件事特別不有趣時，我也會把它寫下來。我通常不會回顧這些內容，但在書寫過程中，我確實發現這是在宣洩痛苦，痛苦時刻從腦海轉移到紙上。另外，如果有一天我的孩子發現我的日記，我希望他們知道我的生活並不是全然有趣的。我們都會經歷需要韌性和毅力的時期，但就算處在痛苦難當的時期，我們都該相信一定能再找到樂趣。

最後還有一件事要考慮：專家警告說，如果寫日記的心態不對，就會失去這項工具的潛在好處；例如，寫下生活經歷的目的不是為了理解，或者讓我們過度自我陶醉。[9]儘管很多人和很多紀錄工具都推廣每天寫日記的好處，但需要寫這麼勤才有好處嗎？我一直找不到學術證明。還有很多經驗談，認為規定每天寫就是負擔，那就不好玩了。跟著責任來的是想得多、做更少。著有暢銷書《深度洞察力》（*Insight*）的組織心理學家塔莎・歐里希（Tasha Eurich）博士這樣對我說：「每天寫日記，你會進入一種自我審視或是自我憐憫的循環。相反地，更好的方法可能是在關鍵時刻退一步——

例如，在你要做出決定，或有一件大事想要弄清楚時再寫。如此，與其讓寫日記變成例行公事，倒不如作為一種以事件為導向的策略方法。因此，找到適合自己的時間表，嘗試以不同方式寫日記。如果你還是覺得養成寫日記的習慣很難，或許可以從第三個策略開始。

策略三：安排提醒——有一個App可以做到這一點

很多人在履行日常必要工作時，會使用生產力軟體輕鬆設定提醒。事實上，這些系統有時會讓你覺得自己像是某個狠心主人的奴隸。無論那天是每個小時都被重複預定的日子，還是有一天你正慶幸事情快做完了，這種朝九晚五的日子就可以暫時停一停了，但這個系統卻讓你的老闆準時在早上八點morning call，無論如何，它劫持了我們一整天的時間——感覺就像這些系統正在吸走我們每一天的生命。

這些系統之所以如此強大，部分原因是當我們的日曆上出現提醒或待辦事項時，心理上傾向這件事是不能變的。就像魔法一樣（但事實上，這有科學支持），如果我們把某事安排在行事曆上，這件事就很**有可能會完成**。好消息是，我們同樣可以很容易地利用這種魔法讓生活變得有趣。最容易上手的策略是把玩樂活動排進行程。由於我們已經習慣認為：如果某件事出現在行事曆上，這件事必定是重要的。因此，如果某件工作以外的事出現在行事曆上，你也很容易把它列入優先考量。就像魔法一樣，與老朋友的會面就可以固定下來了。

因為我們知道回味過去可以增加我們的幸福感，所以在一天中留一點短暫時間進行回想可能是一種有效策略。下次你在安排一週行程時，試著留一段時間當做回憶時段。例如，翻看舊照片，聯繫朋友，讓他們知道你想起了彼此曾經度過的美好時光。或者只是安排一個短暫空擋，回味一下你在這段時間做的某件樂事。

科學家還研發了幫助回想的數位工具。例如，康乃爾大學的科學家研發了Pensieve系統，一個支持每日回味的工具，這個系統透過電子郵件向訂閱者發送記憶觸動工具，可能是他們在社交網站上分享的過去活動照片，或是發送提醒文字，要使用者寫下自己的過去經歷。這群科學家發現人們喜歡自發性的回憶提醒，也需要一個機會讓他們寫下回憶。[10]

在更商業的層面上，Facebook的年度回顧（Year in Review）和回首好時光（Look back）等功能也鼓勵我們記住過去的事。還有一個叫Timehop（https://share.michaelrucker.com/timehop）的app，它可以收集我們在社交媒體發過的貼文和照片，重新再發回給你，方便你想起過去。但是這些app的「問題」都在這些回憶是他人幫你選的，由他們選出的回憶去組織你的個人傳記。因此，英國諾森比亞大學心理學系的兩位教授麗莎·湯瑪斯（Lisa Thomas）和帕姆·布里格斯（Pam Briggs）建議，改用

My Social Book（https://share.michaelrucker.com/mysocialbook）作為替代方案，這個app讓你在社交媒體發布的內容轉化為一本有形的書，讓你保存以供回憶。湯瑪斯和布里格斯發現，做個剪貼簿也是與伴侶、家人、朋友分享美好時刻的好方法。就像在她們的研究中，參與者製作出書籍後，就想將收藏品拿給其他人一起討論。相較之下，社群媒體設定的功能通常不是親社會行為。湯瑪斯和布里格斯也強調，回味過去的好處是跨越各個年齡層的（因為在以前，回味過去經常被認為是老人做的事）。[11]例如我和老婆會和小孩分享我們的婚禮相簿和活動錄影。我們鼓勵小孩問東問西，他們會問那時發生的事，會問那個他們不曾見過的朋友和家人是誰。通常，當我們以這種方式回憶時，會讓我想去看看老朋友在做什麼（看照片是一種很棒的推動力）。

策略四：養成SAVOR循環

想成為心理學家的人，在離開大學時會帶著訓練時所賦予的各種改變武器，業界稱之為「介入」（intervention，或稱干預）。介入指的是進入某個領域——無論這個領域是某人的生活，還是某個組織的環境，然後進行干預。但這裡對SAVOR法則的應用絕對不是介入，它不應該拿來當成某種硬生生的干預工具。就像事情出了問題（例如，喔你不快樂），用了SAVOR後就會找到解方（例如，哈我現在很高興！）。據了解，這類型的干預措施可能會適得其反。

相反地，請將SAVOR當成一個循環系統融入生活，應用SAVOR系統獲得更多歡樂記憶並當成回饋。在你排定回味的時段裡，把記憶當作情報來源，讓你對未來的時間運用能更充實更完善。

把記憶視為回饋的機會，這句話應該說得更小心。要說清楚的是，當你享受樂趣時，回憶也好、回饋也好當然不是你應該考慮的事。杜克大學的喬丹・艾特金（Jordan Etkin）在一次採訪對我說：「全心投入部分意味著你忘記了時間，不會考慮表現，也不會考慮行為的好壞評價。例如，每當人們心心念念想確定自己是否幸福時，我都非常懷疑。對這件事時刻關注，不是會讓你反思自己是否快樂？如此你怎麼會覺得快樂呢？第一，因為你就在質疑你自己啊！第二，如果你正在做快樂的事，卻需要停下來問自己問題，這樣不是才得到快樂就要離開快樂嗎？[12]倒不如等你做到最後，有機會思考時，再留一點時間來確定你喜歡做什麼以及你希望少做些什麼（如果有的話）。等利用這種回饋機制一段時間，才有機會將行為導向樂趣，也能養成一種自己找路的有機行動，更能找到自己的快樂。

一般來說，回饋有兩種主要形式：正向和負向。[13]當我們在樂趣習慣中得到了什麼小物、創造了什麼作品、或寫下什麼文字，方方面面都在告訴我們這些物件對自己的意義，無論這些意義是正向或負向的。這裡要說的是利用記憶養成你更好的直覺，立即感到哪些活動是你想參與的，哪些活動是會帶來啟發的，將這些直覺作為前進的指南。我並不是說你不能拋開過去束縛尋找新的樂趣靈感。相反地，新鮮、好奇和發現無疑是樂趣的組成元素。我想說的是，我們經常在潛意識裡被大量不真實想法誤導——廣告、社群媒體、和別人比較——這些想法都不是我們自己的，以致常常忽視我們真正喜歡的東西，需要重新找到自己的路。

當你在執行本章討論的回饋方法時，請擺脫自我陶醉，請誠實、公開地尋找線索。一定有可以真正照亮你、帶給你快樂、將你與外界聯繫起來的事物。找到了，就是樂趣飛輪真正開始旋轉的時候。下一章，我們將討論將樂趣習慣付諸生活實踐的隱藏價值，你將可以得到值得貼到剪貼簿裡的全新體驗。

5 最棒的遠走高飛
The Great Escape

「為什麼要走？這樣你就可以回來。這樣你就能用新的眼光和附加的色彩看待你來的地方。那裡的人對你的看法也會不同。回到起點並不等於從未離開。」

——英國作家泰瑞·普萊契（Terry Pratchett）

人們談論**逃避現實**時，通常使用負面詞彙，例如，「她對跑步機有一種不健康的痴迷，她一定是在逃避什麼。」或者，「他愛穿節日醜毛衣，因為他無法應對現實世界。」逃避現實被視為一種不成熟的分散注意力行為。多半是這樣說的，你不去勇敢地改變生活的基本狀態，卻躲進舒適圈裡忽略現實。

但某些類型的逃避現實，或說逃離，根本不是分散注意，反而是通往存在狀態的門戶，具有改善生活各層面的強大潛力。這些時刻可以帶來觀念上的徹底轉變，讓你能夠脫離生活糾結，**去到**比之前更好的「現實」。從這個角度看，逃避現實不但代表了正向的樂趣，且是此樂趣的極致顛峰。

讓我進一步說明。請想一下人類已知最極端的逃避形式：太空旅行。太空人確實脫離了大氣層，就是那層使生命及一切快樂和痛苦成為可能的薄薄空氣。我們認為太空旅行是一種向外探尋的旅行——充滿科學發現的旅程，而且在早期還是一場嚴酷的競賽。但一次又一次，太空人帶著截然不同的經驗返回地球。有些人發現，他們最深刻的感動並不在探索無限天際的時刻，而是**回頭**凝望那顆掛在太空中的星球家鄉。許多人花費數小時進行「地球凝視」，稱為「充滿敬畏的超凡體驗」。太空旅行的魅力如此誘人，世界一級富豪正投資太空計畫，希望夢想成真。（至於這些資源是否能夠更好地解決這個星球上的問題，那就是另一本書的論點了。）

作家兼太空愛好者法蘭克・懷特（Frank White）在八〇年代將此感受稱為「總觀效應」（overview effect，又稱全景效應），現在有一整個研究機構致力研究其應用潛力。我曾說過，這是一種金錢買不到的體驗——除了億萬富翁能做到，在二〇二一年，億萬富豪傑夫・貝佐斯（Jeff Bezos）和理察・布蘭森（Richard Branson）送了自己一份大禮，做了一次太空旅行。他們都離開了地球大氣層，但時間很短，僅是為商業太空旅行的新時代做準備。

加拿大太空人克里斯・哈德菲爾德（Chris Hadfield，我們之後還會提到他）是這樣描述的：「你失重漂浮在窗戶上，僅一杯咖啡的時間，你就會看到整個大陸。九分鐘內，你會從洛杉磯到達紐約，你會看到所有的歷史、文化、氣候、地理和地質，它們就在你的腳下。每四十五分鐘你就會看到一次日出日落。你看到世界的本來面目。它對你也有同樣的個人影響，一種榮幸和某種崇拜，然後敬畏，這感覺眾人皆同……你覺得自己太幸運了，居然能夠在那裡看到這一切。那種神奇、榮幸和對世界的清晰感，會慢慢改變你的觀點……當然，它不一定涉及太空旅行。更常出現在，當你感覺到某件事物比你大得多，比你深得多——古老久遠——有一種自然而然的重要性，使你相形見絀。」[1]哈德菲爾德表示，這種感受會改變你作為人類的經驗，幫助你看穿人為的偏見和障礙。

哈德菲爾德的描述似乎體現了弗洛德・斯坦森（Frode Stenseng）教授所說的，有關**自我擴展**（self-expansion）體驗三重奏中「好的」逃避現實。[2]挪威科技大學的斯坦森教授專門研究逃避現實的好處與潛在危險，根據他的描述，當你處在某種逃避現實的狀態，（一）你可能完全專注於你正在做的事情，也就是**當下**；（二）你可能會暫時解離（dissociate），如果是正向經驗，解離會讓你從自己的身分中解放出來，達到了所謂的**純粹境界**（oneness）。（三）最後，經歷一些美好的時刻，你不再批評自己——按照哈德菲爾德的描述，取而代之的是對「比你大得多的東西」的崇敬。對於那些經常進行一連串自我批判的人來說，應該很熟悉這種經驗會帶來的甜蜜緩解。

我們多數人永遠不會去太空（無可否認，由於維珍銀河計畫和SpaceX的太空旅行商業競賽，這項活動在我個人的樂趣清單中名列前茅）。然而，正如哈德菲爾德所說，我們都可以且應該經歷這樣的逃離時刻。這時刻對我們當下的心理產生強大的正面影響，讓我們能夠全心一意，擺脫「不定的心思」（或是正念實踐者說的「猴子腦」），哈佛大學的馬修・基林斯沃思（Matthew Killingsworth）和丹尼爾・吉伯特（Daniel Gilbert）則將這類煩雜的心與不快樂聯繫在一起。[3]我們漂浮在背景與判斷之上，完全無法將當時的經驗套入任何一個已知的框架之中。

超越平庸日常的好處不僅在當下，人們經常將逃避現實（更廣泛地擴及玩樂）描述為在未解決的問題上貼OK繃，但是對於登上樂趣巔峰的脫離現實——如同上述哈德菲爾德描述的驚奇狀態而言，卻恰恰相反。這就是我們用來解決未解決問題的方法，並能在問題出現時保護自己不要掉入「每下愈況、每況愈下」的泥淖。

當我們在玩、在享受樂趣時，我們找到心理距離，也就是一種逃離，逃離日常庸碌。在那個距離中，我們創造空間，讓未來不管是要蓄勢待發或要融通轉換都有餘裕。逃離是為重大轉變做好準備。因為有距離，我們才能看到「現實」比我們想像的要有彈性得多。我的意思並不是鼓勵大家就算赴湯蹈火也要走，如是這樣，那種逃離就大錯特錯了。而是，讓逃離成為一種替換，是每週七十小時工作的另一種選擇；或是出某種空檔，讓你審視某些出自個人無意識的價值觀。當我們創造時間和空間來擴展經驗廣度時，自然就產生很多創造力。逃避也是一種慰藉，因為太單調而感到疲憊，所以逃開一下。我們煥然一新地回歸，感受到一種新的掌控，帶著靈感和力量更有意識地生活。

到目前為止，我在書中都聚焦於實踐樂趣生活的方法。相信你也能體驗到樂趣能提升生活層次，帶來更豐富的人生。在本章中，我們將探討逃避現實如何幫你獲得更高層次的樂趣——只有距離才能提供更清晰的焦點，讓我們看清日常生活，請將本章視為進入樂活人生的進階課程。

無需離開地球即可獲得太空

根據太空人的提示，創造心理距離的現成技巧就是創造字面意義上的距離。逃離你所熟悉的世界，才有回頭看的機會。有了新的視角，增強掌控意識，並更好地理解什麼是不可改變的（幾乎很少）和什麼是可以協商的（其他一切）。過程中，我們對**不可**談判的事情也變得更加清楚，就像魚一定是在甲板上不斷拍打時才知道自己需要水一樣。

要如何進行？答案應該非常簡單：休一個長假，最好是幾個。但事實並非如此，首先，至少在美國，人們忙於工作沒有時間度假，也忙著把賺來的錢花在房租和醫療保健等開銷上。一項調查顯示，二〇一八年美國工人未使用假期的天數達到創紀錄的七．六八億天，比前一年增加了九％。[4]在旅遊服務網站智遊網（Expedia）的年度調查報告中，美國人使用的平均假期天數一再名列倒數幾名。[5]美國與泰國的數據表現一樣，平均有薪休假的天數墊底，二〇二〇年只有區區十三天。在其他已開發國家，政府規定至少要有四到六週的休假。

不過，我們先理所當然地假設你會休假好了。這就是真正的逃離嗎？兩者並不是必然的。讓我們來談談迪士尼樂園吧，美國家庭多半一生一定會去一次朝聖的歡樂園地。我愛迪士尼，並在那裡度過真正美好的時刻，看著我的孩子以一種合法的方式體驗魔法。米老鼠、幻想家、搭船搭火車馳騁樂園，享受一切……迪士尼是紀念碑等級最好的逃避現實，同時，迪士尼也是偉大逃離的完美挫敗。如果你完全按照指示去玩，你就會花上數十個小時、花費數千美元、進行世上最辛苦的排隊行程，最後與寧願泡在游泳池的孩子一起吃昂貴的晚餐。計畫用餐、帶腕帶、訂交通、一堆預約——它的設計比陸軍的陸戰計畫還要複雜，一不小心就會造成人員傷亡。回到家時精疲力盡、身無分文，然後你給孩子買的昂貴玩具才玩三次就壞了，孩子會哭的。

迪士尼只是一個例子。你肯定經歷過被過度安排、被超額費用和過多期望壓垮的假期。關於假期，我能提醒的是：一定要預留一段時間用來復原和自主行動，或在那一刻做你想做的任何事。確保有喘息的空間，不然就延長時段，用三個小時做你原來想花一小時做的事，因為你喜歡它。

除了上面的提醒之外，我還想提供另一個更重要的建議：如果假期時也在工作，那就不是逃離了！真正逃離的最重要因素甚至不是地點，而是真正休息的承諾。意思是，你要嘛工作——要嘛不工作。**全部停止！**沒有電子郵件。在美麗的後院工作並不是逃離，那就是在工作。整體目標在於心理距離，如果你的腦袋裡都是工作，還不如坐在辦公桌前。

目的地重要嗎？稍後我將說明冒險逃脫的價值，但從最大的意義上來說，答案是否定的。目的地確實並不重要。許多人因工作和生活而精疲力盡，每年都會去同一個地方度假；一個他們認為可以放鬆的地方。他們靠著去海灘度假村的假期，可以把孩子送到兒童俱樂部，然後坐在水邊的椅子上。進行純粹的復原是重要且值得的；如果這是你要的，那就去做吧。

你一定不會驚訝——當我告訴你，要毀滅假期帶來的心理距離，除了工作之外，還有一個更厲害的方法——沒錯，那就是餵養**空虛**，社群媒體再次可能吞噬一切美好事物。每次你打開 Instagram、Facebook 或任何你常上的平台，你都在縮短心理距離，被**虛無**的引力拉動。我知道，利用照片和訊息與親友分享美好時光很愉快，這也是享受旅程的絕佳方法。但據我了解，照片可以存在設備中，分享也可以之後進行。還記得在第二章，我的朋友尼爾要我停止電子郵件惡性循環的建議嗎？發布度假照片也是一樣的狀況，有人留言，你就覺得有必要回覆，然後無窮無盡，完全違背你來度假的目的。請至少等一天結束，或者更好的是，等到旅行結束。

甚至拍照攝影也有轉移的作用。作家蘇珊・桑塔格（Susan Sontag）曾將相機稱為「用起來會讓人上癮的幻想機器」，[6]並表示人們可用相機緩解人因不工作產生的焦慮；「受工作驅動的人原本應在度假時享受樂趣，但他卻因不工作而產生焦慮」。[7]我認為很有道理。旅行攝影是一種美妙的樂趣元素（尤其當你的嗜好就是攝影時），然而一直忙著拍照反而可能阻礙你體驗正在發生的奇蹟。

我常常想起帶我父母去著名的French Laundry餐廳慶祝結婚五十週年的情景。享受美食也是一種逃離，當下體驗的一切都讓人幸福洋溢：好到難以置信的食材，宛如藝術品的食物裝在小盤子裡，每一口食物都在創造一個美好的時刻。雅緻的環境、潔白的桌布、新鮮誘人的花束。這是你與親人或好友共享的時刻。即使如此昂貴，甚至你知道這樣的場景經驗可能永遠不會再有了，你立刻就超越了當下的時空環境。

那天晚上一起吃飯的是一位家族老友，她是退休的營養師，專精烹飪食品和營養知識。菜一上桌，她先精心擺置，拍了照片作為紀念，然後才把注意力轉向享受食物。同時，我左邊桌子、右邊桌子都有人不斷地在用餐時拿手機從各個角度拍攝美食。當他們離開時，已經把美食展放在動態藝廊進行文物展示了，但這樣做是真正體驗這頓飯嗎？他們可能沒有想到，完整的感官體驗被螢幕上平坦虛無的像素替換了。當你在體驗之外又給樂趣設定一個目標時——無論那是完美的照片還是一百萬個讚——你已經淡化了你與樂趣的真實聯繫。

當你計畫逃跑時，還需要考慮以下幾點：

不要爲度假傾家蕩產。不要花費數年時間存錢為你的「夢想假期」築夢，這意味著漫長的等待。沒有錢度假是美國人說他們不去度假的主要原因。高昂的價格標誌著難以置信的壓力，讓原本想消除壓力的計畫反增壓力。請規劃適合自己生活方式和預算的旅行。每個地區都有獨特的冒險機會，你不需要變動時間特意規畫「遠走他鄉」。你也不需要花大錢——當然，如果你能負擔，被一點點過度的富裕擊倒也沒什麼不好，每個人都能掌控自己的樂趣。

擁抱自動回覆功能。如果你是血型A型人並且全心投入工作，要你成功放下工作（而不會讓自己變得神經衰弱）的關鍵是充分的計畫和準備。在你離開之前，花一天或半天的時間關閉任何未完成的業務循環，更好的做法是把工作委派出去，這樣等你回來時，工作也不會堆在哪裡。制定一些應急計畫，確保一旦任何緊急事件都會有能夠處理的人負責接手。

最後，使用電腦的自動回覆功能——如果你能成功逃離，為什麼不讓它變得有趣，讓所有收到回覆的人也有一點快樂呢？你可以借用喬丹・赫希（Jordan Hirsch）的點子，他是數位策略顧問，他把他的熱情、即興喜劇才能帶到了工作中：「感謝您的留言。我正在旅行，今天不會檢查電子郵件。如果情況緊急，請深呼吸。一直重複到你感覺好一些，或忘記為什麼給我發電子郵件，或者重複到兩個狀況都達到為止。」

你還可以採取極端措施，透過添加註釋來抵禦無謂的電子郵件，「在假期中，我不會閱讀任何電子郵件，因此請在〔某日〕返回時再次傳送訊息。」作家兼媒體名人阿里安娜・赫芬頓（Arianna Huffington）從個人倦怠中恢復過來後，進入新創事業Thrive Global，開發出一款應用程式：Thrive Away，這款app不僅可以發送自動回復訊息，還可刪除傳來的訊息。但它好像下架了，我懷疑是不是有勇氣用它的人太少了？

平衡旅遊中「安排好的」與「隨性而至的」。假期中是否每個行程都該安排好？還是興之所至地走到哪裡玩到哪裡？在某種程度上，這取決於自己對行程的需求與隨性而至的樂趣程度，所以請先了解自己的需求。但無論是哪一種規畫，只要落在你的舒適區，都是很好的安排，假期就是意向和自發性的結合。

我的朋友布萊恩・威西（Bryan Wish）最近跟我說了他的經歷。他和女友一起去露營，他們計畫在大自然中度週末，遠離電子產品，分享一次有意義的體驗。那天就要入夜了，他們決定離開露營地，找個好地方邊吃晚餐邊看日落。他們開車進山林，遇到岔路口，然後右轉。發現那裡根本不是荒野，而是一片修剪整齊的美麗平地，原來這是飛機跑道。他們下車想去走走看看，發現旁邊有個木作工廠，有名男子在裡面工作。威西走向前詢問，是否可以在他的土地上吃晚餐，但威西和這個陌生人一見如故，一聊就是聊了幾個小時。（想像一下，若換到地鐵上或在當地餐廳，即使與同一人相遇。他們也很可能不會談上話，甚至根本不會注意到彼此，因為可能都各自在用手機與各自的朋友聊天。）

這個人叫魯爾，做了三十年的商業飛機駕駛，剛才退休。很快，魯爾帶他們參觀了他的飛機庫，那裡放了兩架一九四〇年代的古董飛機Piper Cub。他邀請他們第二天來搭飛機，這讓他們大吃一驚。威西說，那次飛行是他一生中最美好的經歷之一，他和女友追著日落，從上空看到了全區曠野，看到了自己的營地，在自己的營地上空輕輕滑行。這趟旅程與一般搭飛機的經驗完全不同，是他們從未經歷過的。

考慮單獨行動。不要誤以為需要組隊才能去新地方旅行，特別是如果你很內向，非常需要獨處，如果沒有時間獨處，原本用來減壓的旅行就會像個籠子。此外，跟團旅行的後勤安排通常更加複雜，可能會分散你想冒險的心力。就像我的朋友梅麗莎，她以前在紐約市當社工，她珍惜自己的安靜時間，曾兩度前往熱帶島嶼瓜德羅普島。

第一次去還行，不算太好；但第二次去就是她此生最美好的假期了。主要區別是：第一次去是和一群熟人一起旅行，第二次去是和一個親密友人一起旅行。事實證明，團體的社會壓力太大了，對於要去玩的地點、做什麼活動都有很大的雜音，結果沒有人是百分之百開心的。

這是單獨旅行的一大優勢，而且適用每個人：你只要取悅一個人就夠了。即使是在家庭旅行或團體旅行中，如果你想這樣做，也可以騰出獨處時間。只要在出發之前讓大家知道一下，這樣大家心裡就不會有疙瘩。

升級到冒險行動

一旦你成功養成玩樂的生活習慣，你會發現自己有足夠的精力去做更多的事，而不僅是老調重彈再過一次去年的海灘假期。雖然找樂趣不分場地，但毫無疑問，去一個對你來說全新的地方旅行有獨特的好處。

當我回想對我影響最深的經歷，南極洲就會浮現在腦海。二〇〇五年我去那裡跑馬拉松。當時我的博士快念完了，即將結婚。我的積蓄大概還剩六千美元，我把所有錢都花在這趟旅行上。（我在旅途中遇到其他人，而且很高興地發現他們的旅行欲望也比財富大，很多人的銀行帳戶都已經掏空了，我們很快就成為朋友。）到了南極洲，一下船，我目瞪口呆。放眼望去皆是柔和的藍冰，還有數千隻企鵝。沒有道路，沒有紅綠燈，什麼都沒有，完全就是一片浩瀚的空間。我的大腦一直試圖將它與以前的經歷、之前的記憶進行比較，但我無法抓住任何東西。時間一點一滴過去，我的思緒慢了下來，接受了事實——這是我前所未有的經驗。這是完全真實的新空間，帶來全新的體驗。我讓敬畏和驚奇吞沒了我——我感覺自我消失了。

冒險的逃離行動往往會讓人有一些特別的收穫。全球很多大學生會選擇一年不修課，把那一年當作自己的「空檔年」（gap year），或者至少利用高中和大學之間的暑假，揹上背包盡量到各個國家自助旅行，這是有原因的。他們去體驗人與環境的互動，回家時，會帶著對自我更豐富的理解，帶著更大的潛力和更廣闊的世界觀進入大學。在旅行中，我們會遇到不同的人，接受新的影響，體驗這趟未知之旅的所有奇妙。

我有過很多很棒的旅行經歷，但沒有一次像南極洲之旅那樣烙印在我心底。十五年後的今日，那時一起結伴旅行的人依然是我的好友。南極冒險成為我們深厚的紐帶，讓彼此雖是初識卻像結交多年。我們一起跑了四十二公里，穿越那片冰雪風景，經歷的奇蹟如此深刻，以致改變了時間的本質。我們都熟悉日常生活的匆忙（我們常說，「我覺得人生正從身邊流逝」）。然後是這段冒險時刻，宛如人生一刻，就像汽車事故或飛機失事，人們會把撞擊前的幾秒鐘描述為「永遠」一樣，細節清楚到讓單一時刻成為複雜、有層次的體驗，永遠不會遺忘。

我很喜歡《真正的魔法》（*Here Is Real Magic*）這本書，作者奈特・斯坦尼福斯（Nate Staniforth）是職業魔術師，書中講述了他為了擺脫職業生涯的單調倦怠，前往印度流浪的故事。在那裡，身為魔術師的他找到了一本記載魔法的書。[7]這本魔法寶典上寫著弄蛇、漂浮、噴火等印度傳統魔術，在在建議表演者要「注意強度、緊張感、力度」。——這對早已成名、巡迴表演時總覺得悲傷的魔術師來說，完全有別於之前的演出經驗。因此，他說，他開始夢想「擺脫在美國重複性、機械化的巡迴演出方式，想以一種瘋狂、不顧一切的樣態表演魔術」。他的目標是讓觀眾像他一樣體驗奇蹟，並在表演過程中更新他自己的魔術形式。

奈特的故事是個案例，闡述了踏出舒適圈，擺脫那個我們為自己創造的熟悉環境的重要：「我們讓自己的世界變得更小，因此就能控制它。我們讓自己的世界變簡單，以便我們能理解它。我們將自己縮小放入這個被縮小的範圍，這樣我們就不會意外偏離了這個虛構的世界，沒有潛伏在確定邊界之外的危險，但偉大也被我們排除在外……但危險的是，隨著時間過去，我們逐漸將這種蒼白、貧血的生活視為真實的存在。我們感受到世界的重量，但無法感受到世界的奇妙，最終我們屈服於其中一個而忘記了另一個。」這次旅行對奈特來說非常豐富，不僅提高了他的技能（是的，時至今日他仍在練習魔術），也加強了他與妻子的關係。

在印度貧民窟追著會噴火的賣藝者，在零度以下的冰冷大陸上進行長跑挑戰——這些活動**不合你的口味**嗎？別讓我嚇跑你；冒險旅行不一定是艱困極端的活動。科學研究表明，與熟悉和「被磨平」的環境相比，未馴服的空間更有可能帶來樂趣、挑戰自我能力。但我認為，離開熟悉的道路，比你去到異國他鄉進行孤獨星球式的假期更重要。不想離開乾淨的廁所並不意味著不適合進行精采象限的戶外旅行。你只需要鼓起勇氣嘗試新事物，並突破自己的舒適區，而不是回到原來的狀態。

休長假

長假只是更長的假期嗎？傳統上，這種假期在教育領域最為常見，通常定位為進修用的連續長假，可休六個月或一年，如此就能離開當地去研習新技能或旅行。換句話說，長假是充實自己的機會。若是在公司單位，休假政策就比較短，大多是一到三個月，有時帶薪，但通常只適用於在公司工作五年或五年以上的人。

也就是說，大多數我碰到的人都告訴我，他們願意休假或休長假，但考慮到具體工作現況，休長假是「不可能的」。我同意這可能不容易，但我也碰過休過長假的人，根據他們的敘述，我知道這也並非全然做不到。當人們告訴我他們負擔不起時，我告訴他們我的老鄰居，夏琳和丹．戈德菲爾德（Sharleen and Dan Goldfield）夫妻倆的故事。這對夫妻把工作辭了，帶著兩個女兒（一個九歲、一個十四歲）穿越澳洲、東南亞、中國，印度、中東和非洲。夏琳和丹希望他們的孩子能體驗魚缸之外的生活，從不同文化中學習，看到「一個值得為其奮鬥的世界」。在二百六十三天的旅行中，他們徒步走過長城，在波札那露營，在馬爾地夫與鯨鯊一起游泳，這些只是我隨意舉的幾個冒險例子。他們記錄了一千五百一十次與野生動物面對面的經歷，見到了七百八十種獨特物種，其中包括七十種瀕臨滅絕或生存受威脅的動物。到了二〇二〇年三月，他們的旅行因新冠疫情被迫縮短，丹在他的部落格寫道：「我仍然不敢相信一切就這樣結束了，我們經歷了種種，成長了許多，還有好多東西需要學習。我相信我們已喝足了聖杯中的生命之泉，我希望我們能因此變得更好。」

丹是數學老師，他相信回來後還會找到工作。夏琳離開了二十二年的穩定工作，對回國後的工作前景比較擔憂，但她相信這趟旅程的收穫也讓這次冒險值得了。果然，儘管丹在疫情期間重新進入求職市場，但他還是在一所高中找到了教職，而夏琳則在找到正職前先找到了臨時工作。職涯規畫公司Reboot Partners是幫助人們重啟職涯並建議何時休假的諮詢公司，公司合夥創始人潔伊．史密斯（Jaye Smith）是這樣告訴BBC的，[8]當她對五百名休假一個月到兩年的人進行調查時，沒有人後悔自己的決定。他們還告訴她，他們的職業生涯最終還是提升了，因為他們從休假回來後態度都有改變。

許多人利用工作與工作的空檔來休長假。我的朋友布萊德．威爾斯就是如此，我在第二章中曾介紹過他。[9]有一天，他六歲的兒子告訴他，他一直在海灘上收集貝殼來製作項鍊，布萊德突然醒悟了。布萊德問兒子為什麼要這樣做，兒子回答：「我想把項鍊賣掉，這樣你就可以少工作一點，多花時間和我在一起。」**一記重拳**。如果你是那種會擔心工作與生活是否平衡的父母——換句話說，每一位父母——聽到後心都會裂開的，布萊德就是這樣。他是這樣比喻的：「一個快轉時刻，你呼吸著最後一口氣，你一生記憶在你面前閃過。」

布萊德決定辭去工作，他是一家快速崛起的科技公司的策略長，壓力很大。辭職後就與家人一起度過六週的假期，在那段空檔，他們一家人進行了幾次小型旅行，與親友共進很多次特別的晚餐，總歸來說，那是一段和樂融融的日子。在那幾週，他留下的珍貴回憶比過去十年還多。他離開工作時精疲力盡、人際疏離，回來時感覺與家人緊密聯繫，感覺人生更有目標，更有潛力。他在LinkedIn的貼文是這樣寫的：「我感覺肚子的火在燃燒，重大的目標就在前方。」

如果你正計畫一場逃離行動，尤其想做的是長期逃離，我最後的建議是：請以你最想做的事為中心來計畫旅行。如果你已建好玩樂檔案，也開始執行了，我相信你早已了解自己的喜好，更清楚有哪些體驗會讓自己直上月球。儘管如此，不畏他人看法，自己走自己的路也有挑戰性。如果你只想著讓別人印象深刻——無論是讓家人、朋友，還是Instagram上的數千追蹤者——只想著外界有時就會掩蓋自己的真實感受。前企業家、現轉型為演說家與作家的德里克．西弗斯（Derek Sivers）提出了很好的試金石，這個方法可以確定你計畫中的旅行是否真正適合你（以及你的旅伴）。[10]不妨問問自己：「如果我在這次旅程不能帶相機，不能把心情經歷分享到社交媒體，我還會這樣策畫嗎？這個情況下我還會進行這次旅遊嗎？」

對我們大多數人來說，遠離「正常」生活六個月或一年，將是一生一次的經歷，所以我未必贊成西弗斯的極端主義——**拜託拍一些照片吧！**然而，你應該對自己和同行旅伴誠實，確定你要進行的真的就是你想做的冒險。

你可以逃往某地，但不要逃開某地

你可能已經注意到，斯坦森博士所說的逃避現實狀態，也可能出現在我們做任何樂趣活動時。只要我們做的活動非常愉快，讓我們全神貫注，進入新的現實，不再嚴厲評價自己，你也可以把這種樣態當成最膚淺的逃避形式，就如一種**複製品**。即使在這層面，逃避也可能是有益的。因為生活中必定有不適，逃避也是平衡眾多人生不適的一種方法。可能是給自己一個放縱的機會，因為你堅持完成了每年一次的大腸鏡檢查。或者因為最近工作量太多，乾脆請假一天窩在沙發上發呆。請記住，PLAY模式是為了享受樂趣，而不是用來強力規範生活的，能夠賦予力量和恢復活力的逃離，才會給我們力量去應對下一個重大挑戰。我們多半不斷進行自我評價，這會導致緊張，最糟糕的是可能導致倦怠、飲食失調、酗酒和憂鬱。健康的逃避現實可讓我們擺脫高標要求的評估模式。

樂趣提供了暫時的提升；這也是為什麼我們會想找樂子的原因，因為健康的、暫時的自我逃避是身為人類時常需要的，這裡的關鍵字是「健康」和「暫時」。當我們聽了笑話而大笑，當我們與孩子一起堆沙堡、去遠足，這些都讓我覺得心情更好了；但當我喝酒、吃巧克力，我的心情也很好啊。

雖然兩者都是令人愉快的活動，但具有重大的差別。和親友走進大自然共度美好時光通常會讓你充實和滿足，但喝酒和暴飲暴食之後則不免感到空虛（可能還會生病，更不用說其他副作用了）。然而，這兩種類型的活動都可歸為逃避。

重要的是動機和意圖，亦即我們為何決定暫時脫離「現實世界」？我們的心態正在帶我們去往何方？我們是否想擺脫當前和未來的挑戰？或者我們因為想體驗正向事物、培養正向情緒，所以才逃離？斯坦森提到兩類人，一種以晉升為導向，一種以預防為導向。實驗中兩類人都因為逃避而進入了愉快的逃避狀態，但心態不同。第一類人試圖透過正向體驗，以健康的方式促進自己幸福，第二類人則更關心逃避問題，迴避任何表面不適所造成的不安。[11]有位叫做冰塊・酷巴（Ice Cube）的聰明人說過：「在你毀掉自己之前，先檢查一下自己的狀況吧。」

晉升導向的人尋求自我發展；逃避現實的經驗可與他們生活其他重要的活動互補。因為逃離，之後才會變更好、更複雜。再次提醒，這種逃離是一種自我擴張和充實的行動。相較之下，以預防為導向的人在逃離時不太可能實現自我發展。他們的目標是將注意力從負面事物轉移開，例如想逃開某種記憶、擔憂、障礙、日常壓力源。但他們想在意識上躲開痛苦的同時，也阻止了正向感受的輸入。這個群體是自我壓抑的，斯坦森認為，在某種程度上，我們可能就是其中一種人。然而，他確實承認在這件事情上個人的人生脈絡占有一定分量。在個人動盪期，人們更可能尋求娛樂，只為了遠離痛苦和悲傷（這是一種自我壓抑）；當我們陷入困境需要保護自己時，自我發展的需求相對就不明顯。另外，有些人自我壓抑的傾向比較強，當他們的人生觸礁時，自我壓抑的傾向會變得更強烈。相比之下，自我壓抑傾向不強的人就可能更趨向擴張心態，會沒有任何動機地從樂趣尋求正向的體驗。

也許你正計畫要遠離，或者你已養成逃離的習慣，若要分析這些逃避活動是擴張性的還是壓抑的，請問自己三個問題：

1. 我參與這項活動的動機是什麼？
2. 逃避是否有助於我的長期福祉？

3. 我在逃避什麼，還是奔向什麼？

好消息是：如果到目前，你遵循本書建議執行玩樂的生活實踐，那你追求樂趣的心態一定是擴張性的而不是壓抑性的。好了，你讀過安全手冊，繫好安全帶，準備好發射了——飛向太空吧，去到一個充滿智慧、有機會自我超越的地方。

玩樂名人堂：克里斯·哈德菲爾德

尼爾·阿姆斯壯（Neil Armstrong）可能是第一個在月球上行走的人，但太空人克里斯·哈德菲爾德會因爲他是在太空錄製音樂影片的第一人而載入史冊。他還言之鑿鑿地說，太空中最好玩的地方要數距離地球四百公里的上空了。

哈德菲爾德是加拿大人，他在二〇一二到一三年間在國際太空站待了近六個月，最後兩個月還出任太空站指揮官。他在太空錄製的影片是大衛·鮑伊（David Bowie）的經典作品《太空怪談》（Space Oddity）。這首歌發行於一九六九年，與阿姆斯壯著名的月球漫步同年，說的是孤獨太空人湯姆少校的故事，他「坐在錫罐裡遠離世界」。哈德菲爾德告訴澳洲新聞節目《夜線》（Lateline），他後來和鮑伊談過，鮑伊說，他拍的音樂錄影帶是這首歌有史以來最令人心酸的版本，這讓他大吃一驚。

作爲時代的象徵，阿姆斯壯的經典台詞——我的一小步是人類的一大步——是他早在地球上就事先寫好的。同爲太空人的哈德菲爾德卻不斷坦誠地分享一切，從如何在太空中玩拼字遊戲，地球看起來有多美，再到在零重力下哭泣是什麼感覺。在他眼中，中亞的廣闊農場變成了「雪地裡的單色3D幻覺」；澳洲內陸是傑克森·波拉克（Jackson Pollack）的抽象畫。哈德菲爾德經常透過兒子艾文的社交帳號發文分享，艾文也是他製作音樂影片的合作夥伴。就像太空站的其他居民一樣，哈德菲爾德也進行了實驗，但他帶給世界的真正禮物是帶我們一起經歷了一次永生難忘的旅程。

6 神祕 The Mystery

「若要快速緩解，請試著放慢速度。」
——美國演員莉莉・湯姆琳（Lily Tomlin）

在新冠疫情大流行期間，我需要逃離。那時的我被兩份全職工作綁住——第一份，寫一本關於樂趣的書，但進行過程並無太多樂趣。第二份，我是一家健康中心的高階管理人員，而健康中心需要開放才能看到利潤——我的**時間**和**金錢**都很匱乏。但就像之前說的，逃離不需要很多金錢或時間就能辦到。因此我按照自己的策略，找了一天休息。我去了北卡羅萊納州中部鄉下一處宛如避世桃源的地方，叫慈悲之井（The Well of Mercy），我無法清楚描述這地方，所以我告訴你它不是什麼：它不是醫療機構、會議中心或聚會場所。相反地，它是一處人跡罕至的靜修地，透過尊重款待和安靜庇護為個人提供服務。

慈悲之井靜修中心雖是修女經營的機構，但也是向所有人開放的包容性空間，因此吸引各類型的人，甚至是像我這種只是好奇的人。我在慈悲之井度過了一天，做我喜歡的事。在那裡，我和很多有趣的人互動，探索園區設施，包括令人驚嘆的健行步道和美麗的迷宮。但這次旅行的意外亮點是與珍・莫辛格（Jane Motsinger）談了一席話。珍是靜修中心的接待主管，同時也為有需要的人提供靈性指導。

當我在慈悲之井待了快二十四小時，一天都要結束了，我遇上珍。「你為何來這裡？」她問。我通常不會與陌生人分享我的問題，但此刻我覺得心態是開放的。我解釋說，我有嚴重的失眠，可能是新冠後遺症，但也可能是因為最近事情壓力很大。我說，我媽最近被診斷出阿茲海默症，我因為新冠疫情失去大部分收入。我來到靜修中心是為了理清思緒，因為生活壓力讓目前的工作也做得不順。我還告訴她，我很想把我現在正寫的書寫完，但睡眠不足讓寫作也變得困難，不過我感到有動力要堅持下去。「這聽起來像是很重要的任務，你覺得樂趣如此重要以致需要寫一本書嗎？」對我來說，這是很容易回答的問題。

「如果只是學怎樣找更多樂子是很棒沒錯，」我解釋道：「但是我想的是，如何利用玩樂找樂趣來培養你的好奇心，然後將樂趣變成激勵人心的力量。幸福的根本缺陷在於它是一種基於主觀自我消磨的結構。就算在說個人幸福吧，個人幸福也是人為編造出來的東西。我是基於科學知識學到幸福真的是編造出來的。我們把幸福當作工具，決定我們在現實世界的**級別**。但那些所謂的人生經歷都是來來去去剛好存在的小事，或是我們自己建構出的價值觀，這些觀念部分還根據我們命定沒辦法選的文化背景。評估自己幸不幸福需要進行內省，但連這種自省也充滿一堆出於自我主觀和外在偶然的問題。經過一番反覆討論，珍鼓勵我多說一些，她是很棒的聆聽者。

「與幸福相比，我逐漸體悟到樂趣就是少**想**多**做**。你要嘛就是去玩，要嘛就不玩。考慮到這種區別，又看到我的夥伴將他們喜歡的事情重新融入生活，這種樂趣就是消除倦怠的靈丹妙藥。想抵抗別人對你的要求和評價，採取一些保護措施可以讓你鬆一口氣。幸福與你所在環境的**級別**有很大關係，而樂趣要的只是合不**合適**——找到合適的方式就能連上你欠缺的東西，你和他人、和環境就可以和諧互動。幸福很大程度上是**我**的論點，而樂趣往往是**我們**的論點。」

我接著解釋我的看法，我所謂的**我們**並不是那種拉幫結派的關係，僅意味著大家共同參與才有的同樂。我們談到我弟弟的去世，以及他在健行中找到的樂趣——他自己與自然奇觀之間的關係——還有樂趣的各種形式。我告訴珍，我相信，如果把樂趣法則運用到最高階，樂趣可以讓我們自我超越，到達超越效價的境地，來到一個無限快樂的地方——因為樂趣不是自我主觀意識養大的，它是由你與其他事物的關係滋養出來的。

「聽起來很酷，麥克。我迫不及待想讀這本書。」珍說。

「看來你花了很多時間思考這問題，在這份工作中遇到什麼問題嗎？」

「有，」我說：「我很難找到適當的字詞界定這個關係。」

「哦……」珍說：「嗯，我不確定它是否適合你，但我有個朋友簡單把它稱為**神祕**。」離開靜修中心時我感覺好多了。

* * *

樂趣並不全然平等。我喜歡將樂趣的層次結構描述為金字塔。最基本的樂趣出現在**語前時**

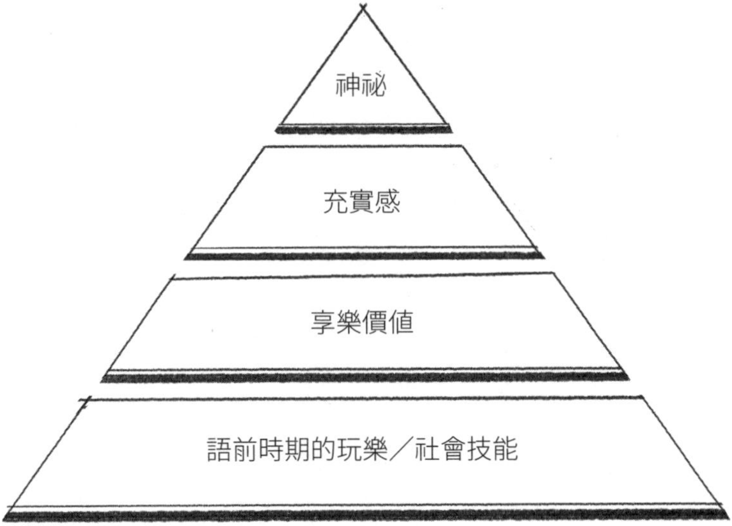

樂趣金字塔

期（perverbal），屬於早期發展的玩樂形式，在過程中我們學習基本的社交技能、發展界限概念並提升運動技能。當你在公園遛狗區觀察小狗或在中央公園觀察幼童時都很容易理解語前時期的玩耍嬉鬧，這樣的樂趣是人類在早期發育過程中理解世界的根源。

然後是出於**享樂價值**（hedonic value）而得到的愉悅，部分是基於演化發展來，目的在延續生命。例如吃高熱量的食物會產生愉悅，因為要度過食物稀缺的日子；進行性生活會帶來歡愉，因為人類必須繁衍。除了基於功能產生的樂趣之外，我們想要找樂子當然也是因為愛玩。我們已經討論過這種樂趣對人類身心健康的貢獻。但正如我在第一章說的，正是在這個階段，很多人停滯不前並退出樂趣金字塔。在人生的某個時刻，他們會忙於「成人」，不是將玩樂邊緣化，就是放棄他們真正喜歡的活動。他們將玩樂重新歸類為一種不成熟的干擾，讓他們無法專注在「真正重要」的事情——錯誤地將找樂趣視為一種魯莽的逃跑，甚至是一列走向毀滅的失控火車。

樂趣的下一階層是**充實感**（enrichment），一種更有意義、更有目的的樂趣階段。有一項很棒的研究強調了為什麼持續享樂是邁向新境界的必要步驟，這份研究來自哈佛大學、史丹佛大學和麻省理工學院的科學家團隊，他們針對人如何（以及為何）選擇某些日常活動做了研究，而後將成果發表在《美國國家科學院院刊》（*Proceeding of the National Academy of Sciences*）。[1]這份研究的樣本極大，超過兩萬八千人。參與者被要求下載一個免費的手機app，這個app會在一天中隨機發送訊息，要求參與者回答當下的心情（例如，你目前覺得如何？）和當下在做什麼活動（你目前在做什麼？）。研究人員想知道是什麼影響了我們的活動選擇：是情緒？還是一週中的某一天？科學家原本預期，人類天生就會趨向快樂的活動。也就是說，如果正在做的事給我們的感受是負向的，我們就會轉做其他讓我們心情愉悅的事（例如，去吃讓我們心情變好的食物）；如果正在做的這件事給我們正向感受，我們就會找其他類似能讓自己感覺更好的活動來做（例如，做運動）。科學家假設人會不斷追求快樂。

然而，他們發現並非如此。相反地，人們在活動選擇上反應了「享樂彈性原則」（hedonic flexibility principle）。事實證明，當我們感受不好，我們會追求快樂來讓自己感覺好。但真正讓人驚訝的是，如果我們已經處於正向感受，此時的我們會做些什麼。在這項研究中，有正向感受的人更容易選擇一些不一定會改善情緒的活動來做。例如，他們可能會選擇放棄一些輕鬆享樂，坐下來寫一本關於輕鬆享樂的書。（這只是我的選擇，但你知道我的意思。）

所有一切都表示，當我們的「樂趣杯」滿了時，我們較能抵制短期利益的誘惑（因為這類刻意設計的「獎勵」已經很豐厚了），我們反而會去投資長期有充實感的目標，藉以支持自我存在的價值。然而，若我們只是應付了事，就會更想自我鬆綁、逃避現實。

不過有一種特殊類型的樂趣，樂趣的最顛峰，不是靠效價去觸發。我們要踏入這塊未知領域（也就是我說的**神祕**）時，無論你是是藉著好奇心、驚喜，或是超越了意義建構而踏入的，只要進入了這個超越平凡的所在，這種樂趣往往對我們的影響最大。

地圖不是領土

在科學上有一句話：「地圖不是領土」，也就是說對某些「事物」的描述永遠不是「事物」本身2。一樣的道理，我們最該了解的是，還有很多幸福「處方」不在地圖上。當樂趣燃燒得最燦爛，當它成為支持我們成長的力量，多半是因為我們丟掉地圖，跑去找地圖之外領土的時候。當我看到人們難以理解這層真義，我會分享我研究之後的領悟。我為了寫這本書，找了很資料，做了很多觀察。我去了三個兒童博物館，花了很多時間觀察兒童和成人體驗各式遊戲空間的狀況。例如，北卡羅萊納的羅利市有間兒童彈珠博物館，裡面有間「湯麵屋」，裡面安放了很多像麵條狀的軟性拼接物和組合板，基本上你可以在這個空間創造任何你想到的東西。在我參觀時，一次又一次地看到孩子衝進來，抓起拼接物，然後就玩開了。同時間，他們的父母卻癱瘓了。等待他們的地圖，等待不存在的指示。他們詢問服務人員他們應該做什麼，並努力理解遊戲的「要點」。但只要他們開始參與這項活動，很多人就像孩子一樣享受樂趣（也許是更多樂趣）。他們不再受制於對地圖的需求，可以自由探索所有的領地——每個發現都是個人獨特性的展現。

當玩樂將我們與隨手可得的東西連結起來，就能變化出無窮無盡的可能性，培養出好奇心。玩樂讓我們沉浸在未知世界中，每次都會變得更好。

玩樂是一帖連接未知世界——或稱為智慧——的催化劑，我將這個境界稱為**神祕**。但在我們繼續探索之前，如果「神祕」這個詞不能打動你，你也並不孤單。也許我想了這麼久，花了這麼多心血，才為樂趣金字塔頂端找到一個概括的名字，但到頭來，這個標籤由我貼上對你來說並不公平。我聯繫了數千位我的電子報讀者，試圖對此現象達成共識，但令我驚訝的是，沒有一個人有相同的答案：魔法、奇幻區、聖地、意識、存在、美好時光、深刻、時間控制、哇、歡樂、我的快樂園地。秉持本書一貫精神，我不想為你畫一張地圖，而是邀請你（在我們繼續之前）為樂趣的巔峰想出一個有意義的術語。當然你也可以借用珍的建議，就像我一樣，這也很好。

好奇心的好處

培養好奇心是與神祕境界建立聯繫的最佳方式。事實上，一次又一次證明，培養好奇心可以增加我們擁有快樂、驚奇和智慧的機會。喬治梅森大學心理學教授陶德・凱希丹（Todd B. Kashdan）認為，長期感到無聊的人可能缺乏好奇心。[3]為了對抗無聊的單調，凱希丹督促人們要對自己有興趣的事建立更深的關係，挑戰自己。凱希丹解釋說，當我們尋求新奇並從有趣和有挑戰性的事項獲得回報時，我們大腦中的神經連接就會加強。練習好奇心使我們更有復原力、更聰明，並幫助我們的精神保持年輕。當我訪問凱希丹博士有關好奇心的問題時，他說：「好奇心是一種自我擴展的形式，你的資源、你的哲學、你的智慧、你的觀點會因為好奇心……長出來。你需要重新審視你所認為的機會和威脅，有些之前你認為是威脅的事在重新審視後會被你視為機會；一些你認為是機會的事，隨著成熟和不同身分的變化，你會質疑自己。」

相對而言，若我們對尋求驚奇沒有動力，或對新事物不感興趣時，我們在身體和精神上就有可能惡化。[4]事實證明，無聊與行為功能失調、精神疾病甚至腦損傷都有關。[5]當你鼓動起好奇心，自然就不可能感到無聊。**你上一次表現出好奇心是什麼時候？**那可能只是微不足道的小事，例如嘗試一家你不確定自己是否會喜歡的新餐廳，或者聯繫一位你單純好奇他近況如何的老友。對他人感興趣是加強社會連結的好方法。好奇心也與創造力密切相關，[6]鼓起參與新事物的勇氣，或興起採用新方法的意願，不僅會讓你得到新見解，更能增強創造力。

對於激發好奇心，我最喜歡的方法是找一個我從未去過的地方（但那裡看起來很有趣），且目前航空里程有配合。價格便宜就是旅行的推動力，我會利用這個機會拜訪一處新鮮地。引用旅行駭客艾瑞克・帕奎特（Erik Paquet）的建議：「有個最棒的方式可以讓旅行變得更有意義，請騰出時間接觸當地環境並與當地人多交流。它不一定是要多深入的東西……有時，對於許多旅人來說，會有一個突破性的時刻，即使語言障礙很讓人沮喪，交流也有困難，也請試著與當地人建立聯繫。」根據我的經驗，你不會在地圖上找到城市的最佳景點，最佳景點僅適用於對那個地區有好奇心的人。

也許最重要的是，當好奇心成為我們獲得樂趣的途徑，它會讓我們了解到，我們與外面世界的聯繫與從外界學到的知識是無限的。這種實踐讓我們短暫超越共識現實，讓我們沉浸在迷戀和驚奇之中——接受我們永遠有不知道的事，並且在接受的過程中發現美與善，更知道擁抱這個事實有多令人驚嘆。

驚喜的好處

驚喜令人興奮。再一次，這是變動享樂在運作。當我們不知道接下來會發生什麼時，刺激感就來了。我們會預測等待我們的驚喜是愉快的、還是不愉快的，然後開始緊張……心裡七上八下……很刺激。

根據科學，驚喜深刻影響人類神經學和心理學。我們感知驚喜的方式可能是我們之所以為人的重要關鍵。

驚喜意味著我們收到意想不到的刺激，打斷了正在進行的思維和活動，擾亂了連貫性與對外界的預期。[7]由於中斷，我們會需要一段時間來處理驚喜狀況，然後確定這件事的效價，如果是正向情緒，我們高興；如果是負向情緒，我們就會沮喪。荷蘭萊頓大學社會與行為科學院的馬雷特．諾德維爾（Marret Noordewier）和艾瑞克．范迪克（Eric van Dijk）教授認為，我們需要區分我們對驚喜的最初反應和之後的反應，因為兩者並不一定一致。例如，即使我們感到正向的驚喜，我們的第一反應也可能是負面的，因為大腦不喜歡世界觀的完整性受到挑戰。（我的意思是，當地圖錯誤時誰會喜歡它？）

諾德維爾和范迪克發表在《認知與情感》（*Cognition and Emotion*）期刊的文章寫道：「即使驚喜的刺激是正向的，人們也會先出現短暫的中斷，然後驚訝，然後才是享受和歡迎結果本身。」[8]因此，我們對驚喜的反應是動態的，最初的反應不等於之後的反應。

在享受驚喜之前，我們需要空間來理解結果。我們對驚喜反應有一個時間維度，這表示從驚喜得來的樂趣不是自動出現的。相反地，它需要經過處理和評估，新智慧的創造需要在有趣的背景下才會讓人覺得有趣（雖然這個論點仍有爭論）。

在第二章，我曾舉了燒水壺跳出小鳥的例子，簡要說明我們會被意外的驚喜元素所吸引，增加樂趣。這是因為我們的伏隔核（nucleus accumbens，又稱依核）在作用。它是大腦中與快樂和獎勵期望相關的區域，對意外事件的反應最強烈（例如，在不是你生日的時候收到禮物）。艾默里大學醫學院和貝勒醫學院的聯合研究小組曾對這一現象進行研究調查。

這項實驗由格雷戈里・伯恩斯（Gregory S. Berns）和里德・蒙塔古（Read Montague）兩位醫生主持，對二十五名參與者進行測試，參與者要接受被果汁或水噴入口中。一組每十秒固定噴一次，另一組以不固定方式噴射。進行間，參與者同時接受功能性磁振造影（fMRI）顯示大腦活動。

結果顯示，當噴水不能預測時，大腦的活化程度更高。當果汁或水以不同的方式噴射時，多巴胺會激增。比起參與者是否喜歡這些水，事情的不可預測性更為重要。

研究小組的結論是，我們的獎勵途徑會因意外的刺激而被強烈活化。不可預期性比事件的愉悅感（我們是不是喜歡）更重要。[9]自演化的角度看，這項結論很合邏輯。我們的大腦天生就會對突然的變化產生警覺，這個反應優於其他刺激（例如快樂）。人類祖先遇到令人驚嚇的事情時，他們必須採取行動並從中學習。

驚喜的影響也可以在生活其他領域觀察到。例如，科學家在音樂欣賞中發現驚喜對人類的吸引力。時任馬克斯・普朗克人類認知與腦科學研究所（Max Planck Institute）的科學家張家銘（Vincent Cheung）及其同事分析了美國告示牌流行音樂中的八萬個和弦，在功能性磁振造影的測量下，他們發現，那些帶給聽眾愉悅感的最佳和弦必須在驚喜和不可預測性間達到良好平衡。[10]對於聽眾而言，當音樂偏離了最初預期而感受到驚訝時，他們體驗到極大的樂趣。

研究表示，驚喜也可以幫助我們發揮創造力。例如，《人格與社會心理學公報》（*Personality and Social Psychology Bulletin*）上刊登過一篇研究，實驗中科學家向兩組參與者展示不同圖像，然後要求他們為一種全新的義大利麵想出有創意的新名稱。一組觀看普通圖像（例如雪地裡的愛斯基摩人），另一組觀看某種打破常規的照片（例如沙漠中的愛斯基摩人），觀看打破常規照片的小組後來會想出更多原創性的答案。但是這種驚訝元素只會激發那些對文化社會結構需求較低的人，他們的發散性思維得益於圖像的不可預測性，也就是受到圖像中不尋常部分的刺激。相較之下，對文化社會結構需求較高的人在看到不尋常照片時，他們的發散性思維會減少，這表示，驚訝元素並不一定對所有人都有效。[11]

意義建構的悖論

樂趣顯然可以促進內在動力，可以作為改善的途徑，也是意義建構（sense-making）的認知過程。[12]美國最具影響力的社會心理學家卡爾．威克（Karl E. Weick）

將意義建構定義為一項持續的成就，過程涉及到為經歷賦予意義，並透過理解為事件創造秩序。[13]

理解我們所處的世界是人生發展的必要組成，因此我們花了大半人生試圖尋找意義。奧地利精神病學家及神經學家維克多・弗蘭克（Viktor Frankl）身為德國納粹對猶太人大屠殺的倖存者，在他的名著《活出意義來》（*Man's Search for Meaning*）[14]中指出，人的首要動機是發現生命的意義。意義對我們來說如此重要，以致我們的大腦會發揮創意創造意義，小到日常生活的微小細節、大到人類之所以存在的宏大敘事，一律賦予意義。班雅明・海爾（Benjamin Hale）在他的暢銷書《進化吧，布魯諾》（*The Evolution of Bruno Littlemore*）[15]中寫道：

> 我們並沒有發現神祕事物的意義，而是發明它。我們之所以創造意義，是因為無意義最讓我們恐懼，甚至比蛇、比墜落、比黑暗都還要讓我們害怕。我們欺騙自己看到了事物的意義，而事實上我們所做的只是將我們的意義移植到宇宙中安慰自己。

換句話說，建構意義的麻煩在於意義全都來自我們的腦袋。而且，一直創造意義是一項費勁的追求。為了復原，我們經常尋求方法讓自己好過一些，不用一直擔心做這些事有什麼**意義**。如果我們主動將一些無止盡的意義建構轉向歡愉和享受，這會是錯的嗎？

如果這個想法讓你不舒服，你的直覺很可能被傳承數百年的知識分子思想給定型了。亨利．西季威克（Henry Sidgwick）是維多利亞時代極有影響力的倫理哲學家，他不喜歡享樂。他相信，要快樂，就必須以一種深刻、有意義的態度全心託付給某人或某項目，單純的享樂無法達到這境界。[16]在第一章，我們已經討論了清教徒在美國人心理造成的僵化影響。當你不斷想證明自己就是那個天選之人，但只要一個如夢幻般放鬆的下午，或純粹為了開心而玩鬧，結果卻變成一場危險的提議，甚至最後證明你是邪惡的。**天啊！**

感謝科學，我們現在對人類行為有了更細緻的了解。我們知道，享受樂趣並不會讓我們拒絕或忽視生活中嚴肅的一面。還記得享樂彈性原則嗎？我們現在明白，當我們感到玩樂是生活的一部分時，我們就能抵制短期利益的誘惑，因為當這類經過刻意為之的「獎勵」充斥在生活中，反而會讓我們轉向支持自我存在意義的長期目標。

事實是，我們不必二選一。美好的生活有賴雙方平衡，只有當建構意義的活動（出自理性考慮後的選擇）與追求愉悅的活動（出自當下單純的享樂）達到微妙平衡時，才有幸福人生的可能。

意義建構的重要性早已確立，是否該用部分人生追尋意義？這並不是本書想挑戰或捍衛的事。我想播下的種子是**神祕**，純粹的超越自我，一份真正享受樂趣的技能。與其從更深的井中尋找智慧，不如我們自己創造一個；期待物我兩忘，希望能沒有理由、不受拘束地享受當下，因快樂而快樂。

澳洲南十字星大學的德西雷・柯茲羅斯基（Desiree Kozlowski）教授談到「理性享樂主義」（rational hedonism），這是對簡單的快樂進行一種有意識的品味。她認為，如果全神貫注地做你正在做的事情——無論是吃蛋糕、和孩子玩耍、在海灘上散步，還是真正享受休息時間——它都會豐富你的幸福感。幸福和樂趣之間的連結似乎隱藏在我們主動選擇如何體驗生活的態度中。[17]重要的不是某件事多有意義，而是我們是否能超越我們對意義建構的自我需求——我們需要比較出排名，證明你比隔壁老王更快樂。

享受樂趣並不意味著要拒絕責任。相反地，享受樂趣讓我們更能聚集能量追求「有意義」的目標。事實上，找樂子可能是我們能做的最負責任的事之一，犧牲我們對意義和比較排名的自我需求，讓自己全神貫注在經驗給我們的奇妙禮物——這是真正智慧的所在。

著名的神經科學家麗莎・費爾德曼・巴雷特（Lisa Feldman Barrett）曾對我說：「只要有機會能在某事上體會敬畏或驚奇，我就會去做。有時只是仰望天空，看著美麗的雲或星星。如果我在海邊，我會望向海浪。我每天散步，看到蒲公英從人行道的縫隙竄出，我都能感到某種敬畏，對大自然強大力量的深深敬畏，人類企圖限制它，它卻不為所動。或者當我召開的Zoom會議斷線了，可能因為衛星移動了位置造成網路不穩，或者我的電腦當機，還是有任何不順。在那時刻，我都要記住——心懷敬畏，因為我必須記住，即使我在與人交談，不管那個人在比利時、在英國或中國，談到一半斷線真的很糟……但我該想，我居然能和某位在英國、中國或比利時的人交談，我居然看得到他們的臉，雖然可能很模糊，但還是看得到。**這不是很神奇嗎？**即使在十年前，這都不是一件隨便就能做到的事。有大量證據表明，心懷敬畏，只要一兩分鐘將自己看得藐小一點，神經系統就能暫時休息一下。因為若是其他事物都比你偉大，而你只是微塵，那就意味著你的問題更是微塵。如果你的問題被認為不重要了，或許只有那一分一秒，實際上已讓你的神經系統暫歇片刻，有了重新調整並正確看待事物的機會。[18]

在顛峰時刻，我們無需立即尋找意義，而是要定心專注在當下所處的境遇。哈佛大學教授喬迪·奎德巴赫（Jordi Quoidbach）對於以享樂彈性原則去選擇活動有過深入研究。一項由他主持的研究顯示，當我們將注意力集中在當下，在體驗正向經歷的同時做正向的反思，我們會獲得更高的正面影響。相反地，當我們心思散亂，我們感受的正向影響就會減少。[19]若我們能把心定下來，全神貫注，超越那種對物質世界理解的需求時，此刻，我們才是真正地活著。

我們這個時代極重要的心理學家馬斯洛在去世前不久，修改了他著名的人類需求金字塔，將自我超越（self-transcendence）納入他的金字塔理論中。[20]在最後修訂的版本中，他將自我超越放在自我實現（self-actualization）之上，成為人類動力的最後一步。紐約城市大學的馬克．科特克-里維拉博士（Dr. Mark E. Koltko-Rivera）在研究了馬斯洛的著作和他未發表的日記後，對達到自我超越的人提出以下描述：「尋求在自我之上更高的理由，透過顛峰體驗達到超越自我界線的交流。」[21]賓州大學的大衛．布萊斯．亞登（David Bryce Yaden）將超越體驗描述為「精神上的瞬間感受，發生當下自我重要性降低，與外在連結感增加。」[22]再次強調，這又是從樂趣得來的眾多禮物之一：感受自由，與自我之外的外在世界聯繫，不是在自己腦袋裡鑽牛角尖。

我與蘇珊娜．庫克．格羅特博士（Dr. Susanne Cook-Greuter）交談過，她是成熟自我發展和自我實現理論的頂尖專家，她是這樣說的：「不受約束的自由並不局限於早期發展。任何能參與遊戲、理解概念（甚至只要能接收抽象概念）的人，只要願意以玩的心態對應外界概念或結構，就會比那些以固定態度執著於概念和結構的人更有發展可能。固著的人會說『世界就是這樣』，但只要你敞開心扉說，『嗯，也許不是。也許那裡有另一個世界，或有另一種看待事物的方式』，你的空間就越大，越能幫助你成長。對於我們所相信的、所做的、所看到的，我們似乎都越來越僵化了……我們對任何事情都沒有興趣、沒有好奇心。然而，只要你對新事物持開放態度，意想不到的事情就會發生。」

玩樂名人堂：亞當・約赫

你不需要在玩樂人生和人生意義之間做選擇，若要證明，沒有比亞當・約赫（Adam Yauch）更能體現這原則的了。他在世時是嘻哈樂團「野獸男孩」（Beastie Boys）的貝斯手，最愛惡作劇，而野獸男孩可說是世上最成功的玩笑了。根據樂團成員Mike D在《野獸男孩回憶錄》（*Beastie Boys Book*）中的說法，這支樂團成立的目的「實際上只是爲了互相取笑」。[23] 野獸男孩僅在美國就售出了兩千萬張唱片，從一九八六年到二〇〇四年一共發行了七張白金專輯。大家都知道，約赫是這個團體玩得最兇的一個，他還愛假扮成另一個人：惡名昭彰的納薩尼爾・霍恩布洛爾（Nathanial Hörnblowér）。霍恩布洛爾戴著假鬍子，一口眞音假音變來變去的約德爾腔（yodeling），穿著皮短褲，一看就知道是來亂的。在一九九四年MTV音樂錄影帶大獎的頒獎典禮，霍恩布洛爾衝上台胡鬧。因爲最佳音樂錄影帶導演獎沒有頒給野獸男孩的〈Sobotage〉，而是給了REM的〈Everybody Hurts〉，爲了抗議「暴行」，他胡言亂語大聲咆哮說：他，霍恩布洛爾擁有「《星際大戰》所有的想法」。（當時REM的麥可・史帝普（Michael Stipe）一臉困惑地站在後面，無助地擺弄他的獎盃。）

看著那天晚上的約赫，你可能永遠猜不到他當時正致力尋找精神意義。約赫與西藏難民結緣，生命因此發生改變。他看到西藏難民遭受巨大創傷和折磨，卻仍保持著同情心和幽默感。一九九二年，他開始研究佛理。他後來告訴《滾石》雜誌（*Rolling Stone*），「從某種意義上說，西方社會告訴我們的是，如果你有足夠金錢、權力、和美女做愛，就會帶給你幸福。這就是每個廣告、每本雜誌、音樂、電影教給我們的，這是謬論。」[24] 同年，他在加德滿都的西藏團體聚會上認識了西藏人權運動者艾琳．波茨（Erin Potts），兩人結下友誼，到了一九九六年，他們在舊金山金門公園籌辦了首屆西藏自由音樂會（Tibetan Freedom Concerts），也在同一年，約赫正式皈依佛教。花了五年才辦成的音樂會是樂趣和意義的無縫融合，爲了理想籌集了數百萬美元且宣揚國際意識。想知道西藏獨立運動的相關事項，請上網搜尋：https://share.michaelrucker.com/tibetan-freedom-concert。

約赫在二〇一二年因癌症去世，在約赫去世五週年之際，波茲在Medium上寫了悼念文：「野獸男孩，尤其是約赫，教會我要永遠享受樂趣——努力工作，勇於冒險，讓世界變得更美好。但享受樂趣不能光說不練，它要用做的……甚至可以戴上假鬍子或波浪假髮。（約赫喜歡僞裝。）」[25]

神祕的包容性邀請

無論你在做什麼或正在經歷什麼，只要進入了某種境地，心流一來，那些超出尋常的感受可說帶有靈性的味道，無論你用世俗的觀點或宗教的觀點解釋。例如，一項針對退休芭蕾舞者的研究表示，當他們跳舞跳到巔峰體驗時，經常會像靈魂出竅、意識不到自己，經歷精神感受和意識狀態的改變。此外，這些舞者和其他運動員一樣，也談到了自己對芭蕾舞的熱愛。當他們跳舞時，就像陷入某種狂熱的愛戀。對有靈性經驗或宗教信仰的人來說，這可能詮釋為對造物主的熱愛；對於非宗教人士來說，則是對生命的熱愛。[26]當你沉浸在熱愛的活動中，完全掌控，你會得到真正的樂趣。我邀請你利用這種力量培養好奇心，增強創造力，給自己帶來驚喜，並獲得新的見解。這樣做，你一定會迎來從未想過的奇妙機會，汲取智慧，就算智慧隨著啟蒙轉瞬即逝——就如園丁看著花朵盛開時的觸動，或如某人不情不願跑到加德滿都、隨意參加了某個聚會，卻得到一生一世意氣相投的友誼。

到現在，從基本策略到進階議題，我們已經討論了很多玩樂及樂趣相關的內容。當玩樂的生活習慣已經逐步建立，此時我們該談談如何與好友同行同樂及其重要性。

7 友誼很奇怪 Friendship is Weird

「友誼就是這麼奇怪。你只需選擇一個你見過的人，然後就像是：『是啊，這個人不錯。』然後你就可以和他們一起混了。」

——美國演員比爾．莫瑞

和很多人一樣，我居住城鎮不是我長大的城鎮，不是我上大學的城鎮，也不是我成人後形塑成長的地方。當我們全家搬到北卡羅萊納州的薩默菲德時，我們感受到離開西岸大家庭的痛苦，也感懷許多長期建立的友誼，我們希望還是能保持聯繫。但事實證明，這比預期的要困難一些。等我們住在北卡羅萊納州好多年之後，生活雖然快樂，但不免有些孤獨，我和安娜談起了這件事。

結交新朋友是進展緩慢的事，與老朋友保持聯繫更加困難。我們常想：朋友會記得我們嗎？人已經離開了、不在身邊，他們還會談起我們嗎？為了引起注意，安娜想了一個有趣的主意——一定會讓大家想起我們的事。

馬上就要到寄賀卡的時節了。我們用了一些簡單的照片編輯功能，讓一家四口變成一家五口，安娜手上抱著一個意想不到的小快樂。然後我們把節日賀卡寄出，想用這個花招讓朋友和親人大吃一驚。果然，計畫成功了。新年剛過，我們的手機開始嗡嗡大響，很多朋友發來郵件和簡訊——「恭喜，我們不知道！」——其中包括很多多年沒聯繫的朋友。然後我們跟所有人說這是開玩笑的，大家也爆笑，然後就開始進行遲來的閒話家常。

我們胡搞出一個獨特的「我們」玩笑，但我們發現的事實對每個人來說都適用：**我們生活在連社交生活都必須特別規畫的時代**。就像享受樂趣，我們必須自己走出一條路來對抗文化潮流。我們看到別人的故事，也有自己的經驗，我們知道，身為成年人，建立友誼且維持下去並不容易，因為家庭和職業的需求吞噬了我們。記得曾看過《紐約時報》一篇文章〈為什麼人過三十很難交到朋友？〉[1]，記者採訪一位三十九歲的女性，她在Facebook有數百位好友，而她的生日快到了，她卻無法在剛搬入的城市找到足夠的人來參加生日派對。另一位是離了婚的心理治療師，他在當地跳騷莎舞的班上一直被稱呼為「那傢伙」。這些日子裡，他只邀請男人出去喝酒，不再找女人約會。在他作為已婚男人和父親的這些年裡，他已放棄了其他一切關係。

有些人沒有足夠的朋友，有些人則只有理論上的朋友，因為他們沒有時間聚在一起。就如喜劇演員約翰・莫蘭尼（John Mulaney）在《週六夜現場》節目上的調侃：「我想為三十多歲的人寫一首歌，名為『今晚不好，週三怎麼樣？哦，週三你在休士頓，好吧，那我們六個月見不到面，**一點也不重要。**』」

日常生活曾經自然地具有社交性，人們為了生存聚在一起。如今的日子比部落時期更加速戰速決，亞馬遜的包裹堆在門廊上，科技提供了維持遠距離友誼的交友工具（或至少一張令人信服的傳真？）但社群網路和虛擬社群並不容易提供社會學家所說的交友必備三條件：接近度、重複性、計畫外的互動，此外，交友也必須是在能讓自己放鬆和放下警戒心的環境。文化趨勢進一步侵蝕了傳統的社區結構。例如，美國的教會成員數量在過去二十年中急劇下降，現在只有一半的美國人屬於教會成員。[2]我並不是在宣傳安息日，只是指出這些機構提供的交流很難被取代。

儘管緊密的社會聯繫不再遵循自然發展的規律，但人類本性仍然需要它們。就像樂趣一樣，有血有肉的友情並不是人生的「額外」。就像陽光和蔬菜，只要談到健康，就要談到友誼。有一項經常引用的統合分析結果顯示，缺乏社會關係對身心的危害程度不但與酗酒或每天吸十五根菸一樣，而且是肥胖的兩倍。[3]其他研究也表明，隨著年齡增長，孤獨會導致發炎，讓認知功能和身體功能更快退化。當然，現在這個時代是沒有朋友也能生存的時代，但那種在孤獨狀態下的生活似乎會比我們想像的更糟糕、更殘忍和更短暫。

不管外向或內向，你仍然是一種社交動物。你需要朋友——就本書而言，更重要的是你需要可以一起玩的朋友。但目前出現在生活圈的朋友可能是就學或工作認識的，如果你為人父母，也可能是透過孩子的關係認識的。你也可能有知交好友，一路走來如果沒有他們支持可能過不下去，但你不能打電話給他們要他們出來看電影或吃晚餐，因為他們住在五千公里之外。這些關係都很正常甚至必要——但因為本書目的在養成你的樂趣習慣，所以我想專注討論這一部分。

所謂**樂趣之交**，這種友誼關係是基於刻意為之的玩樂行動而建立的友誼。如果你已經下定決心要養成樂趣習慣，與樂趣相投的朋友一起共度時光絕對不會分散你的注意力。你在排定日常活動時就把朋友也加進來一起參與，這是活動捆綁的極好例子。會喜歡同一件事情的朋友，一定也有一些特別的關聯性。更不太會因為話不投機而產生尷尬——因為大家志同道合一起玩！就算沒有參與這次活動，總還可以一起討論過去參與的活動，或下次要去的活動。

玩樂名人堂：好友才惡整

想像一下，你不但可以和朋友一起胡搞瞎搞，還可以因爲胡搞贏得名聲、財富和忠實的粉絲，這件事有多好。這是關於紐約史泰登島四個男人的故事，他們是電視節目《好友惡整》（Impractical Joker）的四人組：喬・加托（Joe Gatto）、詹姆斯・莫瑞（James Murray）、布萊恩・昆恩（Brian Quinn）和薩爾・沃卡諾（Sal Vulcano）。他們是打從高中一路玩上來的朋友，四人一起組了喜劇劇團，然後用iPhone拍了試播集賣給串流平台。這是一部隱藏攝影機的整人節目，但與之前的整人節目如《明星大惡整》（Punk'd）這類型的惡整節目不同的是，他們惡整的對象是彼此（惡整用節目術語來說，就是「挑戰」）。如果其中一人挑戰失敗，這個人就會受到其他三人的懲罰。因此，沃卡諾的屁股上有個少年饒舌歌手賈登・史密斯（Jaden Smith）的永久紋身頭像。莫瑞曾多次在螢幕前進行前列腺檢查，其中一次還是在他當時未婚妻的協助下進行的；喬加托必須穿著超級英雄大肚超人的搞笑服裝，站在空中纜車上橫渡紐約東河；奎恩和一位專業啞劇演員用手銬銬在一起度過二十四小時。如此周而復始不斷惡整，度過了整整十年的節目季度和數百個挑戰。

惡整很有趣，但這部劇的眞正動力——也是讓粉絲如此熱情的原因——是這些傢伙之間明顯的拜把交情。因爲彼此的友情才使得惡搞不會顯得太過分，反而產生不可否認的化學反應，讓人看著就很有趣。沒有友情，幽默就是令人不自在的沉默，讓人一點也笑不出來。這部劇到了英國被模仿再製後證明了這一點。英國廣播公司BBC播出英國版的《好友惡整》時，劇中四位喜劇演員就不是老交情的朋友，幾季後以失敗收場。英國娛樂網站VultureHound的劇評家寫道：「英國演員之間的化學反應似乎非常勉強和不自然，甚至有點尷尬。」[4]後來英國電視頻道喜劇中心（Comedy Central U.K）買下美國原版並在頻道上檔，反而成爲大熱門。

感染別人的樂趣

一起玩的朋友就像養成樂趣習慣的生長激素。一項研究表示，「有其他人參與的樂趣會更有趣。」[5]研究者觀察參與者玩十五分鐘的疊疊樂，參與者分為三組，分別是單獨玩、與朋友玩或與陌生人玩。毫不奇怪，和朋友一起玩的人覺得這個遊戲最有趣。但如果你仔細想想**爲什麼**會這樣時，這項研究反而會變得更有趣——如果你的目標是增加生活樂趣，那麼答案會提供一些提示，告訴你需要什麼樣的朋友。

有朋友一起玩會增加樂趣的原因似乎是內在的。換句話說，社交互動本身就是愉快的，尤其是我們與朋友在一起感到舒適自在的時候。但科學家也考慮了另一種可能性，也許是看到別人玩疊疊樂的情景才是你的樂趣來源。你可能熟知情緒傳染和社會傳染的現象，可能讀過麥爾坎・葛拉威爾（Malcolm Gladwell）寫的《引爆趨勢》（*The Tipping Point*）[6]，或者讀過尼古拉斯・克里斯塔基斯（Nicholas Christakis）和詹姆斯・福勒（James Fowler）對社會傳染的開創性研究[7]，他們都表示肥胖和抽菸等健康問題可以傳染。有些勵志演講者甚至可能警告你，你的人生就是和你相處最多的五個朋友的總和。

這條煩人的老生常談已過度簡化，但如果你的目標是玩得開心，你確實需要明智地選擇朋友。更不用說我們早已知道時間有限，每人每週的時間都固定無法延長。朋友對我們的行為和感受也有巨大影響，你可能注意到，和某些特定的朋友出去玩會讓自己也變得有趣有活力。若和朋友共同經歷一些事後，自己也會變得不一樣。看到朋友、彼此交談幾句，心情也會變好。相較之下，有些人只要出現在你的空間範圍，你的心情就會變差。他們的情緒、非語言溝通、甚至談話主題都可能會對你的情緒和精神狀態產生負面影響。與這些人互動，你也會感到悲傷、緊張或焦躁，我們大概都能想到某些人對我們有這樣的影響。

情緒傳染（Emotional contagion）是研究人際關係的科學家伊蓮・哈特菲爾德（Elaine Hatfield）及其同事首創的概念，[8]意思是人類會有意識或無意識透過言語和身體表達（也就是非語言的表達，如面部表情、姿勢和語調）與其他人分享情緒。無論有意無意，我們都會影響彼此的情緒。情緒從一個人流向另一個人，不好的情緒會傳染，就像感冒會傳染一樣。更糟的是，情緒與感冒不同，感冒通常有明顯的徵兆，但感染不良情緒通常是在沒有意識的情況下發生的。

情緒會傳染的部分原因是因為鏡像神經元（mirror neurons），人們首先在獼猴大腦中觀察到鏡像神經元放電，後來在人類大腦也發現同樣現象。這些腦細胞屬於額葉皮質，無法區分傳來的是別人的行為還是自己的行為。換句話說，如果你看到某人流露出喜悅的表情，你大腦的一部分就會體驗到他們的情緒狀態，而那些情緒就像是自己的情緒一樣。無論好壞，我們都會受到這股力量的強大影響。（然而，鏡像神經元被認為是現代語言進化的原因，所以它的存在主要還是為了變好。）[9]

將社交時間集中在玩樂活動上，可能會保護你免受朋友的低落心情或有毒情緒的「感染」，甚至可能會扭轉他們的負面情緒。也就是說，與態度正向的朋友相處大有好處。如果他們能玩得開心，你也可能會玩得開心；如果狀況條件都對，可能兩個人都開心。值得注意的是，就算你們以前不喜歡這項活動，情況也一樣。研究內在動機的科學家指出，「動機傳染」（motivation contagion）的作用就像刺激。[10]例如，你不喜歡騎自行車，但朋友喜歡騎自行車，反覆觀察喜歡騎自行車的朋友也會觸發你內心的渴望，讓你感覺自己也喜歡騎自行車。當你嘗試新東西卻不習慣，樂趣之友是帶你走過這段不適期的最佳人選。但話說回來，我的妻子仍然討厭露營，（「為什麼我們要花這麼多錢露宿荒郊野外？」），所以這點並不總是有效。

想起我在樂團營的時候啊……有個朋友

就我本身而言，我並不是勸你要交很多朋友。根據個性和不同的人生階段，健康的社交生活是非常因人而異的。這裡的目標是讓你在制定玩樂活動時，能夠找到對這些活動有興趣的人一起參加。請暫時把那些無聊的成人世界人際糾結丟掉一分鐘，要講成人世界的關係就沒什麼共同點可聊的了。相反地，請像孩子一樣思考友誼，孩子只需要知道一件事：**你願意和我一起玩嗎？**當然，我們是挑剔的成年人，對玩的遊戲也很挑剔，所以一起玩要找的是已經有共同興趣的朋友。

根據經驗我知道，若你沒有鎖定對象而是在朋友圈廣發邀請函時會發生什麼。幾年前我還住在加州的阿拉米達，那時小孩慶生多會辦在一個叫Pump It Up的地方，我在那裡慶祝過好多次不同孩子的生日。Pump It Up是間大型倉庫改建成的室內彈跳屋，成為當地父母最喜歡為孩子舉辦生日派對的地方。那個地方本質上沒有什麼不好，但每次不得不去時，都讓我不斷質疑人生。看著我的孩子從一塊塑膠板跳到另一塊塑膠板的新鮮感因不斷重複而減弱，與其他父母談話，最多也只是強迫性的閒聊（對我來說又是一次無所事事的活動）。

我想，我們聊天聊得這麼生硬，不是因為我們都在「值班」，就是因為我不擅長禮貌性的閒聊，到最後碰到幾位家長乾脆約出去喝酒。我本來還想，如果能在更輕鬆的環境下相處，人際關係說不定會迅速發展。**但不見得**。事實上，狀況變得非常尷尬，因為其中兩位家長的政治立場竟然完全對立。哎……**酒後吐眞言啊！**最後發現，除了孩子之外，我們似乎沒有太多共同點。

後來我們搬到北卡羅萊納州的薩默菲德，我又嘗試就近交朋友。因為我在共享辦公室工作，中間又換了幾次環境。不同辦公室的人都比我年輕——應該說比我年輕好多——而且狀況大多是一開始進駐辦公室認識的朋友最後都不長久。

最後，我的妻子出面幫忙，她知道哪種類型和我比較合得來。我喜歡的樂趣之友一直是「一起看秀的哥們」，和我一樣熱愛樂團現場表演的人。從我們搬到薩默菲德以來，一直都是我自己一人去看表演，但一個人去怎麼會好玩。後來安娜知道她有位同事也喜歡去看樂團表演，所以她幫我們安排了一次盲目約會。到目前為止我和安娜的同事已經一起去看過兩場演出了，他是很棒的人，但說實話，這段關係最好的互動是在聊共同興趣的時候，圍繞音樂的話題建立關係。但我總想，如果之前有共同經驗會更愉快。

這並不是說你在家長圈或工作圈找不到一起玩的朋友。就像我的朋友梅瑞迪思，她也搬到另個新城鎮去住。一開始她向我抱怨，她在社交場合唯一能交談的人就是參加她孩子運動比賽時，同場加油的「足球媽媽」——但一年過去，我們又碰面時，她告訴我，她最後和幾個媽媽互相了解，已成為真正的朋友。所以如果你們都要參加孩子的比賽，喜歡大家一起加油，那麼這種共同點可以成為建立樂趣之友的重要基礎。畢竟，在友誼三條件中，這樣的交流就提供了其中兩項：鄰近性和輕鬆的環境。雖然你們的互動不是計畫之外的，但活動肯定會重複。

交友三條件中接近度和重複性是很重要的。我深刻理解，維持友誼極其困難，唯一的辦法是把通電話和zoom的時間硬塞進已經很擠的每日行程中，更好的方法是透過共同朋友和玩樂活動，讓交朋友的時間阻力變得最小。

加入社團

你是否聽過華盛頓斯波坎有一群朋友堅持玩鬼抓人遊戲二十多年的故事？對，沒錯，就是「鬼抓人」，就像「抓到了，你是鬼」」，這是每個校園千年不敗的常見遊戲。他們從高中開始玩，然後十年過去，在十年後的同學會中又再開始恢復，當時他們決定每年二月進行遠距離的「鬼抓人」版本。其中一位同學是律師，起草了一份「鬼抓人遊戲參與協議」，概述遊戲的精神和規則。大家紛紛簽名，越野賽開始了。高中畢業後，這幫同學並沒有漸漸疏遠，反而覺得彼此更加親密——他們偷偷溜進彼此的家、汽車或工作場所，給對方貼上「抓到了，你是鬼」的標籤。他們的遊戲最後登上《華爾街日報》的專欄報導，還成為二〇一八年電影《貼背戰》（Tag）的靈感來源。[11]

他們的故事雖然搞笑，卻告訴我們，要在混亂的生活維持友誼，有三個成功因素。首先，一致性：他們每年都在同一時間玩同樣的遊戲。一致性如此重要；當某個生活實踐已成為固定不變的活動，你更可能養成習慣。其次，問責制：他們簽署參與協議原本只是鬧著玩，卻也讓承諾變得真實。最後，這是團體遊戲——也就是所有參加者都玩得開心。

如果你自認在這方面沒什麼創意，滿足上述原則最簡單的方法就是加入社團或俱樂部。社團組織會安排你參與一致的行程，至於花時間和麻煩的組織籌辦事宜就交由他人。參加社團活動不僅可以建立社交互動，也基於共同樂趣培養責任感。你可以利用社團結識新朋友，也可以鼓勵現有朋友一起加入社團，以後和他們見面的機會就會更多。

過去，只要我搬到新城市，我就會加入當地的跑步社團來認識新朋友。透過這種方式，我在倫敦和加州曼哈頓海灘結識了我的終生好友（你將在最後一章讀到他，葛雷姆的故事。）不只跑步，你可以參加任何適合你的運動社團、運動聯賽或球隊俱樂部。但我知道不是每個人都愛流汗，所以我和你分享一個非運動的例子。我的朋友蜜雪兒是成功的自由作家，住在美國大城市，她希望生活有更多樂趣。當她回想過去做什麼事讓她最快樂時，她的腦海浮現兒時參加教會唱詩班的情景。她喜歡唱歌，更具體地說，她喜歡和別人一起合唱。因此，她開始四處打聽，很快收集到很多可以參加的合唱團名單，最後加入一個在全市各地演唱的慈善合唱團。這讓她實現了第二個目標，那就是她想找到更多方式回饋社會。很快地幾年過去，現在她仍在那個合唱團。團員每週六見面，多年來一起唱歌的朋友已成為她最好的朋友。

你也可以自己找些事來做，但請幫自己一個忙，簡單就好。我在第二章曾提過我的朋友尼爾，這位暢銷書作家每個月都會舉辦一次分享聚會，他稱之為集布茲（Kibbutz），希伯來語的意思是**聚集在一起**（更衍生成集體農場的意思）。當他發現自己因工作太忙沒有時間與朋友相聚時，他與妻子就開始了這樣的聚會。現在，每隔兩週，四對夫妻就會聚在一起，一邊吃著各自煮好帶來的午餐，一邊思考ＴＥＤ風格的問題——沒有任何準備，沒有混亂，沒有大驚小怪。孩子們一起來，大人談話時他們就自己玩。

如果每週一次或每月一次的承諾感覺太多，請考慮每年一次的承諾。我大概是每年會玩夢幻足球隊（fantasy football）的六千萬人之一。每年我和一群來自高中和各行各業的朋友聚集在拉斯維加斯或太浩湖這樣的大城市參加選秀，一年的其他時間就用來籌畫作戰。不可否認，來往的文字和電子郵件很多都是愚蠢的笑話和迷因，如果被其他人看到，我一定會很不好意思。但這種聯繫交流很對我們這些人的口味，朋友來往就是要這樣才給力，否則這些友誼很可能被距離和環境消磨掉了。

最重要的是讓自己簽下**和他人一起玩**的承諾，只要是你喜歡的活動都好。

違反直覺的例外

事實證明，就算有朋友一起參加，也不會讓每個人都覺得活動更好玩。我可以預見，有三類人對本章的學習過程會感到退縮，我想分別說明。

首先，讓我們回到之前提到的實驗結果表明，和朋友一起玩疊疊樂更有趣。但事實上，該份研究報告的結論同時提出一個警告：「這種趨勢只在相對不孤單的個體中看到；對於孤獨的人來說，和朋友一起玩或和陌生人一起玩，基本上兩者一樣沒有任何正向好處。」事實證明，孤獨往往不是社會孤立的結果。科學家得出結論：「這一發現與其他研究非常吻合，孤獨特性的核心特徵是與朋友互動時相對缺乏親密感和樂趣。」

如果被人群圍繞的你剛好覺得自己是其中最孤獨的那一個，多找一個朋友並不會增加你的樂趣感受。你可能需要時間與最親密的朋友相處，如此才能感到放鬆，才覺得有親密感。沒錯：「無聊的成人談話」可能正是你需要的。也就是說，根據我的經驗，即使是最親密的友情，也不能只倒情緒垃圾，更需要樂趣支持。人在人生低谷、情緒低潮時，朋友間頻繁、輕鬆、隨興的互動是互相照顧的基礎。我永遠不會忘記我弟弟去世那年的夢幻足球選秀會。朋友知道我迫切需要振奮精神。選秀大會進行到一半的時候，其中一個人跳出來主持一場令人驚喜的喜劇秀，而其他幾個人則盡力配合即興演出——當然，這個節目台下每個人都看得到，但我知道，這是為我做的。他們知道我和弟弟都熱愛喜劇，所有參與者都盡了最大努力，整個聯盟都開懷大笑，在回到選秀程序前大家一起舉杯互祝。即使到現在，當我想到這件事還會有點哽咽，因為除了彼此惡作劇外，我們聯盟最好的部分就是在人生最艱難的時刻互相支持（令人難過的是，這個團隊也經歷了許多事）。

英國人類學家及演化心理學家羅賓・鄧巴（Robin Dunbar）對人際社交網絡做過一項非常著名的研究，他表示，人類能維持的親密友誼不過五人。[a]確認自己的人際網絡可能會有用，尤其是當你感到孤獨時，也請評估你最近的狀態。如果你最近的人際互動都是靠社群媒體或是和一大群人在一起，最核心的人際接觸既不是即時的，也都在公開場合，請試著安排一些時間找朋友一對一聊聊，即使是虛擬的。

第二類是比較畏縮的人，也就是俗稱較內向的人。我寫部落格有個長年配合的編輯海莉，她是這樣說的：「身為快樂的內向者，我知道內向者本質上會質疑那些主題是『享樂吧』這類型的書，認為這類書不過是要他們多走出家門，與一群人在一起。」我明白，但事實是，是的，和朋友一起找樂子的社交關係對每個人都很重要。這個建議同樣也適用於內向的人，但這並不表示你必須將每項活動都變成大型聚會。你可以在熟悉的小團體進行樂趣之友的活動，或專注和已經很親密的朋友交流。就像海莉，她總是和一小群親密的夥伴一起出去玩。社交互動是可以塑造的，你可以塑造適合你的社交活動來滿足特定需求，但交友三關鍵仍然適用：一致性、責任感和樂趣。最後，如果你是內向的人，請不要被我們外向者的武斷影響，讓你誤認為只有高喚醒活動才是獲得樂趣的唯一方式。就像我在第二章一開始討論的文化傾向，史丹佛大學文化與情感實驗室主任珍妮．蔡發現，特別是在西方文化中，因為行銷活動和社會規範，我們很容易相信**高喚醒**等於樂趣[12]（例如Instagram網紅在空中跳躍的既定印象）。幸福科學專家艾莉絲．莫斯教授曾對我說：「這個『盲點』可能會讓我們忽視通往幸福、滿足和生產力的道路。」[13]平和、平靜和安寧等正向情緒與任何高喚醒的情緒一樣有趣，如果平靜就是你覺得愉快的事，那就是樂趣。再次提醒，樂趣最好的部分就是意義由你定義，感受是你擁有。

你還可能發現，把焦點放在玩樂的社交活動，比那些只會東家長、西家短的活動較不令人疲憊。當人們報名參加那些以活動為導向的團體時，往往發現他們更包容那些想加入團體又希望保留一點空間的人。例如，我的弟弟就很內向，但他知道自己也需要朋友，所以他的解決方案是加入健行社團。他喜歡健行，你可能還記得我在前一章和靜修中心的珍聊天時就說過。與一群人一起健行為內向的他提供了簡單的出口，如果布萊恩想要安靜，他就一個人走在後面。團體的其他人都很尊重，並覺得不是每個來找友誼的人都希望自己的耳朵旁邊話聲不絕。我弟弟過世後，看到健行社團有好多人來留言，每字每句都顯示著溫暖和親密友誼，這很讓我震驚。

最後，讓我們討論第三組：那些覺得社交生活很有挑戰的人。要發展關係——尤其是那些從頭開始的關係——對我們所有人來說都不容易。但社交技巧是一種技能，而不是一種特質。《社交技能指南》（*The Social Skills Guidebook*）一書的作者克里斯·麥克勞德（Chris MacLeod）總在別人面前感到害羞和尷尬，直到他在二十多歲時努力扭轉局面。他發現交友網站Meetup.com是個有用的工具。[14]報名參加網站的線上活動可以提供現成的社交生活，那裡的壓力不大，有設計主題，周圍都是心態開放的人，你

a 譯註：鄧巴提出非常著名的「鄧巴數字」：人能維持關係的朋友最多可達一百五十人，但保持親密關係的友人不會超過五個。參鄧巴的專書《朋友原來是天生的》。

可以在那個環境下練習對話技巧。參加的人基本資料都上網，如果之後想繼續跟進做朋友也很方便。

最後，不要誤以為自己「不善交際」、「不會閒聊」，這個對「你」的假設是靜態的——但事實上，個性是動態的。想想心理學家定義的五大人格特質：外向性、經驗開放性、情緒穩定性（神經質）、親和性和盡責性。雖然每個人好像有基本氣質的設定點（這是有爭議的），但研究人員發現，透過練習可以改變行為，例如，成為能與一桌新朋友輕鬆聊天的人。也許你可能永遠是個內向的人，但憑著更好的技能，你也可以管理社交焦慮。（如果你是內向者，在社交活動後仍會精疲力竭，好像需要充電，**這也沒關係**。）

一項研究表示，成人能在驚人的短短十六週內改變傾向，變得更外向，也可以變得更嚴肅。15他們把想要改變的事情寫在紙上，並列出有哪些步驟可以實現這目標。這是很好的起點。如果你想成與朋友一起玩的人，請制定**開始和朋友一起玩**的計畫。拿出你的玩樂檔案，選擇活動，邀請別人和你一起做。然後列出更多在生活中融入社交樂趣的方法，參加一些聚會，堅持四個月，然後檢視自己。**結果可能令你驚訝**。

8 爲人父母的樂趣：從搖籃到空巢期
Fun and Parenting: From Bassinet to Empty Nest

「每天早上六點散步時，我女兒都會問月亮去哪裡了。我告訴她，月亮去天堂了，去看爸爸的自由了。」

——加拿大演員萊恩・雷諾斯（Ryan Reynolds）

養孩子的事值得在一本講樂趣的書裡占一整章篇幅來討論嗎？如果你回答**不需要**，不是因為你不想要孩子，就是因為……咳……你不是為人父母，我聽到了。我是兩個孩子的父親，我也有過那種掙扎，所有父母都有。儘管如此，我還是堅信，孩子不僅是樂趣的源泉，也是我們最好的老師。

然而，根據相關研究發現，孩子可能是幸福終結者。丹尼爾・吉伯特（Daniel Gilbert）在他的著作《快樂為什麼不幸福》（*Stumbling on Happiness*）提出著名的理論，養小孩與幸福感受呈反比。[1]二〇〇七年，吉伯特在心理學協會的聚會上對一位觀眾說，孩子**是**父母生命中最美好的事，「那是因為他們把我們在他們出生前擁有的一切快樂都給剝奪了。」[2]

雖然我無法全然同意吉伯特的觀點，但我承認我的表弟喬伊和他的妻子妮娜一定是我認識的人中最幸福的。他們扛住了要生孩子的家庭傳統和文化壓力，現在，他們把所有空閒時間都花在自己喜歡做的事情上，就是釣魚（這是一種平靜、平和的愛好，對孩子來說非常有效，可以讓他們安靜釣魚五分鐘）。不管從別人的故事或從自己的經驗，**不**生孩子是個有趣的選擇。如果這是你的態度，那麼恭喜你，因為只要談到玩樂這些事，對你來說都是比較容易的。

如果你還繼續往下看本章，謝天謝地，對於父母和未來的父母，最近的科學研究為吉伯特的結論加入了細微的差別。二〇一六年一項關於「幸福懲罰」（happiness penalty）的研究發現，罪魁禍首不是孩子，而是父母是否生活在有完善社會政策支援育兒，讓雙薪父母也能安心生孩子的國家。[3]或像另一篇研究報告發現，只有在養孩子會帶來經濟困難時才會讓父母不開心。[4]大多數美國家庭都知道，如果工作和家庭出現互相拉扯的情形，是很難享受養育子女之樂的，那感覺就像是稍微玩一下最簡單的橡皮筋都會扯斷掉。在這個國家，尋找優質的托兒所往往是一場孤獨且花費昂貴的爭戰；同時，我們還要受老闆的擺布，看他們是否願意增加彈性和便利，讓員工覺得當父母很值得。在這種苦惱的情況下，我可以肯定地說，孩子並不是幸福或樂趣的**萬全**配方。

但孩子是主要問題嗎？有沒有可能問題不在孩子，而是父母呢？因為我們被發達資本主義的挑戰壓垮了，難道我們只是**做錯了嗎？**加拿大一組研究人員發現，所有陷入掙扎的父母中，有一組快樂父母可能正在克服困難。這些父母表示，他們因為生小孩而感到非常滿足。還記得在二〇〇四年德州母親的樂趣感受調查嗎？（見第二章），那時的父母把和孩子相處的時間與做家務的時間相比，認為兩者感受大致相同，都無法得到足夠的樂趣。

兩者有什麼區別？感覺幸福的父母是否找到了開拓自我空間、滿足自身需求的方法？他們是否重燃激情，或者找到其他人未能找到的巧妙平衡？**不**，決定這群父母有滿足感的因素是相反的，他們的共同點是對孩子的福祉抱持謹慎維持和堅定不移的關注。這篇研究將這些父母稱為**以孩子爲中心**的父母：「父母的動力在於把孩子的福祉提升到最大，甚至不惜犧牲自己的利益，並且願意優先將情感、時間、經濟和注意力資源全都分配給孩子。」[5]他們把孩子的需求放在自己的需求之上——但這些所有無私的結果並沒有減少幸福感，反而**增加**幸福感。

我不想誇大一篇研究的重要性，畢竟它的樣本數相對較小。我也不想解決「無私的生活是否會更讓人滿意」這樣與個人中心價值有關的議題。但是若要我說「以孩子為中心」的養育方式毫無意義，那我就是在撒謊。這想法與我和家人一起探索樂趣意義時的領悟有共鳴，它像是擺脫負擔、重獲祝福的關鍵——無論對象是我們的孩子、孫子、侄女、侄子，還是任何一位我們想一起玩並留下幸福回憶的小孩。

一篇含括「有趣」育兒經驗的好文章一定要有個恐怖故事，我很樂意承擔這個責任。女兒思隆三歲時，我有了一個天才想法。我想做一次父女兩人首次的公路旅行，就我們父女倆，一起去參加世上最大的天燈大會Rise Festival。天燈大會一年舉辦一次，會有數千人聚在拉斯維加斯附近十五號公路旁的乾涸湖床上，數千人齊向夜空施放天燈。我十分熱愛這種半靈性的氛圍，女兒又很愛迪士尼電影《魔髮奇緣》（Tangled）放天燈的場景，她馬上就可以現場體會了。這真是雙贏的活動，我的計畫就要啟動，我就要成為**史上**最有趣的爸爸了。

然而，這項計畫並不完美。為了參加天燈大會，我們必須大半夜從洛杉磯開車上路，在路邊的旅館睡一覺，到了拉斯維加斯，只能在似乎是最「兒童友善」的地方——馬戲團賭場酒店打發一天中最美好的時光。當我們最後終於離開拉斯維加斯去天燈大會，從場外停車場又要走很長一段路才抵達放天燈的場址。哇！這就是我希望的。音樂——太棒了！天空——又開闊又美麗！放眼望去，你會感受到一股集體興奮的深刻感動。我們放下墊子，安頓好一切，準備好好感受與大家同樂，等待晚上一起放天燈。當然，思隆也發揮**她的**玩樂本色——她變得更活潑好動了，繞著我們標定的場地跑來跑去，一面跑一面踩壞了鄰居的毯子，阻礙了施放千盞天燈需要的安全維護工作。

其實，那時候是我該改變態度的時刻。我們當中只有一個人能發揮理性自我控制，然後用理性去影響另一個人的隨性放縱，那個人就是我，**一個成人**。但是，我很固執，沒有行動，反而讓憤怒一分鐘一分鐘地增加。其他人還會被思隆的滑稽動作逗樂，我卻越來越不想理她也不想管。經過幾小時的等待，我們終於放出天燈。當然，我感受到令人驚嘆的美麗——卻是透過沮喪的迷霧去感受。這場大戲結束，我們的天燈剛剛升起，思隆就嘰嘰喳喳地說：「我要再放一次！我還想再放一個！」我把這一刻拍下來，放在Facebook分享，一位朋友很快留言：「典型的孩子想要更多……哈哈！」

後來我們都餓了，需要吃飯。別人也餓了，所以餐車隊伍排到無止盡（如果我太太在那兒，明智如她一定會帶些零食來的）。最後，我們快排到前面，我聞到餐車美食的香味，甚至連收銀員的眼白都看到了。然後——我聽到思隆小小聲說：「爸爸，我要尿尿。」我暗自嘆了口氣，低下頭，她的眼神告訴我她真的很急。通常我會跳出隊伍帶她去。但因為之前很多事情累積到那一刻——事情沒有按照我計畫的方式進行，長途開車已經累得半死，肚子太餓需要吃飯，以及我們都陷入一種無可救藥的情緒——我說出殘忍的話：「忍住，等一下。」

我相信你知道又排了一兩公里會發生什麼。就在快輪到我們點餐前，她就尿褲子了。值得慶幸的是，她並沒有太沮喪。如果真有什麼的話，那就是她很憤怒。沮喪的是我，因為我突然看到真相：我不是**有史以來最有趣的爸爸**；我是**有史以來最糟糕的爸爸**。

我現在知道了，跟孩子玩有兩個基本原則，但那時的我兩個都打破了。首先，你必須**跟隨他們的帶領**。與孩子相處的時間要以孩子為中心，許多醫生和兒童心理學家都支持這一點。我們必須配合孩子與他們互動——這意味著全心全意地擁抱**玩耍**。如果你患有玩心缺乏症，是無法「因為好玩而去玩」的成年人，玩耍對你來說可能並不容易。但試圖壓制孩子的玩耍不僅對兒童發展不合適，還會導致災難。玩樂通常視為幼兒的駕駛室，但它也是與青少年建立聯繫的好方法。訣竅是找到一種方法，讓你在孩子的玩鬧遊戲中不再只是旁觀者。我記得聽過大學同學說起他們的父親會和他們一起玩電動或帶他們去打高爾夫球，所以放假時，他們是一定會回家的孩子，不會留在校園。（就像對待小孩，如果你不讓他們帶頭，那真的行不通。）

但還有第二條不太為人所知的養育規則：**如果不是雙方都玩得開心，那麼玩樂就不是玩樂**。我那時也違反了這條規則，我創造了一種情況，讓思隆的樂趣和我的樂趣相牴觸，這對我倆來說都是毀滅性的。這是我的錯——因為這兩個規則雖看似矛盾，但事實並非如此，至少不必搞成這樣。本章的內容都在說明如何設定條件讓兩原則都成功。

排隊買食物時，我女兒的褲子濕透了，我深吸一口氣。思隆同意我們應該先去拿食物，所以我們就這麼做了。然後我開始彌補，我給了她大大的擁抱，把她濕漉漉的小身體扛在我的肩上，這樣她就不用不舒服地走四公里回到車上。這對我們來說都是親密的時刻，走回車子途中，我們一邊吃，一邊回味兩人相處的時光。所以我對天燈大會最美好的記憶不是節日本身，而是走回停車場的這條路，女兒的尿液浸濕我的肩膀，兩人分享難吃的炸薯條。儘管狀況不斷，我們都記得這次活動非常有趣。

準備正確航向

如果你為人父母，可能已經熟悉讓孩子主導遊戲背後的科學和推理。「玩」通常定義為「一種具有內在動機、需要積極參與，且結果會帶來快樂發現的活動。」[6]玩是自願的、有趣的，而且通常帶有自發性。研究顯示，當成年人無法讓孩子主導，而是跳出來指導該怎麼玩時（例如會說「**這樣**做更好」），就會限制孩子的快樂發現，並且讓玩樂對成長發展的好處極小化。如果玩樂受到外在推力，常常變得不再有趣。加州大學柏克萊分校心理學系的伊麗莎白·博納維茨博士（Dr. Elizabeth Bonawitz）曾主持一項探究兒童創造力的實驗，參與者是學齡前兒童，一組告知他們玩具功能，一組沒有。告知玩具功能的那組兒童在玩樂時都在關注功能；同時，那組沒有接受指導的孩子卻會探索玩具，並發現其他玩法。[7]更廣泛的說，「兒童主導的遊戲」才能賦予孩子權力，讓他們參與活動，使他們展現全部的創造力。**一切都非常重要！**

問題是許多家長把這個原則無限延伸到極端。當孩子說跳時，他們會說要跳多高。他們不表達偏好，因此，父母發現自己玩了十三場糖果樂園遊戲，接受小暴君的命令，他的要求不但不會停，還很可憐的一直輸。結果，父母害怕和孩子一起玩，經常偷看手機，或者到最後完全避開。這對雙方的樂趣都沒有好處。

如果這種經驗對你來說很熟悉，你需要趕快糾正，因此第二條規則很重要：**除非你們都玩得很開心，否則玩樂就不是玩樂。**這項見解來自心理學家彼得·格雷（Peter Gray）教授的研究，[8]他強調遊戲對兒童情緒和智力發展的重要性。因此，他還解決了如何讓父母的遊戲時間變得更有趣這個迫切的問題。

格雷認為要讓父母和孩子都能從玩樂中獲益，需要協商和妥協。向孩子尋求指示，但不必害怕共同協商出遊戲時間，所以可以做雙方都喜歡的事。畢竟，如果和你孩子一起玩的對象是朋友，朋友是不會羞於讓夥伴知道他們的願望的。

自從帶思隆去天燈大會以失敗收場後，經過一年的恢復，我決定帶一歲半的兒子亞契去參加幾乎不嚴格藍草音樂節（Hardly Strictly Bluegrass Festival）。這個活動是我選的，對，又是我——但這次，我承諾以他的條件享受這項活動。亞契還是個走路搖

幾乎不嚴格藍草音樂節，加州舊金山，2016 年 10 月 2 日。

搖晃晃的小小孩，所以我們也搖搖晃晃地走，沒有一刻靜下來的時候。結果，我沒有做到我想做的一切，但也做了很多我沒有預想到的事。我讓他自由自在到處走，這意味著我們會遇到很多有趣的人，他們看著他興致盎然走路的樣子也有各種各樣不同反應。我很高興地回到家，因為我們聽了很棒的音樂，還讓兒子得到一次很棒的經驗；我心裡充滿體悟，因為他的存在讓這個節日更精采。雖然選擇以兒子為中心，但活動內容、進行脈絡是我選的，而且知道我會喜歡。事實證明，如此選擇就是與孩子同樂的甜蜜點，有難忘的樂趣，也有具意義的交流。

你可能還記得我前面說過，樂趣需要自主性。也許這就是「以孩子為中心」育兒理論的真正意義——對那些在研究中覺得育兒幸福的父母來說，也許與眾不同的並不是他們的無私奉獻，而是他們的**自我導向**。他們有意識地選擇優先考慮孩子，每一次與孩子的互動也表達出父母自己的需求，無論是什麼活動。

減輕壓力

與孩子共同決定或向孩子表達自己喜好的想法，是否會讓你感到緊張、內疚或覺得自私？如果你知道這種焦慮是來自外界對現代父母的偏見，或許你會比較好受。最近有位同事告訴我，她覺得陪年幼兒子玩耍似乎是沒完沒了的義務，她感到很累。不用說，她玩得不開心。喜劇演員馬茲・喬布拉尼（Maz Jobrani）發表很多對於現代育兒觀念和期望的精采論述，他認為這種專制觀念導致你每天晚上載歌載舞表演九十分鐘的百老匯歌舞秀，只為了讓你的孩子刷牙和打掃房間。[9]

喬布拉尼和我的同事似乎都感受到猶他州立大學人類學家大衛・蘭西（David Lancy）所說的「現代新專制」（the modern neontocracy）令人沮喪的約束——在這種約束中，孩子決定了大人的生活。[10]

蘭西根據人類學的指引，認為與孩子一起玩這整套想法——無論它看起來像什麼樣子——都是獨特的現代西方思維。非但不是養育孩子的根本，而且是在富裕後、工業化、教育水準提高的現代社會才出現的特權。世上大多數人在大多時間都認為父母的主要責任就是愛和保護，而不是充當二十四小時的玩伴或是假扮成「最好的朋友」。過去幾世紀甚至不過幾十年前，大人做大人的事，孩子就和其他孩子一起玩。蘭西將這種互不干涉的做法稱為**良性忽視**（benign neglect），並從此做法中看到好處，例如可以杜絕大頑童（kidult）的出現。近年來，良性忽視以「自由放養運動」的形式捲土重來，叛逆的父母覺得孩子應該更早達到最大程度的獨立，所以要建立孩子的適應力、自信心和生活能力。事實上，在世上很多地方，許多美國人稱之為忽視的行為——例如，不知道你念小學的兒子放學後去了哪裡，或者讓你的孩子一個人去公園遊樂場——仍然是正常行為。[11]

我分享這個觀點並不是為了來吵架的，而是平衡大眾對為人父母者的期望。我想讓你擺脫那種沉重的義務感，不要認為陪孩子玩就是做父母的義務——正如我們所知，這種義務感會迅速壓抑樂趣感受中對自主控制的渴望，那樣就不會有樂趣了。現在有兩種選擇，一種是把棒球棒塞給你的六歲兒子、把他扔到街上自生自滅；另一種是把兒子綁在身邊永不離開，兩者之間應該有折衷的辦法。如果你寧願累死自己也要與孩子建立親密關係，那你可以放鬆一下，和他們一起玩，也同時也讓他們有時間做自己的事。我的同事終於知道，她可以與兒子共度美好時光，也同時鼓勵他自己玩。他們終於開始在後院一起享受夏天了——他獨自玩水，她讀書。

一旦卸下自己的壓力，才能認識與孩子一起玩的真正意義：這是自願的選擇，而不是強制性的負擔，甚至是一種特權。光是這樣的心理轉變就可以帶來極大的轉型，減輕責任並能真正享受樂趣。

與孩子一起玩，對孩子、對父母都有好處，這是有科學依據的。哈佛醫學院兒科助理教授邁克・約格曼（Michael W. Yogman）是行為健康領域的權威，他的研究強調遊戲對父母的價值，可以恢復活力並與自己的童年重新建立某種寬慰的聯繫。[12]這也是與孩子建立健康關係的好方法，可以更了解孩子，從他們的視角了解他們的世界，也能欣賞他們的個性和幽默感。進一步的研究還表示，與孩子一起玩假扮遊戲或一起閱讀，可以減輕父母的壓力並改善親子互動。[13]

身為父母，**我們對自己太嚴格了**——想到現代教養文化的壓力，彷彿孩子每次醒來，你沒在一旁提供即時的布偶級別娛樂，自己就很失職，而這感覺並不奇怪。我們越是拋開這些無謂的期望，孩子發出的玩耍要求就越會像是歡樂的邀請函。

成爲更好的玩家

很多父母拒絕玩樂的原因不僅因為沉重的義務感。可能是真的不想玩，他們聽到「一起來玩吧？」這句話並不會像「媽，我尿床了！」那樣激動。事實上，我們對孩子喜歡的無組織遊戲不感興趣是有原因的：我們的遊戲肌肉已經萎縮。就像運動一樣，比如打網球吧，隨著我們把肌肉練強，球技練好，我們在球場上就會越來越得心應手。玩樂也是如此，許多父母都生疏了。還記得我說過在彈珠博物館看到父母被拼接麵條弄糊塗的情況嗎？對自由玩耍的環境產生困惑進而抵制，這些父母當然不是唯一。想引導孩子玩遊戲的善意往往是樂趣殺手。德州理工大學助理教授史蒂芬妮．夏恩（Stephanie Shine）和同事．阿科斯塔（Teresa Y. Acosta）在奧斯丁兒童博物館觀察到類似的場景。父母傾向在孩子玩耍時作提示或只在旁邊看，而不是跟隨孩子的帶領投入遊戲。夏恩和阿科斯塔發現，父母往往過度關心孩子學到什麼，所以不會放鬆，不會沉浸在想像的場景中。他們希望引導孩子朝向「生活的真實體驗」和親社會行為，因此他們會建議、敘述、解釋、教導和結構化遊戲。[14]

正如很多成年人失去了「因為好玩而去玩」的能力，我們不會玩了。我們試圖賦予遊戲意義，或強迫遊戲服務我們對現實的理解，更擴及孩子也要從遊戲理解現實。我們自己也可能是暴君，要求孩子玩耍也要遵循大人的優先事項——例如把玩具收好，或者一定要寓教於樂，結果讓玩樂也成了一種負擔。

當我們失去如孩子般與世界互動的能力，不但讓我們不會玩，**我們**還會受苦。這項見解來自典範轉移的精神分析學家艾瑞克・伯恩（Eric Berne），他在一九五〇年代開發了一種行為改變法，稱為人際溝通分析法（transactional analysis，簡稱TA）。伯恩將所有成年人的行為總結為三種可能的自我狀態：父母、成人和兒童。這種「自我狀態模型」（ego-state model）有助解釋人類行為以及它們的相互關係。在父母狀態，我們模仿過去經驗中父母的反應（或模仿對我們有影響力的人的反應）。例如，我們責罵某人，或以大喊大叫來達到我們的目的（如果這是我們家庭的模式）。但父母狀態不一定是負面的；這個狀態也確保我們用道德上可接受的方式行事並遵守社會規則。

兒童狀態讓我們回到孩童時期的行為、感受和思考方式。例如，如果我們在工作中受到負面評價，我們可能會哭泣或發脾氣。兒童狀態也有正面的影響。根據伯恩的說法，這種自我狀態是我們的情緒、創造力、娛樂偏好、自發性和親密感的來源。最後，我們隨著年歲增長發展出成人狀態，幫助我們處理資訊並透過濾鏡看現實。

根據伯恩的說法，彼此溝通的方式取決於當前的自我狀態。例如，一對已婚夫婦互相交談，可能一個像孩子，另一個像父母，這種情況並不罕見。伯恩探討人與人之間的「交流溝通」（transaction），認為彼此的自我狀態影響著互動方式，即使都是平等的成年人，彼此之間也不會總是用成年狀態溝通。伯恩將「無效交流」視為自我狀態內部的問題。

雖然成人狀態被視為這三個狀態中最成熟的階段，伯恩很清楚這三種狀態都是人類需要的。但一個運作良好的人需要能將這三者分開，並認識到有些時候不能出現某一種狀態，有些時候還必須壓抑某個我們需要的狀態。只用一種狀態溝通是不夠的。

例如，伯恩的朋友，精神科醫師湯馬斯・哈里斯（Thomas A. Harris）是根據人際溝通分析法寫了至今仍為經典的心理自助手冊《我OK，你OK》（*I'm OK—You're OK*），[15]他認為，阻礙兒童狀態的人可能不會享受人生。部分原因是，想要真正享受玩樂，我們需要進入兒童狀態。我們的情緒和創造力在兒童狀態才會解放，不受對意義建構的渴望所束縛。相對而言，若我們在玩耍時總以父母狀態進行溝通，也就是發出指導、控制、建議，我們就不能放鬆，無法享受互動，孩子也是如此。在很多場合處於父母狀態是適當的，但在玩耍時卻會讓人掃興——**還有什麼樂趣可言呢？**

玩這個字可能無法點亮你的內在，但**解放**這個詞聽來如何——從成人世界的單調沉悶中解放。重新認識與孩子一起玩的美好，這也是難得的機會，讓你不必擔心自己的外表和別人的想法。孩子是少數不會因為你笨拙、古怪或瘋狂而評判你的人。事實上很多時候，他們希望你既笨拙又古怪且瘋狂。

請試著以下列策略展現你的玩樂肌肉

制定過渡儀式。在《另我效應》（*The Alter Ego Effect*）這本書中，作者陶德．赫曼（Todd Herman）說了一個軍人父親的故事。[16]這位父親和他的孩子相處得不好；在他的印象中孩子們不喜歡他。經過赫曼幫忙，這位父親發現他在家裡和在職場扮演同樣的角色：教官！難怪他的孩子不喜歡和他在一起。許多父母工作一整天回到家人身邊都會遇到類似問題：身體上離開工作，但在精神上並沒有真正離開工作。在為家人保留的時間裡，我們仍在思考當天工作上的問題，透過行動裝置查看情況，甚至一面走進家門還一面在打電話。如果我們在工作和家庭角色間有個清晰的過渡，我們與孩子的連結就會大大改善。有些心理治療師會請客戶做**過渡儀式**，這樣他們就會在各個場合轉場改換身分。你可以使用相同工具。在走進家門前（如果你在家工作，請在你離開工作室時），花點時間讓自己集中注意力，做精神上的角色轉換。進家門前，甚至可能需要深呼吸幾次讓頭腦清醒一下。有時我會把球帽往後轉，就算是改變儀式了。我妻子的朋友每日按表操課地依照行事曆過日子，以致她的轉場提示是要Outlook在下午六點提醒她「家庭時間」到了。

練習故事編輯。不要認為只有專門設定一個玩樂時間才是獲得樂趣的最好方法。與其強迫自己創造「優質時間」或豐富內容，你更可以編輯自己的故事，在日常生活中創造好玩的樂趣。例如，做家務時加入一些無厘頭的搞笑點子，或把晚餐時間變成遊戲之夜。我們家在這方面取得了巨大成功。例如，有段時間在我們家，每個人上學前的二十分鐘是一天中最糟糕的時段。為了趕時間，我和妻子其實已經禁止孩子玩鬧了。我們完全專注在任務，對孩子不耐煩，結果他們的反應是更加敵對。在成人與兒童的較量中很少有贏家。最後，我和妻子決定採用編輯故事的方法改善。我們把出門前的準備變成一場遊戲，第一步是早一點「準備」，就不再有瘋狂緊張的衝刺。然後我們配合環境，並在日常生活注入搞笑元素，藉此改變能量和情緒。客觀現實沒有變，我不會修飾說孩子準備得更快了，但主觀現實確實如此。每天早上我們大約在同一時間出門，一整個愉快多了。但這種方法不是牢不可破，我們仍有事情出錯的早晨，但比起以前連一天安寧都沒有的日子，現在起碼有了比較愉快的早上。關鍵只在我們把事情導向樂趣的方向，這真的是可喜可賀的變化。（**專業建議**：只要你能接受幼稚的幽默感，就可以利用麥特．法利〔Matt Farley〕的《馬桶清潔工》專輯，找裡面適合兒童的歌曲來開啟孩子的一天。根據我的經驗，這法子對男孩比對女孩有效。）

減壓學習。自我成長大師蘇珊娜．庫克－格魯特（Susanne Cook-Greuter）為了幫助她六歲的孫子以頑皮的精神應對挑戰，發明了一款名為「錯過了」（Missed）的遊戲。當事情失誤不順時，她不會糾正或警告孫子，反而慶祝：「萬歲，錯過了！」她告訴我：「這是機會，學習把不順變有趣，而不是收到該把事情做好的壓力。」[17] 庫克－格魯特博士指出，與兒童不同，大人有良好的判斷習慣，我們透過語言和文化的濾鏡反射經驗加以判斷。我們很多人都已習慣性地相信，沒有什麼比得到正確答案更重要的了，因為我們的父母和老師過去就是這樣獎勵我們的。如果我們能重寫規則，慶祝成功也慶祝失敗，我們就能讓孩子自由地追隨好奇心，而不必擔心被評判。

打打鬧鬧的肢體互動。 跟孩子做摔角和打鬧等肢體互動也對兒童發展有益。哈佛大學的約格曼博士（前面介紹過）指出，這種打鬧遊戲可以為孩子們帶來很多有用的經驗，可以提高敏捷度，可以知道有些事必須承擔風險，還可以學到人我界限和同理心。[18]

研究還表明，當父母與孩子玩鬧互動時會釋放催產素（第一章中我們曾提過這個荷爾蒙），催產素可以促進社會聯繫和同理心。以色列的一項研究發現，當父親與孩子進行打鬧互動時，父親的催產素濃度會增加。[19]研究顯示，這種打打鬧鬧是很棒的正向交流，父母和孩子的幸福感都會增加。但是這種打打鬧鬧、摔來摔去的遊戲並不是每個家長都喜歡的。根據約格曼博士的研究，參與打鬧互動的父母中有七十％是父親。[20]

在我家，我喜歡把音樂大聲放出來，讓孩子在家裡跑來跑去，開始玩「撓癢癢怪物」的遊戲。我和妻子達成協議：混亂場面僅限一樓，這樣她就可以上樓，關上門，享受片刻安寧，而我們父子則得到一張臨時大廳通行證，不受法律約束。冰袋和膠水是在她下樓之前弄的，所以我們邊搞笑邊打鬧的行為對她守秩序的要求幾乎沒有影響。

欣賞孩子的玩樂。當你玩不動的時候，看著你的孩子玩就好，休息一下。心理學教授布萊恩特在《品味》一書中寫道：「有一些增強體會的方法還沒好好開發利用，包括變得更像小孩、更有幽默感，或體會參與者的快樂。」[21]靜靜觀察孩子玩也可以幫助你熟悉孩子玩樂的方式，這是一種「傳染」，就像我們在第七章討論過的，與喜歡騎自行車的朋友在一起久了，也會對你產生影響。看孩子玩對孩子來說也是很好的事，正向教練管理公司（Proactive Coaching LLC）的兩位管理師布魯斯．布朗（Bruce E. Brown）和羅布．米勒（Rob Miller）進行過一項非正式調查，要求數百名大學運動員回想小時候父母對他們說過的話，有哪些話讓他們在體育比賽時和比賽後的快樂增加，絕大多數人的回答是：「我喜歡看你打球。」暢銷書作家芮秋．史岱福（Rachel Macy Stafford）寫過一篇網路瘋傳的文章[22]，她說她在女兒游泳比賽和烏克麗麗課後開始說同樣的話，「我喜歡看妳游泳」、「我喜歡看妳演奏」，文章描寫著女兒聽到是如何感動，母女之間流露的愛深刻動人且直接回響。而這種影響是雙重的：看著孩子帶著父母的鼓勵去比賽、去表演，她自己更加高興；孩子聽到她說這些話，感受的快樂也更強烈。

玩具的麻煩

根據大量研究表明，經驗比財產更能讓人快樂，相信你一定也熟悉其中道理。同樣的道理，你可以把它用在提升家庭樂趣上：請跳過玩具貨架，這樣做更有益於親子創造共同回憶。

有段時間我大概每六到八週就會出差一次。之前我還聽從別人給我的建議，每次回家都帶著禮物，讓孩子覺得這段空白期也有甜蜜。這個概念寫在紙上似乎是合情合理，減少孩子對我離開的擔憂，也增加他們對我回家的興奮。剛開始幾次運作良好，孩子看到我回家都非常興奮，然後也對我買回來的玩具很滿意，情況對我們來說都很好、很有趣。但幾個月過去，他們的興奮集中在玩具而不是我的回家。然後時間一久，他們對我回家會帶什麼東西有期待，胃口越變越複雜，他們會先去亞馬遜網站研究，提前告訴我他們想要什麼。最後，當我帶著凱特琳（湯瑪士小火車世界的流線型火車頭）回家拿給兒子時，事情完全走樣。他皺起眉頭，厭惡地垂下肩膀，告訴我這不是他想要的。他要的是更貴的凱特琳小火車，是有裝附加軸的那一輛，那時**他才三歲！**

享樂跑步機再次露出它醜陋的頭！孩子和大人一樣容易受到不滿足的影響，尤其在金錢物欲上。一旦他們得到一樣東西，就會想要下一件東西，要更大的、更亮的、不一樣的。很快，你家每個房間看起來都像垃圾掩埋場，因為那正是這些東西最後要去的地方。擁有更多玩具並不表示孩子的玩樂品質更高。托雷多大學最近有一項研究發現，給一組幼兒玩四個玩具，給另一組幼兒玩十六個玩具，兩者相比，玩四個玩具的那一組孩子玩每個玩具的時間會更長，也更有創意。23

但若談到玩樂體驗的好處，那就不同了，玩樂帶來的樂趣是持久又有意義的，除了享樂適應之外，還有更多因素在互相作用。我們對某件事物的享受程度——無論是一次體驗還是一輛新車——都會隨著我們事後對它的品味程度而增強。《品味》一書討論了這一現象，作者布萊恩特和維羅夫在仔細觀察品味在幸福中所扮演的角色時，引用了法國作家弗朗索瓦·德·拉羅什福科（François de La Rochefoucauld）的話總結他們的發現：「幸福並不在於事物本身，而在於我們對這件事的品味。」24無論是經驗或禮物，此原則都適用——無論是什麼，只要能讓我們在事後細細品嘗它的滋味，都會讓這經驗或禮物的幸福感增強。玩具會玩壞，體驗卻能創造豐富且無法磨滅的記憶，即使活動結束很久了，我們還會再想起，這些記憶會帶來樂趣。更好的是，共同經驗會加強彼此關係，只要有個人起了頭說：「記得那一次……」你們會一起想到那段回憶。

就我而言，我沒有完全切斷玩具供應。但轉向體驗式禮物，送他們拼圖、遊戲，或者我們可以一起組裝的玩具。現在我出差回家，意味著大家有機會進行一次新奇有趣的家庭活動，我們都很喜歡。而且遊戲比玩具使用的機會更多，可以玩得更久。

玩樂名人堂：肯恩的遊樂場

如果你需要更多證據來證明兒童不需要玩具（或大人）就能玩得開心，請看看紀錄片《肯恩的遊樂場》（Caine's Arcade）。二〇一二年的暑假，九歲的肯恩．蒙羅伊（Caine Monroy）在他父親位於東洛杉磯的汽車零件行打雜。店裡沒有玩具，但有很多空紙箱。肯恩發揮創意，用這些紙箱弄出了一個精緻的遊戲場。一個箱子一種遊戲，一個遊戲接著一個遊戲，一箱一箱地占據了店面。肯恩用箱子做出夾娃娃機、籃球遊戲、足球遊戲以及其他數十種遊戲。他還做了玩遊戲用的使用券、名片和員工T恤，但沒什麼人上門光顧——直到有一天，電影製片尼爾萬．穆利克（Nirvan Mullick）走進店裡，買了一張五百次遊戲暢玩券，成爲肯恩遊樂場的第一位顧客。他透過Facebook分享了肯恩的成就，並在肯恩父親的幫助下發起一場「驚喜快閃團」活動，邀請一群有興趣的顧客上門來玩，好讓肯恩這個遊樂場場主嚇一跳。最後這個故事上了新聞變成大頭條，讓肯恩有了一群粉絲，他們籌集了二十四萬兩千美元作爲肯恩的獎學

> 金。肯恩在上初中前經營了這個遊戲場兩年，爲上千人帶來歡樂，直到上了初中才從遊戲場「退休」。你可以上網看看這部片子，或拜訪下列網址 https://share.michaelrucker.com /caines-arcade，了解更多資訊。

孩子可以參與的玩樂檔案

我們已經知道，在玩樂檔案裡先建好一些玩樂選項會增加獲得樂趣的可能性。如果你有孩子，你也該在玩樂檔案中增添一些孩子也可參與的有趣活動。以下是一些幫你入門的想法：

- 一起參加課程，最好是他們選的。
- 一起種植披薩花園，裡面種的所有香草和蔬菜都是你喜歡放在披薩上面的。
- 在Meetup.com網站搜尋你們都喜歡的活動或社團。
- 參加免費的社區音樂會。
- 一起當志工，例如去淨灘或打掃公園。
- 用手機製作短片，重現你最喜歡的電影場景。

- 參觀體驗博物館，像是拜訪紐約的史萊姆研究所（Sloomoo Institute）。
- 共度遊戲之夜：一起玩拼圖、棋盤遊戲或字謎遊戲。
- 山野健行或在大自然度過美好時光。
- 一起創造某物或參加創客嘉年華（Maker Faire）。

自己的時間仍然很重要

無論你在喚醒內心小孩方面的成效有多「好」，無論你與孩子的互動有多令人滿意，請面對現實：你也需要休息時間，人生也有不想積極養育孩子的時候。留點時間做**你**想做的事。我們大多數人的樂趣習慣已經養成了二十、三十、甚至四十年，早在孩子都還沒出生前。以家庭為中心的生活並不意味著要把我們所有愛好都拋到九霄雲外，或者按照吉伯特的說法，「孩子奪去了我們在他們出生前擁有的一切快樂。」**不是**這個意思。如果我們把之前的一切全清空，剩下的我們也就不是我們了，更別說成為優秀的父母和成為伴侶的支持力量。

關鍵是找到方法將舊熱情融入新生活。例如，調整你最愛的活動，讓孩子也可參與——但有時這並非最好的方法。有時與「從前」的自己重新建立關係才會讓人更活力煥發，生活也更有趣。留給自己一個空間去搖滾或更新，無論你喜歡什麼樂趣。

我有個朋友就是這樣。如果你用google搜尋達倫・普哈萊特（Darren Pujalet），你找到的照片會是穿著考究的房地產經紀人，站在加州保守的曼哈頓海灘。但如果你用google搜尋達倫・普哈萊特＋鼓手，你會得到非常不同的結果。你會找到很多有關Particle樂團鼓手達倫的資料，Particle是著名的即興表演樂團，曾在田納西州Bonnaroo和加州Coachella等知名音樂節演出。這是同一個達倫：是有了孩子之前的達倫，也是有了孩子之後的達倫。

達倫作為樂團鼓手，十年間在十個國家進行了一千三百場演出。對達倫來說，出於太多原因，樂團巡迴的生活與愛家人夫的生活是不相容的，所以他最終離開了樂團。不幸的是，離開樂團意味著放棄生命中最讓他高興的事（當然，為人夫為人父也很讓人高興啦），他喜歡面對一群熱情激動的歌迷演奏。

雖然達倫的故事很極端，但許多父母在適應新責任時都曾有股失落感和對自我認同的分裂。達倫找到了他喜歡的工作，也在新工作取得極大成功。他愛他的家人，然而，時間過去，他開始覺得犧牲。養育孩子開始像件苦差事。他以為自己已經放棄了舊生活，但事實上，他只是讓其他事全蓋上一層黑影。擔心自己快要崩潰，他終於和妻子坐下來談，他和妻子說：「我需要重新開始打鼓。」他們一起發現他的兩個自我——是鼓手也是父親——兩者之間並不像以前那樣不相容。當然，他不能成為全職的巡迴演奏者，但他仍然可以演奏音樂，甚至參加表演。在妻子的支持下，達倫開始與他的老隊友重新聯絡，表明他可以參加一次性演出。很快地，他又回到舞台，而這樣的能量又被他帶入生活其他互動。他感覺更像自己，不再沒精打采，反而更有活力與家人一起享受家庭時光。在那些因為照顧小孩而覺得氣悶的時刻（哪個人父沒有這種經驗），只有讓他找回自己樂趣，才有更多力量和耐心繼續下去。

因為很重要，所以我再次重申，科學數據表明，儘管與前幾代人相比，現代父親在分擔父母責任方面的貢獻明顯比前幾代父親高，但以休閒機會的多寡而言，仍然是父親占優勢（特別是那些異性伴侶中的父親）。無論何種類型的家庭伴侶關係，目標都應該是雙方有公平的娛樂機會。例如，達倫支持妻子的瑜珈熱情，在她需要喘息的時候一手接管父母的職責，包括讓妻子離家做瑜珈靜修。

如果你有配偶，請一定要支持他們，並向他們提出同樣要求。如果你是單親家長，也許會覺得為自己留一些時間是不可能的。但幾乎可以肯定，只要有朋友，你的朋友會願意在你外出時當代理阿姨和叔叔；有些人甚至願意報名參加定期演出，這樣你就有機會把放縱變成一種習慣，而不是黑天鵝事件。

你的時間如此重要，對於已婚或有伴侶的父母來說，**我們的時間**也很重要——兩人世界的時間，遠離家庭生活，放鬆身心與另一半重新連結。如果你讀完本章後沒有採取任何行動，請與伴侶坐下來，好好安排不久將來的約會之夜。然後，找另一個家庭交換托兒服務。不要不好意思：把你們想外出的時段告訴他們，然後向對方提議三個你們可以回報的時段。保姆很棒但很貴，花這個錢會給你晚上帶來很大壓力。另外，互相把孩子交換照顧，是與另一個家庭建立更密切關係的好方法，同時為成年人創造一些真正的空閒時間。

遠景

對於我們大多數人來說，家庭是一生的承諾，然而這並不表示我們的家不會在多年後發生巨大變化。一年前還有趣的事可能明年就不一樣了，更不用說十年後了。對於小孩來說，這一點更為明顯。孩子長大了，父母就跟不上孩子的年紀。從青少年渴望的獨立，到三明治世代理所當然的焦慮，再到孩子離家後空巢期的孤獨和悲傷，「日子很長，但歲月很短」這句話不無道理。如果你與伴侶或孩子的關係已經和以前不同，現在就是重啟人生最好的時機。是否能抓住重啟的機會全在自己，或說，不妨丟掉舊的玩樂檔案，讓我們重新開始。

辛蒂．邁爾斯（Cindy Myers）五十七歲了，她和六十九歲的丈夫麥克．邁爾斯（Mike Myers）體驗到只要有勇氣做出重大改變，就能感受到深刻且出乎意料的快樂。從高中開始，三十五年來辛蒂一直住在加州小鎮里奇克萊斯特。這個小鎮是個偏僻保守的社區，大多數居民都在政府單位工作。辛蒂和麥克都有很好的公職，有個美好的家，也有資源去旅行，但里奇克萊斯特就像永遠不合適的手套。儘管他們感到不舒服，覺得生活沒有想像中那麼令人滿意，他們還是原地踏步，安於現狀。但辛蒂告訴我，他們留下來「主要是因為義務和很多恐懼」。她女兒和女兒的孩子，還有辛蒂的母親和辛蒂九十八歲的祖母，都住在里奇克萊斯特。這讓離開變得更加困難。多年來，只要麥克出去旅行，辛蒂從不感覺孤單，因為一大家子彼此親密互動，不可能孤單。

但在麥克六十四歲退休後那幾年，情況發生變化。麥克一輩子都非常活躍，喜歡劇烈運動，但身體漸漸不聽使喚。他不得不停止一些他喜歡的活動，例如登內華達山脈。依據麥克的身體狀況，他現在仍能持續的愛好僅剩划船一項——但里奇克萊斯特地處內陸。辛蒂和麥克決定，解決辦法就是離開他們住了多年的家，搬到太平洋海岸。辛蒂說：「依照我的性格不太願意改變。**一直都是這樣。**我對自己是誰或自己想要什麼沒有太多信心。但最後，歲月不饒人，時間會告訴你，**把你那些毛病收拾好，否則你會錯過一切。**我知道若不是現在做，以後永遠不會做了。所以，我們挺過來了。」

他們逐一面對自己的恐懼，很多是沒有根據的，其中之一就是他們必須離開孫子。反而在他們分享了自己的計畫後，女兒和女婿興致勃勃地也要跟隨他們搬家。同樣令人害怕的是要從大房子清理堆了好幾十年的東西——但毫無疑問，這樣做很值得。「我無法告形容，最終安定下來並意識到我們沒有被廢話困擾是多麼自由的事。」辛蒂說。

最後，他們邁出大一步，從里奇克萊斯特搬到華盛頓海岸的普吉特灣。現在，他們的生活樂趣有了完全不同的樣貌：辛蒂每天早上醒來都能看到喀斯喀特山脈的景色，而且喜歡去看海豚和海獺玩耍。同時，外向的麥克在碼頭找到了新社團，由同樣愛冒險的朋友共同組成。因為辛蒂還是藝術家，住在里奇克萊斯特時家裡就有工作室，她原本以為他們會搬到附近的湯森港，那裡有很多藝術家自營的工作室和畫廊，她會把所有時間都耗在那裡。但搬來這裡後，她發現最讓她最興奮的是去探索新領域。她告訴我：「我走的每一條路都是全新的冒險，我對這個地方一無所知，所以很有趣。」她和麥克還把很多時間用來整理他們的船，是一艘遊艇，「基本上是水上房車」，能讓他們探索新的地平線和附近港口。

現在辛蒂不僅感覺煥然一新，更覺得自己與搬家前不同，變得更好了。她感覺更平靜、更放鬆，對自己的想法和感受更有自信。最重要的是，她和家人的關係變得更好了。她女兒在距離他們只要二十五分鐘車程的地方找到住所，辛蒂稱這段距離是「意外之喜」。他們現在每週見一次面，距離讓他們更珍惜在一起的時間，也讓辛蒂有了自己退休生活所需要的空間。她與麥克的關係也發生令人驚訝的變化，他們相處了這麼多年，「第一年當然很艱難，但我們重新認識彼此。」現在辛蒂和麥克建立了更新、更緊密的關係——這一切都是因為在新地方重新開始，從頭開始再次建構往昔日常，同時依然兒孫圍繞，這就是擴大眼界的好處。

9 培養工作上的樂趣習慣
Bring Your Fun Habit to Work

「如果老闆讓你情緒低落，請透過叉子的尖端看著他，想像他在監獄裡。」
——英國喜劇演員瑞奇・賈維斯（Ricky Gervais）

請拋開雇主向你推銷「工作樂趣」的典型說法，至少現在，忘記尷尬的歡樂時光、免費披薩或公司贊助的社交活動。丟掉生日蛋糕、桌球桌和大罐M&Ms巧克力豆。拋棄古怪的襪子比賽，拋棄「歡樂的文化」、星期五休閒日、「做你自己」的自由、小桌子音樂會（好吧，也許保留這個）。

也請拋開那些工作大道理，什麼「追求你的熱情」才有樂趣！什麼「樂趣就是實現你最大的抱負」！請放棄工作本質上可以或應該令人愉快的流行觀念（**至少一分鐘**）。

這些事情全都沒問題。我喜歡桌球，但為工作製造的樂趣通常會受到三件事的影響。第一，這是被迫的，被迫從來都不是有趣的事。第二，那是制式化、千篇一律的。第三，無論這些東西換成什麼包裝賣給你，它仍然是工作（例如，有人認為在辦公室擺上桌球桌實際上只是為了讓你繼續工作）。然而，如果你能上桌打，把那些明顯不是為了生產力的實際樂趣融入你的工作日，才會有巨大好處。正如人們長期以來所認為的，樂趣並不會分散我們對工作的注意力，反而幫助我們完成工作。科學支持這個觀點：日常享樂有助於我們實現長期目標；有趣的事讓困難的事變得更容易。研究行為科學的兩位教授凱特琳・伍利（Kaitlin Woolley）和阿耶萊特・菲什巴赫（Ayelet Fishbach）多次證明了這項關係。一項針對學業成績和念書時間的研究顯示，將有趣元素結合學習行為，可以提高高中生對學業的堅持。[1] 研究也顯示，大家往往低估短期獎勵的力量——即使我們從事某項活動的動機是會獲得延遲獎勵，而即時獎勵往往更能鼓勵我們。[2]

那員工每天來上班是來幹什麼的？請不要對此感到困惑：他們貢獻生產力，通常很自律，以工換酬。我經歷過網路泡沫時代，那是短暫而困惑的時代，當時的科技公司認為，工作可以讓你變成那個可以辦最大派對、買最好椅子的傢伙，而我們都知道那時代是如何結束的。是的：工作就是**工作**！同時，我們絕大多數人都需要工作才能生存，而且根據經濟環境，我們可能沒什麼機會自己選擇。考慮到這些現實，我們必須以稍微不同的心態來看待樂趣在此狀態下的意義。我們需要做的不僅是把玩樂硬塞進某個特定的休閒時間，或把辦公室牆壁變成熱帶虛擬背景。

要評量將樂趣帶入工作的計畫是否成功，這裡提供新的評量方法，請問自己以下問題：

我是否按時完成一天的工作並且仍然精力充沛？

當你回答「是」時，我保證你不僅在工作中表現出色，而且還能最大化每一天的樂趣潛力。如果你根本沒有完成當天工作，我們也必須解決這個問題。在我們永遠開機、「付出一百一十%」的職場氛圍中，過勞對許多人都是真正的挑戰。我們應該不計一切代價避免這樣的工作生活：一天結束後，趴在沙發上，精疲力盡，累到連不工作的時間都無法享受生活。

對於以事業成功定義自我價值的那些人來說，不妨從激進的主張開始討論：你可以不要對工作那麼認真嗎？這並不容易。對很多人來說，光是找到工作並保住工作都很難了。能工作、有一份能支持溫飽的薪水，本身就是嚴峻的挑戰。除了經濟保障之外，老舊的新教徒職業道德也露出醜陋的一面。社會根深蒂固地認為，工作決定了人類在物質世界和精神世界的身分，這理念影響著上面老闆多人且坐大辦公室工作的眾人，或是人資經理，更別說還有企業經營者和個人公司老闆。

如果我告訴你，只要用更有趣的態度與工作連結，對你的精力甚至對你的工作表現都會產生強大的影響，你會覺得事情容易一點嗎？我說的不是改變你在工作中的人設；在工作上扮演更歡樂的角色也許不錯，但對某些人來說並不合適——例如，那些還在職涯早期階段，正在建立信譽和培養基礎能力的人。在這裡，我說的是心理遊戲，是你如何處理業務和執行工作的心理遊戲。一九七〇年代，心理學家唐納德·麥金農（Donald MacKinnon）做了開創性的研究，他想知道各領域被認為是有創造力的成功人士，是否具備某些先天特質，例如高智商，而讓這些人與眾不同。結果，那並不是一種與生俱來的特質，他發現這些成功人士已經發展出一種「運作方式」讓他們**把工作當作玩樂**。麥金農並沒有把這個發現設定一個專業術語，例如「樂趣習慣」，但本質上就是如此，只是應用在工作上。且正因為這些成功人士有這個習慣，所以他們的工作產出更有趣，也更願意投入工作。

同樣的，你也可以發展一種新的工作模式——無論你是坐在辦公室角落工作，還是窩在臥室角落工作——你可以讓這個樂趣習慣落實在工作上。現在的時機非常好，因為科技雖面臨挑戰，卻為工作世界帶來無比的靈活度。每天去辦公室工作的員工越來越少，很多工作已實現遠距辦公或允許員工彈性出席，彈性工作時間越來越被接受。還有很多人是自由工作者、是在不同團隊進進出出的孤狼，更有很多零工經濟工作者。我們已經從古怪的襪子比賽變成穿著睡褲工作。即使對於必須在實體空間工作的勞工來說，增加自主權和選擇權的趨勢也必然會對他們的工作產生影響。現在正是從態度上與方法上大膽設計改變工作生活的最佳時機。

工作樂趣的祕密成分

二〇二〇年，研究組織行為的艾瑞克・岡薩雷斯・穆勒（Erik Gonzalez-Mulé）和貝瑟尼・科克伯恩（Bethany S. Cockburn）兩位教授發表了一篇有趣的論文，名為〈這份工作（真實地）殺了我〉（*This Job Is (Literally) Killing Me*）。[3]研究人員尋找工作和死亡率之間的關聯——換句話說，他們想知道怎樣的工作條件會蠶食人的身心健康，從而增加死亡風險。你可能會猜想，當然是工作要求高、壓力大才是殺手。實際上並非如此，事實上在某些情況下，高要求的工作會造成更好的健康狀態。一項針對三千多名工人、長達二十年的健康研究報告顯示，若說工作壓力大會殺人，還需另一個條件配合，那就是**缺乏自主性**。

人類渴望自主，我們需要自主權。人們認為職業抱負的驅動力量是對權力的渴望，但又認為野心者想得到凌駕他人的權力是錯的。科隆大學、格羅寧根大學和哥倫比亞大學的研究人員對此議題做過綜合研究，他們把相關的九項研究拿出來進行回顧分析，得出的結論是：「人們渴望權力，不是為了成為他人的主人，而是想成為自己領域的主人，想控制自己的命運。」[4]更重要的是，自主性在人類動機中扮演核心角色。心理學家理查．瑞安（Richard M. Ryan）和愛德華．德西（Edward L. Deci）在廣泛研究後提出「自我決定理論」（Self-determination theory，簡稱SDT）[5]，理論闡明，要想動機和學習達到頂峰，必須滿足人類的三種基本需求：自主權（autonomy）、勝任感（competence）和關聯性（relatedness，這裡的關聯性，特指我們與他人相處時沒有其他居心的感情聯繫）。

當我們對工作有更大控制權時，我們會更健康，更有動力，而且還有一個主要好處。對我們的樂活人生來說，最重要的是，我們回家後不容易處在精力耗盡和靈感枯竭的狀態。自我決定理論超越了簡單的動機和學習理論，事實上，它是人類活力的關鍵——亦即我們對生活的渴望。當我們對關聯性、勝任感和自主性的需求無法滿足時，我們當然會感到疲憊和空虛。

這就是為什麼我們在精神上傾向把工作和娛樂分開的另一個原因：試問，在你人生看書的四十個小時裡（也許更多），難道有別人告訴你：要去哪裡、做什麼，甚至要怎麼做的嗎？如果你覺得自己的工作或職業沒有任何樂趣，請問自己下列問題：

- 我平日覺得有自主權嗎？
- 我覺得有能力勝任我的工作嗎？
- 在工作中我會與他人產生互動並相處融洽嗎？

- 我可以自由表達我的意見和想法嗎？
- 我是否在工作上發揮了我最優秀的技能和天分？為什麼有或為什麼沒有？
- 我經常在工作上感受到志同道合嗎？程度有多高？
- 工作中有哪些面向是值得我讚揚的？
- 我是否有進一步學習和參與的機會？而這些機會對我來說很有樂趣嗎？

找到了問題點就開始排除障礙。現在，讓我們專注在改變自主權。科技提供了重獲自主權的機會，那是過去幾代工作者從未擁有的：我們有在家工作或在峇里島海灘工作的能力；有辦法透過各種設備進行非同步通訊；甚至連醫療問診、訓練和輔導都能以遠距離提供了。新冠大流行加速了這些趨勢，讓很多公司做出以前看似不可能的事：找到方法以百分百的遠端勞動力保持業務全速前進。那些員工從未想過自己也有擺脫小隔間的一天，紛紛將他們的公寓改造成角落辦公室。我們也許比以往承擔了更多的工作，公私界線也更模糊，但至少我們權衡的靈活度提高了。

同時，因為科學研究提出證據（例如本書提到的科學基礎），讓管理者（至少是優秀的管理者）正意識到，如果把某些控制權盡可能地交在員工手上會有很多好處。這原則不僅適用於知識工作者，就算是醫院和工廠等工作場所也有同樣發現，當第一線人員擺脫上級命令和控制政策且獲得授權處理現況難題時，會更快找出問題並得到解決。

無論從事什麼類型的工作，你都可以增加自己的自主權，只要積極主動地對待它。

策略一：重新掌握休息時間

工作中的休息時間不僅是工作任務的暫停，更是你在那段時間獲得完全自主權的機會——**只要**你頂住社會壓力，不要蹓躂到茶水間閒聊。關聯性（也就是人際關係）和自主權都與活力有關。然而事實證明，利用休息時間享受自主權給你的幸福感，遠比利用休息時間進行社交活動更重要。這是多倫多大學教授約翰．特魯加哥斯（John Trougakos）和同儕的研究結論，他們發現**午休期間從事高度自主的放鬆活動，是從工作壓力中恢復的最佳方式**。[6]他們推測，也許是因為工作中的社交活動需要「自我調節」（self-regulation，也就是更加注意自己的行為），這反而會讓人更疲憊而不是放鬆。畢竟，你不能保證和每位同事相處都是別無居心的情感聯繫，然而放鬆的自主權卻完全掌握在自己手中。

在這篇研究中，人們在午休時間做了什麼並不重要，重要的是那個活動是不是他們自己選擇的。換句話說，如果去茶水間閒聊對你來說是有趣且能恢復精神的事，那就是完美的**選擇**。甚至有人自願在午休時繼續工作，只要是他們**自願**的，工作效果也同樣很好。此外，午休時共進午餐的對象是兩個好朋友或是隨機遇到的同事，兩者有很大區別。如果是後者，你可能需要更多的自我調節，吃完午餐會更累。

所以重點是：午餐和休息時間應該屬於自己的，你應該自己選擇要怎麼過。仔細想想你在午休時間的行為，想清楚了，回來時就會輕鬆許多（而不是更累）。

策略二：定義你的創意空間

即使我是某個企畫的負責人，但坐下來想往下進行時，卻總覺得沒有自由、無法掌控。其一，我知道一定有人會評判它，所以立刻想到老闆、經理或客戶壓著你的頭，對你頤指氣使的畫面。這個畫面我記得，年輕時我曾是行銷公司Zugara的共同創辦人，當團隊知道迪士尼和索尼等巨頭將使用我們發想的線上創意企畫時，我們是多麼興奮。我們的數位藝術將會**隨處可見**！然而，在碰到公司法務和品牌總監告訴我們什麼可以做、什麼不能做時，興奮和熱情就削弱了。任何類型的限制都可能成為樂趣殺手。同樣具殺手功能的還有工作場域，無論我們與它進行的是物理性的或虛擬的接觸，工作場域往往充滿壓力、焦慮，有時甚至是真正的恐懼。我們多半在別人創造的領域工作，這讓我們更難有掌控感，相對影響我們的身體健康及工作品質。當我們感到失去掌控權，交感神經系統就會接管並愚弄我們，讓我們想採取可能會真的會搞死自己的錯誤舉動。你在恐懼狀態下會覺得多有趣？**不太好玩？**我也是。

有個方法可以克服這項挑戰，而且來源竟然是喜劇演員約翰．克里斯（John Cleese）的體悟。克里斯因為出演ＢＢＣ的開創性喜劇《蒙提．派森的飛行馬戲團》（*Monty Python's Flying Circus*）而闖出名號，在他一次廣為流傳的演講中，[7]克里斯解釋了他的演出之所以這麼有創意的祕密，這個祕密對同劇那些天才洋溢的同事也一律適用。克里斯和心理學家麥金農的發現一致，他表示他之所以表現優異，並不是因為他更有才華，而是因為他願意花更長時間研究劇本，直到他能發揮出更多原創性的素材。在講述了這個故事之後，克里斯做了一件了不起的事情：他提供了他的「作業系統」，讓我們以開放、放鬆的心態應用在工作上，讓工作更有趣。

克里斯說，你需要三樣東西：空間、時間和信心。雖然克里斯並沒有把它們放在同個結構來看，但我認為這三件事在協同運作後，創造的不僅是空間，而是一座堡壘，在裡面你會有足夠自主權來應對辦公桌上的任何挑戰。

第一、**空間**：你要進入一個你能完全掌控的舒適空間。這就是你隔開壓力的方式，你必須與老闆、同事以及工作中所有控制力保持心理距離，這些控制力包括截稿壓力、外界批評，甚或恐懼都會導致你的思維受到阻礙。

第二、**時間**：你需要給這場「play」一個明確的開始和結束。克里斯引用二十世紀早期荷蘭歷史學家約翰．赫津哈（Johan Huizinga）的話來解釋為什麼這一點如此重要：「遊戲無論在地點還是持續時間上都與日常生活截然不同。這是它的主要特徵：它的隱密性、它的限制。遊戲會在某個時間開始，然後在某個時刻結束。否則就不是遊戲了。」換句話說，如果你想讓工作更有趣一點，你必須將工作與平常正事分開，給這場遊戲一個開始和結束。如此，你就在時間上開闢出一個獨特空間，一個不在傳統線性時間軸上的段落，能讓你看到終點、能你讓追著最後期限跑的空間。

第三、**信心**：如果你不能相信自己，至少相信這套運作體系。克里斯說，快速獲得自信最簡單的方法就是告訴自己，當你處於這套遊戲規則時就不會有錯。沒有人可以評斷你，你可以把自己的創作作品撕成一千塊碎片，並且永遠不會透露那是你做的。

這就是你的空間，你的遊戲時段，一切盡在你的掌控中。在這個時間中，工作任務按照你的遊戲規則，要怎麼做，要怎麼玩，都隨你。

策略三：主動要求

這是一個殘酷的事實：如果你的老闆是個控制狂，一直插手管事，這就是他不信任你的徵兆。這時你可採取防備姿態；也可以採取積極主動的措施來建立信任。去找老闆（或客戶）說清楚，你有明確的、彼此同意的目標和優先事項。我總是想到我的老師巴里・格羅斯曼（Barry Grossman）教授說的話，你的利益相關人應該永遠要有信心和控制感，兩者相依相生。讓老闆或客戶知道你將按照設定時間提供最新進度。最後，也是最重要的一點：保持更新的一致性。我曾在凱特・馬茲德拉（Kate Frachon）成立的網站Ink+Volt上讀過文案創意人凱特・法拉瓊（Kate Frachon）的文章，她鼓勵員工寫每週進度報告送給老闆過目，我自己也使用這種方法，8也鼓勵底下員工這樣做。相信我，沒有老闆（也許只有很少數的老闆）喜歡微觀管理（micromanage）a，這套管理方法既費力又耗時。老闆和經理真正關心的，是按時交付高品質的成果，當員工挺身而出表明他們準備好了，可以有權自主管理時，主管通常會很樂意提供這種自主權（如果這是他們努力得來的）。

策略四：馴服你的匱乏心態

無論我們省下多少杯拿鐵咖啡，想要存到一筆足夠「老子不幹了」的「fuck you money」並不是大多數人都能辦到的。我們需要工作，也就是說，你的經濟狀況越穩定，你的工作就越像是你的選擇而不是奴役契約。財務也會影響自由工作者和企業家的自主權。作為自由工作者，如果你沒有做好計畫，你那數字不斷減少的銀行帳戶會變得比公司老闆更殘酷。對創業家來說，請記住，只有創業資金都是你自己出的時，你才是自己的老闆。如果你接受投資人的資金，某種程度上，你就得聽別人的。如果您是小型公司老闆或是個人企業家，且認為成功需要不斷發展公司規模，那麼你該讀讀保羅・賈維斯（Paul Jarvis）寫的《一人公司》（*Company of One*）[9]，很可能會改變你的想法。

我們確實需要工作保障，而且害怕失去工作，若發現自己受到擔憂匱乏的心態束縛也非常合理，害怕失去工作沒有了的心態使我們憂心無法保有事業或現在職位。你可能會想「工作不會長在樹上」，而且照目前的經濟狀況來看，你想的可能是對的。但如果一直用這種思考框架思索未來，可能會阻止你發現確實存在的機會，甚至無法創造機會。如果你發現自己陷入了匱乏心態的恐懼，請試著建立一張**非金融性的**資產清單，上面列明你可以向雇主提出的獨特技能或資格，以及列出可以幫你找工作的朋友、家人等人脈關係。知道自己仍有選擇的想法，可以幫忙消除失去當前工作的恐懼，說不定也讓你看到別的機會，難保你的下一份工作不會更有趣，說不定薪水更高，更希望是樂趣錢財**兩者皆有的**工作！

a 譯註：微觀管理（micromanage），管理者大小事都管，對被管理者進行密切操控，來達到公司管理的目的。

玩樂名人堂：發光杯大亨

追隨熱情的道路也許艱苦難行，但不可否認，那些在創業浪潮中破浪而起、成功創業的人是非常歡樂的，尤其是當自己做的事正好滿足了自主性、勝任感和關聯性的時候。我最喜歡的例子是奈特．菲賽爾（Nate Fissell）和傑瑞米．菲賽爾（Jeremy Fissell）兩兄弟的故事。他們兩兄弟是我同鄉，傑瑞米喜歡自己動手做東西，奈特個性愛玩愛熱鬧，兩人特質剛好結合起來建立了發光杯帝國。他們從事的行業眞的是玩樂這一行。一開始傑瑞米做的是進口螢光棒的生意，後來他發現螢光棒可以彎折，卡進塑膠杯的邊緣後就變成了會發螢光的塑膠杯，申請多項專利和創新之後，夜光派對杯就誕生了。

然後他把奈特拉進來一起做。因爲當時很流行在派對上玩啤酒乒乓球（beer pong）的遊戲，他們覺得傑瑞米的新發明很適合用在這個遊戲中，還開發了整條GlowPong發光杯的生產線。接下來，他們找了一輛派對車，上面畫著派對裡男男女女正玩著啤酒乒乓球遊戲，每個人都發出螢光，然後把車開到加州的伊斯拉維斯塔首次亮相。伊斯拉維斯塔是加州大學聖芭芭拉分校的所在地，奈特之前在那個地方上學。「我在伊斯拉維斯塔被衆人圍攻，每個人都看到了那輛車。」奈特說：「人們騎著自行車在街上跟著我，大喊，『兄弟，我可以再買一個嗎？』我眞的不得不把貨車藏起來。」去拉斯維加斯參加貿易展後，他們很快找到合作夥伴，把發光杯在斯賓塞禮品店的所有分店上架，最近又在亞馬遜開設專賣店。奈特說：「我們從一開始的品牌行銷就是建立一種氛圍，又瘋狂又詭異。還可配合你隊伍衣服的顏色。紅隊拿紅杯，藍隊拿藍杯。我們的賣點就是歡樂、夏天、加州氛圍，多年來它確實有回報。」

傑瑞米是那種做什麼事都拚老命的人，但他很俏皮地說那是「他的病」。然後副業會自己生副業，就像GlowPong也是基於他的發想而衍生出的商機，現在這樣的相關企業已經有好幾家了。他還是收藏家，把一座兩百三十平方公尺的倉庫當成臨時博物館，那裡收藏著自隨身聽問世以來每一款隨身聽、十一輛BMX自行車、一整面牆的復古OP滑雪夾克、大量音箱收藏品，以及一輛二戰前的火車——這可是皇冠上的寶石，現在這個收藏品放在他親手所製約三公尺高、四公尺寬的雙面展示櫃中。「只要來看過的人都被吸引住，」他說：「我的戰前O比例火車收藏可比美沙加緬度鐵路博物館的收藏。我做的大概就是這些，我對自己做的事情充滿信心和熱情。」他的另一個生活激情是他兩個兒子和妻子，生活起了平衡的作用，他們是讓他離開工作室的理由。

奈特是這對夫婦的手下員工和推銷員。「我每天大概一半時間都在處理早上發生的事、電子郵件和其他雜七雜八的。然後去倉庫幹一些體力活，在箱子上貼貼紙，管理進出口這種的，聽起來好像很麻煩，但我還眞的挺自得其樂的。」自主是不可否認的人類天性。「我現在可以在一週中的任何一天，以任何我想要的方式休假，這是終極的自由。」他利用這一點，經常與朋友一起旅行，進行暢遊世界的冒險。「我需要彈性休假，否則我會發瘋。」他笑著說。

管理喚醒

本章描述的許多自主策略都有一個額外的好處——它們都有助於管理喚醒（arousal，或稱覺醒、警覺程度）。我不是說性方面的喚醒，我說的**喚醒**是情緒上的心理結構，特指某些活動對精神能量的刺激程度（或削弱程度）。許多工作場所有意無意地鼓勵員工持續處於高度喚醒狀態，你可能走進時尚服裝店就有類似經驗。店裡播放輕快的音樂，燈光明亮，目的在讓顧客和店內員工都充滿活力。這是製造出來的樂趣，店家希望無論你為何走進去，都以買、買、買的動力走出店門。但在辦公環境，音樂燈光就不太可能達到高度喚醒的作用，更常見的情況是，電子郵件不斷湧入，Slack聊天室不斷發送通知。心理學家亞當・岡扎利（Adam Gazzaley）和賴瑞・羅森（Larry Rosen）合寫了一本書《要你分心》（*The Distracted Mind*）[10]，整本書講的就是數位訊息讓人不斷產生高度喚醒，進而引起壓力和焦慮。如果你工作的地點是銷售相關場域，喚醒可能是每次銷售後的慶祝鈴聲，一場又一場的背靠背會議，積極目標的鼓勵呼喊和高風險的不斷溝通。

重要的是要明白，雖然這些喚醒並不一定是壞事，但也不見得對**你**有利。因為有個別細微差異，有些人在高度喚醒狀態下表現良好，但有些人則相反。無論適合你的喚醒程度是什麼，只要它不平衡，你的工作表現就會很糟，能力會被剝奪，一天工作結束時，感覺自己像是隻累癱的狗。

所以要對自己和環境觀察得更清楚，進而管理自己的喚醒，工作才會變得較有趣。如此利益是雙向的。首先，我們工作得更聰明，生產力就能提高。我們完成更多工作，感覺更有能力，在工作和自我肯定上都有回報。其次，如果一天工作下來我們還覺得神清氣爽，除了我們能力變好之外，應該說我們一定也找到節省寶貴精力的方法。

管理喚醒對大多數人來說是新概念，但對一個群體是已經熟悉的應用：運動員，他們會利用喚醒和運動表現間的關係進行微調。由於喚醒對每個人的影響都不一樣，高喚醒狀態也許有益也許有害；有些運動員就像工人一樣，靠腎上腺素和神經緊張讓自己表現得更好；也有些運動員在沒有壓力的放鬆狀態才表現最好。幾十年來，運動教練們一直使用俄羅斯運動心理學家尤里．漢寧（Yuri Hanin）開發的模型來尋找最佳表現點。運動員必須意識自己的個人最佳功能區（Individual Zone of Optimal Functioning，簡稱IZOF），也就是找到能引起最佳表現的情緒狀態和喚醒程度，把它當成設定條件，只要需要時就能設定進入正確區域。11

你也可以跟著做，請思考你工作最好的時刻，找出兩、三種能適當描述當下情緒的詞彙。然後想想你工作最不順的時候，也列出與這些時刻相關的兩、三種情緒。

根據與工作對應的情緒，了解

漢寧的IZOF情緒組態分析

正向情緒	負向情緒
興奮	不情願
活力充沛	疲累
興致高昂	不確定
有信心	無聊
輕鬆	神經緊繃
滿足	緊張
極度喜悅	不滿
愉快	憤怒

你在高低喚醒區間的所處位置。然後思考要如何改善工作環境，把它調整到最適合你的最佳喚醒區。例如，你覺得對你工作有幫助的情緒在正向上是「興奮」和「活力充沛」，在負向上是「憤怒」，這表示你在高喚醒狀態下可能表現較好。但如果你都在家裡比較安靜的工作室工作，也許你該把工作拿到咖啡店或共享辦公室做。或者你是需要「愉快」和「輕鬆」才會有最佳表現的人，但你的工作場所是開放辦公室，如果剛好遇到需要你全力以赴的狀況，請預定會議室一下午的時間，在安靜的環境中好好工作，或者散個步集中注意力，或乾脆要求把工作帶回家做。

重點不在定義自己是高喚醒或低喚醒，而是要對自己的喚醒狀態有認知，找到相對應的情緒狀態，知道它們如何影響你的工作，然後依此調整環境，讓自己在最好狀態下迎接挑戰。

可能的喚醒助力

- 有趣或有活力的健身活動或運動（例如，午餐時規畫一場團體運動課、來一場散步會議等）。
- 一杯好咖啡或好茶
- 高度喚醒的娛樂活動（例如，熱力滿滿的音樂、激勵人心的談話等）
- 發揮創意和好奇心（例如，大家一起腦力激盪、掌握新技能等）

・友善競爭
・喝杯水吧

安撫喚醒的可能活動

・閱讀
・和寵物玩
・芳香療法
・適當的照明
・種花、養草、種植栽
・冥想與正念
・寫日記
・散步
・小睡

現在我們知道，個人表現最好的時候可能是不同的喚醒狀態，但對於各種不同工作，也有個別適合的喚醒狀態。有些活動需要在高度喚醒狀態下才做得好，而有些活動則需要低喚醒狀態才會成功。心理學家羅伯特・耶克斯（Robert Yerkes）和約翰・多德森（John Dodson）在一九〇〇年代初首次確立了這種關係，當時做的實驗是訓練老鼠進入特定盒子，若老鼠選擇錯誤的盒子就會被電擊。[12]一種情形是，若老鼠的任務很簡單，電擊力道最強時，老鼠的掌握度提高最多。但也有另一種情形，若老鼠要做的事很艱難，強烈電擊它，反而會減慢它們的學習速度。喚醒是有幫助的，但僅限於一定程度，之後表現就會陷入困境。（我們不是老鼠，但誰不認同呢？）

之後數年間，科學家以耶克斯和多德森的結論為基礎繼續研究，現在普遍認為，複雜的工作或新的學習事項最好在低到中等的喚醒狀態下完成；熟悉的工作雖不見得容易，但因為經常重複，最好是中等程度的喚醒狀態。最後，簡單的任務最好誘導出高喚醒狀態來完成。

這是什麼意思呢？只要有可能，最好重塑工作環境和工作本身，配合各自需要的喚醒程度。以下提供兩個讓你思考的技巧：

- 情況合適的話，請在當天的認知噪音開始影響你之前，也是時間壓力最小的時候，先完成最困難的工作。但如果你是夜貓子，情況可能正好相反。
- 如果你有無聊的事項或行政事務需要完成，可利用與時間賽跑的方法來提高喚醒度：你能在x點之前完成嗎？或故意把這些事安排在當天工作要結束時，這樣就有動力趕快做完趕快走人。如果做的工作不容易失誤，也可以利用活動捆綁讓事情變得更有趣（例如，將重複性的工作與高喚醒音樂結合）。

工作中「做自己」的麻煩

關聯性是我們自覺與他人感情聯繫的程度，所謂人際關係是決定我們在工作結束時是否神清氣爽或疲憊不堪的另一項重要因素。工作中的人際關係從來不簡單。其一，花時間和同事交際應酬並不見得會讓你恢復精神。還記得之前提過由特魯加哥斯教授所主持的工作休息研究報告嗎？員工寧願在午休期間繼續**工作**，也不願參加強制性的公司午餐，可見人們多麼不喜歡被迫社交。

即使是自願參加，工作中的社交活動也可能會讓你精疲力盡。想想你在工作場域外和自己朋友一起共度的情況，充滿了樂趣，可以調整心情，因為你可以放鬆做自己，不必擔心評判、冒犯或被暗算，而工作中的人際關係就不見得如此。也許你很幸運，能遇到真心相待的同事，那**太棒了！**但就算同事不錯，工作中的你仍要維持一定體面，並依據你在自然狀態下的怪異程度而定（像我就非常怪異），這總會有一定程度暴露自己真實本色的風險和緊張。

工作中的社交還有另一個挑戰。要當個好同事，部分責任在共創舒適且彼此包容的環境。但我們知道，在工作上**很難**如此，尤其是當你不在多數的那一邊時，無論出自何種原因，性別、性向、種族或民族性都有可能讓你被歸在少數。工作要有樂趣必須建立在每個人都感到安全的空間，而很多工作場所都無法達成這一點。想弄清楚為何走到這一步遠超出本書的討論範圍，更何況沒有快速或簡單的解決方案。現在雖然興起尋求解方的努力，但那只會給已邊緣化的員工帶來更多壓力。我的妻子就是一個例子，以族裔而言，我的太太是太平洋島國後裔。當二〇二一年出現「停止仇恨亞太裔」（Stop Asian Hate）的運動時，有人鼓勵她在全公司都看得到的網路討論版上公開分享自己的觀點，作為她工作上正在推動的運動精神DEI——多元化（diversity）、公平性（equity）和包容性（inclusion）的支持。在一個沒有很多AAPI（Asian American and Pacific Islanders，亞裔美國人和太平洋島民美國人）員工的公司組織內，讓我太太站出來與同事分享她的個人經歷，此舉的確引起公司內部重要且必要的對話。她支持公司希望大家相互理解所做的努力，然而她也承認分享自己故事，重溫她種族受過的苦難記憶是痛苦的事，她不會自願這樣做。

這一切是否足以讓你關上大門，想將工作中的社交互動限制在最低限度？對某些人來說，這樣做也對。但也有其他人希望在工作時間甚至下班後有機會進行人際關係的互動，對於後者，以下提供我的想法。

第一，強迫的社交互動很少有樂趣存在，也不會讓人精神舒暢。每個人都該知道這一點，尤其是領導者。這類事情甚至不必要是強迫的，就會讓人感到強迫了。下班後同事一起聚會是許多公司的標準福利制度，但我們才剛開始了解這種聚會的危害有多大。不管原來意圖為何，但事實就是在延長工時。不喝酒的人立刻遭排斥，而那些喝酒的人很容易發現自己處於一種脆弱的狀態，他們樹立的威信、人設、甚至安全都受到威脅，因為他們喝太多酒了。**重點是：**如果你要你的員工一起用買醉來享受樂趣，那麼這種樂趣可能不值得在工作環境中享受。如果你不喜歡這些活動，請跳過這些活動，並遊說其他活動。發出抱怨一開始可能讓你倍感壓力，但不要緊，當你找到同好，甚至成為同好眼中的明燈時，你的感覺會和被排斥天差地遠。

第二，尋找投緣的夥伴。許多大公司都鼓勵底下員工形成「親密團體」（affinity group），也就是希望員工能找到具有同樣價值觀和共同興趣的夥伴。站在公司立場，多希望為個人創造安全和具支持性的社交空間，即使這些個人不屬於代表性群體，更希望員工能不分組織上下、能橫跨各個部門共同交流。你在工作環境中尋找朋友和夥伴也是同樣道理，不要受到職能或部門的限制、甚至指引建議。相反地，去找與你投緣也有共同興趣的人當朋友。你可以找一起活動的夥伴，如相約下班後一起去騎自行車。如果你的目標是藉著社交互動恢復元氣，那麼你最好找公司裡和你工作業務最不相關的人建立關係，因為職業風險較低（只要你想的不是套交情動用權力關係）。你可能會發現，與大廳接待員相處可能比和自己團隊的人相處更有活力。

第三，邀請你的朋友來工作場域。如果你在工作中想交朋友但找不到，請利用休息時間和非工作時間與好友聯繫。例如，和你的老朋友一起吃個午飯，或是走到室外打電話交流一下，看看陽光也感受陽光。請跳過辦公室不成文的同樂會，轉而享受與真正好友分享的時光，甚至試著邀請好友當你的守護天使，支持你一路往前走。

對於自由工作者、企業家，或是那些實際上能控制自己行程、合作夥伴和工作地點的人來說，這一切就更容易了。如果你的工作人脈互動不深，請選擇一些外展活動來努力，例如：

- 每週找一位你已經六個月沒有聯絡的業內人士互動交流。
- 每週與你真正喜歡、或覺得自己了解他們後會喜歡的工作聯絡人共進午餐。
- 每月與友善的同事進行一次活動，例如一起參加健身課程或參觀博物館。

無論如何，如果真的在家工作感到孤獨，就去和送貨員聊天。**為什麼不呢？**人們大多低估偶然相遇的互動樂趣。這是芝加哥大學行為科學教授尼古拉斯・艾普利（Nicholas Epley）和朱莉安娜・施羅德（Juliana Schroeder）所做的研究結果，他們的實驗是要求一群在芝加哥以公車和火車通勤的人在通勤時與陌生人談話。[13]實驗之前，這群通勤者都預估，與陌生人聊天會讓通勤過程最不愉快。然後，研究人員把這群人隨機編組，要求其中一組一定要在通勤時與陌生人聊天，然後讓就讓他們上路了。實驗要求要聊天，且只要聊天就可以，每一次談話都算數，結果狀況完全超出這些通勤者的事先預期。更厲害的是：實驗結束後，那些與陌生人交談的人報告說他們的通勤經驗最愉快。

請摘下你的眼罩四周望望，有時萍水相逢也能聊上幾句（當然，一定要在你感到身體心理都安全的情況下）。請充分利用偶然，這是為每一天創造驚喜的好方法，我們在第六章講過驚喜的重要，它帶來的活力是日常習慣永遠達不到的。

學習回味你的工作

我根據科學知識和人生經驗，為你提供了一個能增加工作活力的工具包。現在輪到你了。樂趣和工作一樣，是高度個人化的事，這意味著你必須自己試過才能得到最佳結果。請問問自己：在工作方面，我能做什麼來增強自主權、勝任感和關聯性？我可以做些什麼在日常工作中獲得更多樂趣？最後一步，請把SAVOR法則應用在工作上。

故事編輯：工作也許會侵害你的本心，所以你把工作編成什麼故事說給自己聽？請先確定自己個人的優先事項和價值觀，然後確定自己是否表裡如一、行為一致。沒有什麼比違背自己心意做事更讓人筋疲力盡的了。

故事編輯還可以用在更實際的層面。我前面引用過伍利教授關於快樂與動機相關性的研究，她認為轉念可以帶來改變，也就是將工作重點從你不喜歡的工作層面轉移到你喜歡的工作層面。為了增加工作上的快樂感受，伍利建議每個人都該問自己：「這項活動有那些層面是我天生就會關注的？」

活動捆綁：利用活動綑綁的技巧把工作綁在一起進行可能很不錯，但也可能很快發生問題。例如，一邊追劇一邊處理文書資料看來是個好主意，直到你後來發現到自己連文書工作都做得很草率，更記不起剛剛看過的劇集內容。捆綁活動應該是兩個活動互相加乘，而不是相互拉低成效。請將簡單的工作與愉快的活動（例如聽音樂）綁在一起。你也可以把某個活動捆綁在另個活動後當成獎勵，例如，你花了一小時做了極其困難又耗費心力的事，為了獎勵自己就可以在樂趣檔案中選一件輕鬆有趣的事來做。

變動享樂：重複單調的工作日常是否讓你感到人生無趣？利用變動享樂的技巧來提升工作樂趣吧！明顯的方法就是打亂行程安排。變換任務，改變做事順序，拋硬幣決定要做什麼。這裡提供一個瘋狂的想法，讓你扭轉狀態。如果工作乏味無趣，與其多找些有趣的事為工作添加新鮮感，倒不如用變換角色的方法**對付完全一樣的工作**。例如，如果你的工作很艱苦、很乏味、超級無聊，就用角色扮演完成它，想像自己是肩負重責大任的研究人員，必須深入挖掘底層細節，辛苦算什麼，這樣工作就變得比較有趣了。轉換新角色是一種自帶樂趣的遊戲，就像自己和自己玩。從另一個角度來看，當你把這技巧玩成某種高段的藝術時，即使重複性最高的工作也會變得有趣。擁抱金恩博士（Martin Luther King, Jr.）的那句名言——「如果你注定要成為一名清道夫，那麼掃街的時候就像米開朗基羅畫油畫，就像貝多芬譜樂曲……就像莎士比亞寫詩。」無論你做的是怎樣的工作，變換角色是讓你投入工作的潛在祕訣。只要你把注意力放在工作本身，不被求表現、求認可的欲望沖昏頭。

選項：無論你是受雇者還是自雇者，對自己工作上該做什麼可能已經很清楚明確。但所有的僵化可能都出自想像，工作上可能還有很多你從未探索過的業務選項，也許是去幫忙同事的企畫後才知道的處理細節，或是我所說的「自己找樂子」。舉個簡單例子，過去三年，你去過研討會嗎？參加了多少與工作、產業或職業相關的活動？你的身體、精神、社交模式都受到工作生活的限制嗎？參加會議和活動是你跳出受限人生的最好機會。不要等別人邀請，要自己做研究、找活動，主動爭取參加活動的預算和休假時間，不僅參加那些可以能讓你發揮好奇心、在專業上成長的活動，更要參加那些能讓你得到額外樂趣的活動。我永遠不會忘記我的同事布雷迪．陶松（Brady Tuazon），一個害羞又愛大口灌啤酒的大男孩在幽浮一族（Foo Fighters）演唱會上幹的好事。那年搖滾樂團幽浮一族在洛杉磯E3電玩展上開唱，布雷迪引起了主唱戴夫．格羅爾（Dave Grohl）的注意。戴夫問台下觀眾想聽什麼，布雷迪大喊「齊柏林飛船！」儘管戴夫那天並沒有打算滿足布雷迪的請求，但他還是邀請布雷迪上台，一番笑鬧過場後，布雷迪知道這也許是他與幽浮一族唯一一次的接觸機會，一定要表現一下。這件事要花了布雷迪什麼錢嗎？**布雷迪只是用問的**。戴夫回答：「這個怪咖想彈奏齊柏林飛船！好吧，布雷迪，讓我們看看你的能耐。」就這樣，布雷迪和幽浮一族一起站在舞台上，手裡抱著戴夫．格羅爾的電吉他，在全場觀眾面前演奏了〈Whole Lotta Love〉。一段瘋狂獨奏後，戴夫在台上邀請布雷迪與他共享一罐皇冠可樂。[14]之後好幾週，那小子連走路都有風。**傳奇吔**。

重點是：找機會踏出你的固定角色、環境或舒適圈（只要回報是有趣的）。把工作環境當成遊樂園吧：哪些設備你還沒試過？哪些區域還沒玩過？哪些朋友可以聊聊？請有創意地為自己創造不用報告工作內容的生活選項。

回味：工作要回味，這個靈感來自社會學家及行為改變專家BJ．福格（BJ Fogg），福格認為人在何時何地都可讓自己心情好，也敦促人們擁抱這種「超能力」。他強調讚揚與慶祝的重要性。「在我的研究中，我發現成年人會找各種途徑告訴自己『我做得不好』，卻很少找機會告訴自己『我做得很好。』」[15]你做得很好，但你不需要經理或客戶認同，你應該找一位同事、朋友或親愛的人與你一起慶祝有意義、真實的里程碑，大大小小的事都該慶祝。不過你和誰一起慶祝也並不重要，只要他們把祝福放在心上。我最珍貴的禮物是我的寫作夥伴瑞安·麥克法登（Ryan McFadden）送我的，我告訴他我這本書已經拿到出版合約時，他送我一個獎盃。兩隻牛角中間有一個大大的大理石標誌，上面寫著「Kick Ass」，我解讀為**太屌了**。這也許聽來很蠢，但有位我欽佩的作家同行送給我一件實體禮物，讓我一見著這個實體、就能遙祝我付出巨大努力的無形成就，實在太屌了。賣書有很多里程碑，但關關難過總會過，請不要停止說：「哇，**我做到了**。」瑞安意義深長的獎盃告訴我一切都有可能，即使在今天，當我看到它時，我仍然能回味起勝利滋味，並再次享受那種感覺。

如果你想收到祝福，就從祝福別人開始。你很快就會發現，你流出的正能量必然會回到你身上。

立刻改善工作生活的三個捷徑

如果有些人還在思考，「將樂趣帶入工作對某些人或某些工作也許辦得到，但對我的工作，那做不到。」對於這些人，我向你介紹茱迪・科奈利森（Judy Cornelison）。茱迪在公認毫無樂趣的地方工作，牙醫診所，她是口腔衛生師（dental hygienist）。事實上，她是我的口腔衛生師。茱迪並不是從小就夢想幹口腔衛生這一行，是因為離婚後要養孩子，一定要找份正職，她務實地選擇了這份工作。因為這是就業顧問推薦的，對於一生大多時間都在當母親、工作經驗多在孩子學校當志工的媽媽來說，每週工作四天、薪水不錯、還可以免費看牙，這個工作聽起來相當不錯。加上就她個人而言，從未有過看牙的負面經驗。因此，她竭盡全力接受必要的培訓，開始了新的職業生涯。但她很快發現一些令人沮喪的情況：大多數人都討厭看牙，他們不想坐在她的椅子上。她從來沒想過：她的新工作會讓她成為客戶心中一天中最討厭的人。茱迪個性外向，喜歡和人交往，所以這些充滿抱怨和難受的互動逐漸耗盡她的精力。是啊，工作可以忍受，但並不有趣。

於是，茱迪得想辦法解決，她真的是無意間發現方法的。十二月快過完的某一天，一位病人送她一副搞笑版的新年快樂眼鏡。病人走後，她有種繼續戴眼鏡的衝動。**為什麼不呢？**當她的下個客戶走進來時，茱迪抬起頭，準備迎接熟悉的「**嗯，我來看牙**」的鬱悶表情。但是，病人看到她的眼鏡，先是一陣錯愕，然後開始爆笑。眼鏡破冰了，因此，當天剩下的時間，茱迪一直戴著眼鏡。於是在當天看診的時間裡，除了病人真正張開嘴清潔牙齒的時間，她都接受到病人的笑聲和歡樂。

從那天晚上起，她決定每天都要穿戴一些特別的東西，有時是配件，有時是全套戲服。她有一頂附眼鏡的火鶴鳥帽子；鯊魚帽；閃爍的聖誕燈泡；一套從頭到腳、搭配單眼、單頭角、紫色翅膀的食人族服裝。你想得到的，茱迪都穿過。二十八年來，她設計了數千套服裝，沒有一天不裝扮，她的決定不僅改變了她的工作，也改變了每位受她治療者的看牙經驗。因為茱迪，現在看牙不僅是我一天的亮點，也是我一週的亮點。從遠處看，這故事也許聽來很老土，但意義已超出服裝搞笑癖。因為很難得見到一個決定接受古怪、願意搞笑的人，只為了想讓人在悶熱的牙醫診療室裡放鬆和微笑。

她的行為藝術具有真正的影響力。茱迪告訴我，她有一些老客戶是在她開始裝扮之前就來的，之前他們會要求先吸笑氣克服恐懼才讓她洗牙，現在他們不需要了。「因為我願意做一些讓他們心情放鬆的事。」現在她的病人出去購物或旅行還會帶給她有趣的紀念品，藉此豐富她的工具箱。她的孩子有時會因為她穿著搞笑服裝而感到尷尬，尤其是當客戶在Facebook發布她的照片，但茱迪不會。「這對我來說一點也不困擾，我很享受，它已經成為我生活的象徵。」

你不會將口腔衛生師歸為「有活力的工作」，但這就是茱迪做的。你必須充滿活力，像她一樣堅持過著有活力的日子，創造最多的歡樂。其中有個重點，如果你仍然認為一般工作不可能有樂趣時，你可能需要聽聽別人意見：當我們認為工作熱情在於我們**做的事**，而不是我們**怎麼做**時，我們就會束縛自己。將熱情帶入工作是我們今天就可以做的選擇，只要決定去做，苦差事也能變樂事。

高績效心理學家邁克．格維斯（Michael Gervais）對我早期人生影響很大，他的研究對我產生深遠影響，他告訴我們有關「激情陷阱」（passion trap）的危險，你必須發現某些獨特的熱情並將其實現才能覺得快樂。[16]這是幸福陷阱的另一個面向，又稱為享樂跑步機。再一次，你把你的快樂寄託在某種有待改善的未來狀態。那麼，此時此地又算什麼？**切碎的肝**？不可避免的失望？如果人生就是在你還在制定計畫時真實發生的事，那麼，**醒醒吧！**你正決定了你的命運。

我們可以有更好的結果，而且可以立刻看到，只要重新關注我們**當下此刻**的經驗感受。如果這聽來耳熟，那是因為這就是我一直在說的**玩樂的生活實踐**，一直在鼓吹的**培養樂趣習慣**。現在，我們將相同策略和技巧直接應用在工作上。不要再認為事業成就總有一天會隨著X職業變動或Y里程碑而來，把那些廢話都留給隔壁老王吧。相反地，問自己一個更直接的問題：**我要如何增加今天手上工作的樂趣？**

簡而言之，我要求你暫時讓向上爬的欲望休息一下。那容易嗎？**不可能！**喧囂的文化和我們自己的認知偏見讓我們不斷關注自己的未來，更糟的是，專注那些我們永遠可能達不到的異常值。讓我戳破你的幻想泡沫：無論Nike怎麼宣揚，你永遠都不會成為老虎．伍茲（Tiger Woods）或伊隆．馬斯克（Elon Musk），更不會是任何一個現在坐在摩天大樓頂端的人。再多的努力、再怎麼拚命，都不可能會有那樣的結果——然而我們的偏見扭曲了現實。我們的思維抓住異常值卻忽略一般情況。我們嚴重低估了從A點到B點所需的工作量（請參閱 https://share.michaelrucker.com/planning-fallacy）。有些人在一生職涯中投入的時間和精力，相當於把全部薪水花在買大樂透上，這是一種愚蠢的策略，本質上不會提高你獲勝的機率。我們多半不會為了如此渺茫的機會而浪費那麼多錢，但我們當中的確有些無知的人很願意放棄更有價值的東西：**他們的時間**。

我並不是說沒有工作值得你用短期幸福換得長期成果，也不是說追求職業熱情毫無意義。如果你的夢想是成為醫生，**那就去吧**。世界需要更多好醫生，而且除非醫療訓練進行徹底改革，目前除了用犧牲短期幸福來換，也沒什麼其他好方法。但我們當中很多人賣命工作，沒有仔細想過自己真正需要什麼，想從生活中得到什麼。很多人都在遵循別人寫好的劇本，只有在時間快來不及、無法為自己創造一段有意義的故事情節時，才開始注意。

我也不提倡職業平庸論，你絕對可以追求卓越，但不需要讓工作定義你的人生，不要讓工作占滿整個生活。還記得葛拉威爾那篇關於菁英小提琴家的知名文章嗎？突然間，每個人都開始注意到這個想法：無論任何事，要獲得偉大成就的前提都是純粹的時間運作，而且是很多時間——正如你聽說過的，一萬個小時。[b]問題是，這項研究並不在於成為偉大的小提琴家或優秀的小提琴家，而是成為**世上最好**的小提琴家。我們有多少人真正需要或想要在自己職業生涯中達到那麼高的水準？這項研究的另一個問題是，許多人只關注時間數值，而忽略了更重要的一點，這些時間如何花的才是真正的區別因素。這些菁英演奏家都非常自律、堅持、有企圖心，當他們不練習時，他們就就把這些事拋下，**他們放鬆了**。他們的成功源自於長期的專注努力——**在一段時間內專注練習**——而不是把練習塞進醒著的每個小時。

我們都有這樣的時候，我們會更關注想要的未來而不是現在。但如果發現自己在通往未來的路上卡住了，請透過下列三種方法喚醒你在工作中的樂趣習慣：

1. 經常問自己，今天的我要如何在工作上獲得更多樂趣？這不是一句反問句。這是行動，就是，拿出一張紙，想出三個辦法，要如何為你的下一個工作日或下一週帶來熱情和樂趣。如果你感覺有困難，請逐一評估工作行程表，就像我在第二章建議的個人革命一樣，把工作帶出會議室並與更有趣的事情綁在一起。

2. 沒心情工作的時候就不要工作。聽起來很容易，但基於我們已經討論過的各種

b 譯註：作家葛拉威爾（Malcolm Gladwell）在二〇〇八年的名著《異數》中強調任何的專家都需經過長期的訓練和努力，所謂「一萬小時的淬鍊」。

原因，實際執行上非常困難。但刻意找一段時間停止工作是值得的：研究表明，那些在晚上從工作抽離並追求刻意休閒的人，第二天上班時的精神狀態比那些無法抽離的人要好。（請見第二章，愉悅象限和精采象限活動）

3. 需要時，請跟著我一起念：**熱情和樂趣並不在於我所做的事，而在於我如何做。**

10

受苦也甘願的樂趣：或說，如何實現膽大包天的計畫

The Pleasure of Hard Fun, or How to Accomplish Almost Anything

「夏季塑身的三十種方法。第一：少吃。第二：多運動。第三：我剛才又說了什麼？我太餓了。」

——美國演員瑪麗亞・班福德（Maria Bamford）

在上一章，我們質疑了工作的汲汲營營，我們學到了用全新方法讓我們在工作時擁有更多樂趣。工作上的樂趣是必要的，每日為了事業競逐奔忙，我們已過著無趣且有害的日子，這些苦多半來自外在壓力——你的老闆、文化壓力，以及永遠追不上的隔壁老王。

但有另一種特別的騷動，來自內心深處想為它拚一回的悸動，有時候受苦也甘

願，我們叫它**艱難的樂趣**。它來自人類對自我提升與對新事物好奇想學的基本欲望。當生活平衡時，奮鬥是健康的，只要它是為了升級，為了求知，為了讓自己感覺活著。

當我們只是照表操課尋求太過悠閒歡樂的樂趣時，就會發生以下兩種情況。第一，會越來越無聊。想像一下，你很幸運，困在一個封閉的海灘度假村中，這一週要做的只有躺在沙灘毯上。起初這很棒，但幾天後（對於我習慣低喚醒的朋友來說可能是幾週後）你發現自己無聊到全身上下不對勁。突然間，爬進火山口或潛入洞穴底部似乎是個好主意，所以你報名參加了一次遠足健行，然後就出發了。我在第二章提到的電玩設計師曼德里卡是這樣說的：「無聊是你的DNA正在說：『繼續啊，你的練功方向是錯的，待在這裡只是自廢武功。』」

還有第二種可能。當你全身不對勁時，你的大腦會欺騙你，讓你認為抑制難受的唯一方法就是去找**更多歡愉**。所以，你喝更多的酒、吃更多食物，然後又去喝更多的酒……你會變得像一篇著名研究中的老鼠一樣，科學家將電線接到老鼠大腦的快樂中心，然後連上按鈕，老鼠只要按下按鈕即可體驗快樂。很快地老鼠對按鈕按上了癮，最後不再進食。只要能有那種幸福感，挨餓算什麼。快樂——所謂的感覺好——變得不可持續且具有破壞性。[1]

我們的生活在輕鬆樂趣與艱難樂趣之間擺盪，我們享受這樣的平衡。當我們的

「輕鬆杯」滿了時，我們就會尋求挑戰，透過成長和學習來改善。那些目標與為了追求目標付出努力都為生活增添情趣。

然而，艱難的樂趣不只是艱難——有時讓人心力交瘁、充滿不確定、代價可怕，很容易讓人覺得自己不過自取其辱，很多自我提升的努力都失敗了。當事情變得困難重重，或者看不到我們想要的結果，我們就會放棄。

但救援也是一種樂趣！本章會告訴你如何將樂趣習慣應用在甚至更為膽大包天的目標，所謂你的BHAG（big, hairy, audacious goal）。[a]讓你學到如何堅持下去實現它，無論目標是什麼。更重要的是，你會了解到如果目標是朝向樂趣的，也就是動機源自愉悅時，追求這樣的目標會比我們為了撫慰顏面或欲望而勞碌鑽營來得更快樂。

聽過超級鐵人賽嗎？大家都知道鐵人三項是必須付出艱苦耐力的運動賽事，它結合三項運動：要求參賽者在十七小時內游完三・八六公里、騎自行車一百八十公里和跑步四十二・二公里。參賽者竭盡全力以最快速度完成目標，他們訓練艱苦，比賽也艱苦。一切最佳化裝備和服裝，都只為了能節省一丁點寶貴時間。有人太執著要快速

a 譯註：BHAG（big, hairy, audacious goal），一九九〇年代末，企管大師詹姆・柯林斯（Jim Collins）和傑瑞・薄樂斯（Jerry Porras）倡導企業永續必須設定BHAG：一個宏大、令人血脈賁張、膽大妄爲的目標，從此成爲企管界指標。兩人著作Built to Last由遠流出版爲《基業長青》，文中將此定義爲膽大包天的目標。

抵達，甚至不停下來小便，要尿就給他尿吧。甚至有些厲害的運動員都累到用爬的爬過終點線，也聽過有人在比賽中途死掉的。

至於我？我三十一歲的時候，穿著海灘短褲、戴著夏威夷花環完成了第二十屆紐西蘭超級鐵人賽。我騎自行車時，車上裝著對外喇叭，播放著朋友為我準備的精選戰歌，他們說那些歌可以增加動力。我的賽前準備是把頭髮剃成雞冠頭，大概就是吹牛老爹參加二〇〇三年紐約馬拉松大賽的樣子。

那個倒數第十二個衝過終點線的人就是我嗎？**沒錯，就是我**。我創下個人生涯的最佳紀錄了嗎？**沒錯，我做到了**。現在，在我賽後的人生，我可以大聲說我是**鐵人**了！我克服了很多難關，我做了十七週的大重量訓練，到達紐西蘭時體重減輕了十八公斤。我發起創意十足的眾人集資（那是早在GoFundMe募資平台出現之前），基本上就是和一群朋友打賭我能完賽，他們很多人都愛賭重度啤酒愛好者一定會失敗的可能性。最終當我跑完，收了賭金，我用贏來的錢實現我開墨西哥捲餅屋的夢想——一家ROCKiT Burritos，在我的朋友派翠克·法蘿（Patrick Fellows）的幫助下只營業了一晚，期間我們還舉辦了一場慈善活動（但是，唉，那就另一本書的故事了）。整段經歷中，我創造了無比的回憶，尤其是看到我的父母、兄弟和女友（現在的妻子）在美麗的陶波湖畔為我加油的樣子。

我之所以能完成一切，是因為我把我的目標和實現目標的過程，每一步都設計成充滿歡樂的。我的願望、我的動力、我的規則，全籠罩在同一個主題之下，你可以在這裡看到貫穿本書的大部分建議：樂趣如何幫助我們實現自我的BHAG——那些宏大的、令人血脈賁張的、膽大妄為的目標，必須以正確的理由，以自己的方式來做。我們享受升級的部分原因是我們展示了自主性，我們正掌控自己的命運。即使滿身大汗、肌肉僵硬、視力模糊、一直想吐、只能壓住、壓住……但沒有什麼比這個感覺更好的了。

第 20 屆紐西蘭鐵人三項競賽，紐西蘭陶波市，2004 年 3 月 6 日。

讓它成爲你的遊戲

如果你曾下功夫做目標設定，可能聽過一個好的目標要具備「SMART」特性：**Specific（明確的）、Measurable（可衡量的）、Achievable（可實現的）、Relevant（相關的）和Time-Bound（有時限的）**。[b]但可能沒有人告訴過你，讓目標變得SMART的最好支持力量是樂趣，因為只要做得對，樂趣可以讓SMART目標變得更有趣。

電玩設計師曼德里卡真正讓我了解到兩者有趣的連結。當我們談到電玩設計時，他說人類是渴望學習和挑戰的生物，而電玩遊戲提供了一個實現渴望的現成機會。當然，生活裡也有學習與挑戰，但電玩遊戲有個特殊功能，它還提供了我們全都真正需要的——清晰明確的回饋循環，這點就與現實生活不同了。在電玩遊戲中，你要不是打敗大Boss，闖關成功進入下一關，不然就是……**你完蛋了**。（剛才腦海有沒有響起小精靈死掉的聲音？）

另一方面，成人生活又如何？正如網路迷因哏圖下的結論：「現實，有史以來最糟糕的遊戲。」想知道我們人生是否朝著正向前進？但就連這樣的回饋，現實生活也回應得不清不楚。舉例來說，你有兩個工作機會可選擇，最後選了一個，但選對了嗎？**誰知道？**更糟的是，你永遠不會真正知道。就算事情過了二十年後回頭看，仍然徹頭徹尾的天知道。當然，生活並非完全沒有回饋循環，但負向回饋尤其多，例如被解雇了或被甩了。從正向來看，我們升級的潛在指標是升職。但有太多無法控制的因素會影響升職回饋的內涵，依賴這樣的訊號作為回饋只會讓人沮喪。

首先進入SMART目標中各項特性的簡單意義，它提供豐富的機會，讓生活充滿電玩遊戲的明確賭注和刺激。（如果你以前從未聽說過「SMART目標」，請造訪以下網址了解大致內容：https://share.michaelrucker.com/smart-goal。）當你設定「明確」且「可衡量」的目標時，你就創造了一個可以明確升級的機會。你不是實現目標，就是沒有實現目標。

SMART目標中另兩個參數「可實現的」與「相關性」，直接與樂趣最喜歡的朋友——自主性——對話。這個目標是否是你可控制的？這個目標會得出真正重要的結果嗎？不說別人，就說你好了，這個目標對**你**來說是否明確？（後文將詳細介紹自主性的內涵。）最後是「有時間限制」。在前面章節中，我曾提過設定時間區段的好處，用一段時間定義你什麼時候玩、什麼時候不玩。目標也是如此，一個有終點的奮鬥就像是一次有趣的實驗，而不是一場永無止境的艱苦跋涉。

在更詳細討論目標和評估標準之前，我先提出兩個警告。第一，套句曼德里卡的話說，「樂趣是機器的燃料」。當重點是利用目標設定將生活遊戲化時，永遠不要忘記，**如果不好玩就不是遊戲了**。你的目標可以是天才級數的SMART，但你仍要找到

b 譯註：一九五四年管理大師彼得・杜拉克（Peter Drucker）提出在設定業務目標時必須掌握SMART原則。從此SMART成爲企業管理中的超強應用，直到如今。

在過程中享受樂趣的方法。如果你把所有的滿足感都推遲到未來，也就是實現目標的那一天，就會把自己置於不安的狀態。**人生太短，不適合做苦差事**；加上，你也可能因此失去動力放棄目標。第二，只要說到透過樂趣來增加幸福感，請參考第五章討論逃避時的相同邏輯，確保你設定目標是為了推動你走向某事，而不是為了迴避或保護自我。我們**爲何**為目標奮鬥，**如何**努力達到目標，對於追求目標背後的科學，牛津布魯克斯大學教授克里斯提安・艾利希（Christian Ehrlich）進行了廣泛的研究。艾利希博士花了十年完備了一套人類追求目標的理由框架，說明**當發生以下三種狀況時**，我們的幸福感得到最佳的支持：（一）我們追求目標，因為目標令人愉快；或者（二）我們追求目標，因為這些目標可以幫助他人（如果目標僅出於必要或只為了滿足自我需求時則相反）；或（三）我們追求目標，因為又很愉快又可以幫助他人（有關這一點，我們將在下一章探討）[2]。

我花了很長時間才學到這個教訓。正如你知道的，運動和訓練是我一生的樂趣來源。儘管我異想天開獨創了鐵人三項訓練法，但在那次之後的多年裡，我都抱著「沒有付出，沒有收穫」的心態進行健身訓練。體格健美滿足了我的自負，所以我聘請了以嚴厲聞名的私人教練，他們給了我當時我要的東西。他們督促我制定嚴格的鍛鍊計畫，並不斷利用演算法提高我的數據。若說我沒有從某些課程中獲得樂趣是不公平的，但我常常不想去上課。你應該也知道我會陷入怎樣的模式：努力訓練幾週或幾個月，然後精疲力盡。最後終於從之前的經驗解壓了，只因為這個經驗本質上是重複的，因為一切又要從頭來過。

這是我作為博士生很好的研究主題，所以我找了CrossFit的狂熱者針對相同現象做研究。如果你從未聽過CrossFit，這是一種高強度間歇運動形式，訓練強度出名的大，但有一群狂熱健身者堅定支持。練CrossFit的健身者會用兩個縮寫字向外行人展示CrossFit不適合心臟孱弱的人。他們強調AMRAP（As More Rounds/Reps as Possible），盡可能做最多組或最多循環；或者ATG（Ass to Grass），意思是做深蹲類的訓練應該盡量蹲到最低。儘管訓練十分辛苦，但在最初的調查樣本中幾乎所有CrossFit健身者都喜歡社交活動和競爭氛圍。然而若細分成小樣本，其中大多數人都認為這種練習很難持續，有些人甚至受傷，迫使他們完全停止運動，甚至還有CrossFit健身者說他們曾經出現橫紋肌溶解症的情況。橫紋肌溶解是一種急性肌肉無法修復的病況，因為肌肉被你操過頭，實際上你已在傷害它。[3]對於練CrossFit，有很多真正熱愛者提出各種意見，其中不少人認為持續性和長久性是個問題。

後來到了四十多歲，我對滿足虛榮心的外表漸漸不那麼在意；另外，我對運動生理學和過度勞累的長期後果也變得更加了解，是該採取不同健身策略的時候了。我放棄一切舊的演算法，請了一位教練潔西，並不是因為她向我保證一定會練成一副「海灘身材」，而是因為她充滿活力的個性，她一定會讓健身訓練變得很有趣。我猜對了，課程很有趣，所以我有生以來第一次練了整整一年。到了那年年底（我等著看）我竟然和以前一樣健康！甚至意外地超出設定目標。一直以來，我都認為我把健身標準降低了，但造成什麼？**更好的結果**。事實證明，**持之以恆**是我健身方程式中缺乏的部分，而且需要樂趣才能實現。

永遠不要忘記，無論目標是什麼，如果你找不到讓目標變有趣的方法，就會遇到麻煩。請把這一點放在心上再進行持續測量。無可否認，量化你有多少進步是升級過程的一部分，但我們需要以一種不會壓制樂趣的方式來做到這一點。

設定自己的目標

在繼續閱讀之前，請停下來爲自己想一個具有SMART特性的目標。一個可能是你已經想了好久的事情，也可能是因爲樂趣檔案才想到的事情。它可以是學習目標、與績效相關的目標，是的，也可以是職業上的目標。不要覺得你必須百分之百全力完成，但是當你繼續閱讀下文時，心中有一個目標會很有幫助。到最後，你會發現你的SMART目標充滿樂趣。

如何讓量化爲你服務

雖然我是蓋瑞．沃爾夫（Gary Wolf）[c]和量化自我運動的忠實粉絲，但有時我也對自我完善的量化方法持批評態度。我所說的**量化**，是指利用數據來認識**自我**，包括可計算的步數、冥想的時間、消耗的卡路里……凡是你能想到的數值，理論上都可用來激勵行為改變。市場透過消費電子展（Consumer Electronics Show，簡稱ＣＥＳ）的交易大廳展示生理回饋新工具，藉此做為對量化運動的回應，其中Fitbit和Apple Watch可能是最為人熟知的偵測穿戴工具。

需要釐清的是，我並不反對量化。如果做得好，數據可以令人大開眼界，而且很有用。但我也看到把一切盡皆量化後未充分認知的**缺點**，我在第一章曾分享過，因為關注量化數據反而削弱了我使用冥想app的體驗樂趣。但我真正意識到量化陰暗面則是在幾年前，直到今天那件事仍讓我感到一陣寒意（我稍後會說這個故事）。之後的幾年，我了解到我並不是唯一質疑量化的人，更不是唯一經歷量化不良影響的人。

---

c 譯註：蓋瑞．沃爾夫（Gary Wolf），《Wired》雜誌記者，首先提出「量化自我」一詞。後在ＴＥＤ發表，既然人類所做一切都可在數位產品上產生數據，就可利用這些數據爲個人解決醫療問題，幫助睡眠與飲食。

艾特金是研究量化缺點的研究員（我在第四章質疑追求幸福的價值時曾提到她），她寫過一篇論文〈個人量化的隱性成本〉（The Hidden Cost of Personal Quantification），揭示了針對量化成效做的六項實驗結果。[4]例如有一項實驗，艾特金要求一群大學生帶著數位計步器步行一天；另一組也步行，卻沒有測量他們的步行產出。這項研究支持已知事實：測量可以導致短期上的行為改變。事實上，戴著計步器的學生確實在沒有被要求的情況下走得更遠。但艾特金也發現了一個不幸的缺點：比起那些不需測量產值的學生，戴著計步器的學生較不喜歡步行。本來一件愉快的事，卻被當作工作來體驗。長期來看，這會對動機產生負面影響，就像我做健身訓練的情況一樣，直到我很幸運找到潔西。國王大學的瑞秋．坎特（Rachael Kent）利用Instagram觀察追蹤健身進度的職業選手，也得到同樣的結果。[5]

真正的問題是，大多數人對於量化回饋都非常盲目樂觀。「他們沒有看到任何缺點，且通常認為量化有助於多面向體驗。」艾特金告訴我。有鑑於量化回饋工具大量增加，「這些可能才是引起不愉快的真正原因。」她補充說明。艾特金的研究用到了社會心理學的基本思想，認為當促動行為的是人為創造的外在動機時就可能破壞內在動機。意思是，若讓某人採取行動的因素是外在獎勵、外在誘因或外在壓力，而不是像愉悅、避免痛苦、支持自我認同這樣的內在欲望，內在動機就會被壓抑。[6]但問題是，內在動機似乎比外在動機更有持續性。有一項引用超過四千次的著名學童研究，研究者將學齡前兒童細分成各小組讓他們畫畫：一組在畫畫後獲得獎勵；一組兒童僅因為好玩而畫畫，並不給予獎勵，兩組進行比較。然後，研究人員取消了外在獎勵，之前有獎勵的那組孩子發現畫畫的樂趣少了很多；但同時，由內在動機促動的那組孩子卻能繼續享受畫畫這項活動。[7]現在人們戴著電子手環，這種健康追蹤器會以人為的激勵制度，例如心率多少、步行多少給你打分數，藉此刺激人們努力。根據我在健身房多年的經驗，經常看到會員來運動時不知道自己忘記戴智慧手環，等到發現自己沒戴，就直接離開健身房不練了。為什麼要練，如果沒有納入計算的話為什麼要練，是吧？

儘管如此，即使是艾特金也承認，若把量化用在「你真正想看到進展的事」時，例如SMART目標，量化是有用的。例如，「你想提升自己變成真正的跑者，但你可能從沒有積極練習，所以你想用幾天試著了解影響運動表現的因素，如此追蹤數值就可以提供有用的訊息，因為你的動機是學習或改變。

最後，量化可以是強大工具，就像一把鋒利的刀，我們都該把這點放在心上。它將你的注意力緊緊地集中你想測量的事情上——它可以是正向的，只要是有意義的、適合你目標的測量。但如果不是，量化可能會對健康和幸福造成巨大的挫折。我主持過各種健康追蹤設備的先期測試計畫（pilot program），就曾看過這種負面影響即時在我眼前發生。[8]我和合作廠商隨機給一小群人各種健康裝備，包括活動追蹤器、無線電子體重計、攜帶式血壓計，要求參與者追蹤身體數據。我們希望這些設備能帶來更健康的行為，壓根沒想過會導致**不健康**的行為，但這正是某位參與者真實發生的事。這位參與者是了不起的自行車手，超級活躍，出門總是騎自行車，身材健美、心情愉快，根本不需要減重。不幸的是，她被隨機分配到體重計。到了實驗中期，我們對她進行實驗問題調查，非常清楚地，她就開始堅持自己該減肥。沮喪之餘，我們幾乎終止了這個計畫。從那時起，我越來越擔心過度依賴量化數據作為改變行為工具的不良影響。

總而言之，如果你打算採用量化方法，請務必小心，確保你追求的是正確的「關鍵績效指標」（key performance indicators），也就是所謂的ＫＰＩ。ＫＰＩ在商業領域是經常使用的指標，用來界定、衡量、追蹤某專案、某倡議或某活動是否成功。若問：我應該使用哪些指標才可有效得知此方案的某個績效範疇是否成功？ＫＰＩ就是答案。這就引出了下一個問題：如何找出適合你的ＫＰＩ？

以對你有利的方式操縱遊戲，aka找到正確的ＫＰＩ

關於鐵人三項賽有一件鮮為人知的事：在鐵人三項賽開始的早期，參賽者並不熱中創造時間紀錄。事實上，當時也不像今天有十七個小時必須完成的時間限制。有些參賽者會用一整個週末完成三項運動，在變換項目時還會停下來進行社交。到了一九七九年，在夏威夷瓦胡島開辦第一屆鐵人三項比賽，有一位大半賽程都領先的選手最後卻獲得第二名，因為他的補給員用完了水，沒水給他喝，只好拿罐啤酒給他補充水分，導致他踉踉蹌蹌地撞進汽車。[9]而第一名以十一小時四十六分五十八秒完成賽事。到了一九八〇年代，主辦方增加了十七小時的限制，事情才發生變化。這是量化效果迷惑人心的另一個好例子嗎？我們永遠不會知道。

到了我參加比賽的時候，參賽文化已非常不同。大多數參賽者都希望創下個人紀錄或爭取勝利。身為一個體重一百一十五公斤、身材走樣的男人，我知道我需要換個角度思考。我專注在兩件事就好：享受樂趣、完成這該死的比賽。我拋棄自我，承認對我來說，這兩件事都是可實現的目標。這很重要，如果我在訓練過程中把重點放在能加快多少時間，我可能會說服自己放棄整個冒險。

我沒有意識到的是，當我有意識且誠實地了解什麼KPI對我才重要時，我也不知不覺地操縱了遊戲，讓它導向對我有利的方式。這就是有意義的個人KPI可以做到的事：讓你準備好贏得你自己的勝利。請回想一下SAVOR系統，KPI設定不就像是故事編輯的一種形式嗎？把你個人目標重新設定框架和成就策略，讓整件事滿足你自己的特質。

有個很棒的模型可幫你設定KPI，這個模型不是來自菁英運動員或他們的教練，而是來自於臨床心理學家對人的研究，他們想改變目前能想到的最難以改變的行為：戒酒與戒毒。我首次聽到這個模型是在二〇一一年，那時我還在念博士，我在學校認識了幾個朋友，他們都是全美最大醫療機構、凱薩聯合醫療機構（Kaiser Permanente）的成癮治療師。他們利用一種名為「動機式訪談」（motivational interviewing）的方法取得瘋狂的成功（相信這個成功會持續下去）。動機式訪談的核心焦點是讓患者掌控整個過程。他們越能掌控，改變的動力就越發自內心，而不是由家庭、醫療人員或社會強加在他們身上的。來自內部的動力越多，他們就越有持續力。

對於ＫＰＩ的設定，上癮者與我們其他人並沒有太大不同。你必須訂立一個百分之百屬於你自己的目標，否則就沒有樂趣了，即使有最好的意圖，我們大多數人也會放棄我們不喜歡的東西。動機式訪談是由臨床醫生主導的協作過程，但你也可以將其內涵應用在自己設定目標的過程中。

首先，請先確定你的個人動機：請把那些用在激勵你改善行為的道德理性全推到一邊。相反地，請擁抱你真正的願望。如果你太會自我批判，以致壓抑、忽視或無法識別那些真正推動你往前的感受，設定動機這過程就不會起作用。舉個容易辨識的例子，想想那些要減肥的人，他們真的關心自己的身體質量指數（ＢＭＩ）是多少嗎？

根據我在健康保健方面的經驗，大多數人都不是。真正激勵他們的可能是即將到來的高中同學會，他們想，起碼身材要讓人想起年輕時的自己吧，期待以那樣的身材緩步巡弋會場。這是不是有點太虛華了？**或許**。但說不定這個原因比數字更能激起動機。如是，請把它當成目標。雖然醫生也許會把目標體重或BMI指數當成KPI，但以我們的例子，用褲子或衣服尺寸當成KPI較好，甚至是一件你現在穿不下的衣服會更好。更厲害的是，還可以自定暗爽評估表，由一到十，標示瘦到哪個尺寸參加同學會有多少爽度。我們都有自己的藉口，請讓它們發揮作用。如果這些動機非常個人化，那就更好了，它們力量強大，你不必說給別人聽，就把它們當成你生成超能力的專屬祕密。

想讓老同學留下深刻印象，這個動機確實有點弱，因為它是受自我驅動的理由，這種目標有既定弱點。倒也不是說你不能把它當成目標，但請深入挖掘，你減肥有什麼利他的理由嗎？例如變瘦了就可以和孩子一起在操場上賽跑，真正享受樂趣。從多方角度了解自己的動機，才能設定一套真正健康的KPI，支持你走得長遠。

至於動機，不要只是用想的，請寫下來、念出來。讓你的動機產生共鳴。如果它無法引起共鳴，請重新思考並重新設定。

掌握執行方法：一旦你的動機成為首要和中心，你就可以思考「如何做」的問題，包括你實際該採取的步驟，以及設定可以評估進展的里程碑。談到該如何做時，請給自己自由，用你自己的方式去執行。無論你的目標是什麼，一定會出現某個行業或某個社群告訴你他們是實踐這個目標的最佳方法。不要害怕他們提出的建議，但要根據自己的喜好去檢核，我喜歡把這個技巧稱之為「去骨取肉法」。用現實的態度面對自我習慣和生活方式，現在就是你實踐樂趣習慣的時候，**欲望和享樂都要列入考慮！**喜歡寫作但討厭早起？那就不要把寫作時間安排在一大早，無論哪位大師勸戒你都不要聽。討厭跑步機？那就試著去戶外跑步或健行。討厭在外面騎自行車？請買Saris室內自行車訓練器，或者試試Peloton的虛擬室內健身車。

簡而言之，**升級你的樂趣，這樣工作就完成了**。當談到衡量目標時，永遠不要忘記你的動機。一位朋友告訴我，她想要更好的身材，因此買了一個新的體重計。我問她為什麼想要更好的身材。她告訴我，她想要有更多能量，希望身體和精神都變得更強壯更有力。在她的觀念裡，身材要變好就表示要減肥，每天稱體重得到回饋。我們一起思考了她的真實意圖，她意識到運動比節食更能快速實現她的目標。她並不是對自己的外表不滿意，而是對自己的感覺不滿意，也早就知道只有定期運動可以迅速改變。因此，她不再專注減肥，而是決定透過十公里比賽的訓練來發揮自己的競爭優勢。她的計畫看起來是這樣的：

SMART目標：三個月內完成十公里路跑

動機：提高身體能量

KPI：完成訓練計畫；完成比賽；追蹤運動前、運動間和運動後的能量狀態和樂趣程度

關於KPI的一些最終考慮

請至少設定一個能增加樂趣的KPI，這個樂趣可能發生在實踐目標的過程中，或更普遍的，發生在大力推動的過程中。

・確保你的KPI完全在控制範圍內。讓我們再用減肥來當反例。體重受多種因素控制，從遺傳、年齡到荷爾蒙都有關係。你可以把所有事都「做對」，但最終仍無法把「對或錯」當成衡量成功的標準。

・盡可能將KPI放在後台當作認知背景就好。艾特金建議將檢查回饋的時間間隔盡量拉長，以最不頻繁卻仍具意義的確定次數幫助你糾正方向並保持動力。不需要太過頻繁檢查數據，有時候明明不需要，就不要查看了。許多健康產品都體現了這項建議的智慧，就如Shapa體重計，它不會顯示你的體重，只會告訴你是否朝著正確的方向前進。山姆・哈里斯（Sam Harris）開發了一個冥想app：Waking Up，原本設計了一個達標計數器，但在最近一次更新中，他的開發團隊隱藏了這項功能，希望減少刺激

人們在冥想時想起虛擬貨幣，或是他說的「精神唯物主義」。

當事情變得艱難

讓我們保持現實：並非追求目標的每個時刻都像一場刺激的電玩遊戲。也有情緒低落和痛苦的時刻，甚至有不想被打擾的日子。此時，樂趣可以拯救你。以下是基於我第一次跑鐵人三項賽時的一些想法，當然也結合了當前的行為科學，希望可以幫你把艱苦之路變得盡可能有趣。

活動捆綁，又稱給誘因：我非常喜歡**助推**（nudge）這個概念，這是芝加哥大學教授理查．塞勒（Richard Thaler）和凱斯．桑斯坦（Cass Sunstein）所提出，在二〇〇八年寫成《推力：決定你的健康財富和快樂》（*Nudge: Improving Decisions About Health, Wealth, and Happiness*）一書，之後廣泛流行，成為改變行為的重要想法。[10]到了二〇〇九年，福斯汽車採納助推的想法，並添加了一個關鍵要素：**樂趣！**你也許還有印象，當年福斯汽車爆紅的品牌形象企畫「樂趣理論」（Fun Theory），其中最出名的一則活動影片提問：「如果讓走樓梯變得更有趣，我們是否能讓更多人選擇走樓梯？」然後，他們將斯德哥爾摩地鐵站的樓梯改成鋼琴鍵，行人可以用走樓梯來「彈」鋼琴，他們拍下大多數人都選擇走樓梯而不搭電扶梯的畫面。（詳情參閱：https://share.michaelrucker.com/fun-theory。）

福斯汽車與塞勒和桑斯坦一樣，把焦點放在大眾健康層次的行為改變。到了最近出現了另一種風潮，由《設計你的小習慣》（*Tiny Habits*）作者ＢＪ．福格（BJ Fogg）和《原子習慣》（*Atomic Habits*）的作者詹姆斯．克利爾（James Clear）將行為改變的概念推廣到個人層面，將自我完善的努力重新集中在微小習慣的改變，這是通往行為改變阻力最小的路。用福格最具代表性的例子來說吧。假設你設定的目標是每天慢跑，福格表示要從頭開始，把行為變小、變更小：設定一個夠小的目標，就像每天只要穿上運動鞋就算達標了，然後看著奇蹟發生——到最後，你因為跑步做到的成果絕對比最初設定的目標多。

由於我們關注的對象是已被證實的樂趣力量，所以我建議用一點小技巧——不是助推，而是**給誘因**：動點腦筋讓樂趣幫你朝目標邁進。這個誘因可以很小，例如，穿著讓你覺得愉快的衣服去運動。就我而言，這表示我在鐵人三項賽事中可以穿著花花綠綠的沙灘短褲，而不是穿著貼身的Speedo和昂貴的自行車短褲——對我來說，後者意味著奢侈和羞辱，一個令人討厭的結合。誘因也可以是把早上叫你起床的鬧鐘設成你最喜歡的歌曲，或者把要給你孩子吃的胡蘿蔔切成小星星。（把食物切成花俏形狀，再用牙籤精心排列，這不僅是養育子女的表演性行為。許多研究都表示，食物外觀對吃有重大影響，特別是對於孩子來說。[11]）

誘因也可以被活動捆綁。鐵人三項中對我來說最困難的是自行車，這是我最弱、最不喜歡的項目。因此我不在路上騎自行車，而是使用虛擬實境訓練台CompuTrainer，把自行車訓練變成遊戲。把事情變好玩就是一種誘惑，讓訓練變得有趣，也讓我從討厭變成期待。比賽過程有時真的很艱苦，為了完成自行車賽程，我賦予誘因，把喇叭裝上自行車，放著朋友幫我在賽前挑好的歌，讓我一面騎一面聽。這些歌曲在最困難的時刻振奮了我的精神，因為每首歌都很獨特，代表了我每個獨特的朋友，也就像他們在我身邊為我加油一樣（這在現實中是不可能的，因為比賽地點在紐西蘭）。

給目標一個名字：莎士比亞是偉大的詩人和劇作家，卻是蹩腳的行為科學家。事實證明，玫瑰換了其他的名字，聞起來可能就沒有那麼香甜了。[d]例如一項研究表明，當健康食品貼上寫有「放縱描述」的標籤時，像是「扭曲的胡蘿蔔」和「炸藥甜菜」這類異想天開的語詞，我們對健康食品的選擇會顯著增加。[12]語言很重要，因此，為你的目標或計畫想個你喜愛的名稱吧。我沒有將我的鐵人三項訓練稱為鐵人三項訓練，嗯！我把這次訓練稱為「墨西哥捲餅屋企畫」，因為我打算用跟朋友打賭贏來的錢開家海灘墨西哥捲餅店。這個名字與整個努力的精神相匹配，只要一想到，我都會笑。

它同時連結訓練與動機，可以給自己動力去啟動比賽後的下一個大企畫。給目標一個能照亮你的名字，它可能很有趣，可能很異想天開，甚至可能很嚴肅，**都由你決定**。

給自己獎勵：正如我們從伍利和菲什巴赫那裡學到的，立即的獎勵比我們想像的更有激勵作用。當你從清單上劃掉一項主要任務或達到一個里程碑時，請考慮給自己獎勵。寫下一份小放縱清單（請放心從樂趣檔案中提取），並在時機成熟時選擇一個來做。只要確保獎勵符合長期目標（例如，如果減肥是你的最終目標，請不要用熱量六百卡的冰沙獎勵你燃燒了三百卡熱量的成就）。

到了鐵人三項比賽當天，鬧鐘在凌晨四點把我叫醒，我滿腦子想的只有一件事：**如果我失敗了怎麼辦？**被我壓抑得很好的自我懷疑一股腦襲來，我感到恐慌。然後想起了戴夫・斯科特（Dave Scott）寫給我的電子郵件，他是我老家加州戴維斯當地的傳奇人物，也是進入鐵人三項名人堂的第一人。他寫道：「這只是一場鐵人三項賽。」**他是對的！**如果我沒有跑完會發生什麼？我會很不好意思，但有一天尷尬一定會過

---

d 譯註：莎士比亞名言：「玫瑰不叫玫瑰，依然芳香如故。」（A rose by any other name would smell as sweet.），出自《羅密歐與茱麗葉》。

去。所有心理障礙都是我自己想像的，如果我崩潰無法持續，我會再想出其他障礙。

這是一條微妙的界線：我們必須認真對待目標才能致力實現目標，但如果我們太認真對待目標，並且一路上沒有樂趣，恐懼和壓力就會壓垮我們。作為成年人，當我們嘗試一些覺得尷尬或會暴露弱點的新事物時尤其如此。

不斷提醒自己要把目標放在樂趣的框架中，如此也把自己放入更安全的空間。當我想著我的鋼鐵人冒險活動的全部意義就是享受樂趣時，我是否真正完賽就變得不那麼重要了。這個想法足以讓我起床，開車去接我最好的朋友麥卡。如此就來到將樂趣習慣帶入膽大包天計畫的最後一個因素：**人**。

玩樂名人堂：最想做的四十三件事

早期的社交實驗網站43 Things於二〇〇五年正式上線並迅速流行，因爲它以有趣方式與他人輕鬆分享目標。一登上它的網站首先會碰到一個問題：「你想做什麼？」訪客要回答四十三個不同的目標。（創辦人選擇了四十三這個數字，似乎因爲它易於管理；它小於五十，且是質數。）你也可以查看其他人的目標清單並爲他們加油。該網站在二〇一五年初下線前吸引了也激勵了數百萬用戶。在這網站上（部落格文章欄位下）看到的各種流行目標可說是一場文化現象的揭示時刻，多半是公認的經典：減重、停止拖延、跑馬拉松。但也有一些令人心酸的：在雨中親吻、愛自己、不再在乎別人對我的看法。

網站共同創辦人丹尼爾・斯皮爾斯（Daniel Spils）表示，他自己利用網站完成了五百多個目標，「幾乎包括所有事，從『吃香蕉』到『創辦一家能存活兩年的公司』再到『結婚』。」[13]但直到二〇一六年還有一個尚未完成的特定目標：「在我的地下室錄製一張專輯。」（多才多藝的斯皮爾斯從一九九六年以來一直在西雅圖Maktub樂團擔任鍵盤手。）

由於聽到一位前同事去世的消息，斯皮爾斯開始反思「人際關係轉瞬即逝的本質以及我們想實現的目標」。他拿出了他的舊清單，最後檢查一遍，決定把錄唱片這件事從他的待做清單上打勾，表示完成。他和妻子布蘭吉恩（Brangine Spils）組了一支The Argument樂團，發行了十一首單曲，全都在他的地下室錄製。

我的目標、眾人之事：讓你的目標社會化

引用鐵人三項賽的金句：要完成不可能的事，有觀眾是有幫助的。如果你參加過大型比賽，就會知道最好的觀眾一點也不被動。他們尖叫、歡呼，發送零食和額外的水，他們揮舞著創意標語、有趣的手勢，讓你在痛苦時開懷大笑。比賽結束後，他們會抓住你，親吻你，給你墨西哥捲餅和啤酒。（就像他們是我妻子……好，夠了。）

我可以誠實地說，如果沒有支持我的人，我不可能完賽。雞冠頭和沙灘短褲很酷，但有家人朋友在場才是真正的歡樂，才能留下最難以磨滅的回憶。比賽中，我自行車騎到一百哩就撞牆了，股四頭肌抽筋，痙攣像是永遠不會停，我不得不下車，以為這就是結束。但奇蹟般的，雙腿還是做到了，我在離關閉賽道還剩五分鐘的時候進入最後項目。從那時起，我的記憶就變得甜蜜了——儘管膝蓋受傷、疲憊不堪，身上背著游完二．四哩，在高高低低鄉村道路上騎自行車騎了一百六十公里發生的一切點點滴滴，從那時候起，一切只剩甜蜜。

馬拉松是我的舒適區，我只花了六個多小時就完成了，這很有幫助。但真正讓這場賽事永生難忘的是我的父母在那裡，我媽媽為我加油，因為我是自行車賽關閉前最後一批推著車進入轉換帳篷的人。跑了大約八公里後，我和麥卡互相擊掌，他已經開始第二圈了，看來會在十三小時內完成比賽。看到他，知道他已快到終點後，也振奮

起我的精神，我感覺我的膝蓋有點放鬆了，我加快步伐。有觀眾認出我的雞冠頭，為我大聲打氣，然後在我進入第二圈時叫得更大聲。有個紐西蘭家庭在比賽最後兩小時一直跟著我，大概因為我穿著瘋狂的海灘花褲，所以替我戴上一圈花環。在距離終點還有四百公尺時，我的父親突然出現替我加油。從那裡到終點線，我的臉上都掛著不可置信的古怪笑容。在官方時間**十六小時三十八分四十九秒**時，我做到了！**我是鋼鐵人！**

關於個人目標社會化的典型說法多集中在問責，要你說到就要做到。像東尼．羅賓斯（Tony Robbins）這樣的人就督促你要你把目標公開，因為你不想生活在失敗的恥辱中。但羞辱人真的能激勵人嗎？對我來說，這完全錯過了邀請他人參與目標的真正魔力，要他人參與的原因是：只要有人加入，你的目標立刻變有趣，而樂趣輕鬆解放了責任壓力。和你喜歡的人一起做一些有趣的事，真的需要變成可受公評之事嗎？**不用吧。**

你可以在健身趨勢中看到這種思維轉變。九〇年代，健身界興起一陣魔鬼訓練營風潮，訓練重點放在友善的壓榨和嚴厲的愛。到現在，在團體健身領域最受歡迎的品牌是SoulCycle和Peloton，這兩個健身平台專注在自行車訓練，利用大團體的能量和積極性來幫助人們獲得健康並保持活力。我在Peloton有幾位非常喜歡的健身教練，其中最會用樂趣帶活動的教練是潔西．金（Jess King）。金將自己定位為派對主持人，隨時為你服務。她的健身課程很具挑戰性，但你不在乎，因為太好玩了。如果你上網查看Jess King Experience的網頁，你甚至不會發現那是健身課程。沒有提到卡路里、練出好身材或燃燒的感覺。相反地，你受邀參加「大家的聚會」，賦予的使命是激發出「大家一起來」的感覺，「是一種動人的、音樂性的、身臨其境的體驗，而參加會員本質上就是運動派對的一部分。」（我參加Peloton覺得很有趣，如果你和我一樣，讓我們在平台上交流吧，我在Peloton的名字是**Cr8Fun**。）

最後請記住，朋友不僅是支持你的人或生死與共的伙伴。他們也是你在尋求新知時難以置信的資源。我見過的最真實的例子是在嘉莉的Facebook，她是我朋友的朋友。嘉莉把她想學的東西和想改進的事情列出清單——她想做舒芙蕾、想學習彈奏特雷門琴，想寫一本書。她把整個清單放在Google電子表單中分享出去，她說：「這是我接觸所有人的方式，我想接觸那些在過去二十五年從不曾花時間相處的人。」她請大家在電子表格上登錄，以後可以開Zoom會議時教她一些東西。她也鼓勵大家一起來，如果有人看到表單上有自己也想學的事項也可加上自己的名字，這樣他們就可以一起學。或者對方覺得嘉莉有些東西也能教**他們**的，就在表單上添加別的項目。後來，電子表單上出現一百三十一個學習目標，三週後，裡面有三十個目標找到自願教師或成為嘉莉臉書好友中的學習夥伴。她的第一次Zoom上課經驗是位年紀很大的朋友教她變小魔術。

所有人都知道朋友能發揮強大的正面影響。當你想自我提升時，會從這種影響中得到更多好處。你朋友圈裡有誰願意和你一起享受**艱苦樂趣**？大家一起，苦中才有樂。

11 樂趣是改變的動力
Fun Is a Force for Change

「有些人看到一些事就會問，為什麼？
有些人夢想著從未發生的事，然後問為什麼不呢？
有些人必須去上班，沒時間管這一切有的沒的。」
——美國喜劇演員喬治．卡林（George Carlin）

一九八六年，五百萬美國人不分成人兒童手攜手連成一條橫跨美國、長達六千六百公里的人鏈，年紀夠大的人或許都記得這一天。在短短十五分鐘裡，這個國家決意團結起來，大家手牽手，唱著《四海一家》（*We Are The World*）和《美哉美利堅》（*America the Beautiful*），及一首專為當天創作的歌曲。這個活動為援助非洲籌集了五千三百萬美元，同時為集體行動能達到的成就做出有力的闡述，更訴說著眾人齊心的感覺有多美好。大家站在一起，無論握住的是你最好朋友的手還是陌生人的手，它就像一個魔術之門，通向我們之前曾討論過的超凡樂趣。

如果你參加過任何形式的集體行動，無論是當志工向有需要的人分發食物，或為社會變革走上街頭，還是聚集在某位你相信會帶來改變的候選人旁，你一定會經歷這種感覺，齊心協力為眾人的大事提供了絕佳的機會，讓我們走出自我，進入大我——某種充滿希望的可能。

也許這就是為什麼幫助他人可以提高幸福感的原因，就像在上一章提過的牛津大學艾利希教授的研究，我們學到了設定目標的**原因**對幸福感是有影響的。過去大多數學者都專注在目標如何為「**我**」服務，當目標能增強我們的自主權意識時，我們強調目標的好處。而艾利希將為目標奮鬥的理由設定出一個框架，它既能擴展邊界，又能抓住關注焦點。當我們把目標放在純粹利他，一心對外的動機時，就能更專注在目標所帶來的幸福效應。艾利希發現，選擇目標時，若考慮的是「**我們**」，則個人會受益。他更指出，倘若**你本身**就屬於你希望在世界上看到的變化——例如，幫助他人、讓世界更美好等，這會是積極支持主觀幸福感的關鍵要素。[1]換句話說，向善的力量是讓自己更快樂的好方法。所以這是另一個利用樂趣超越**自我**、進入**大我**的機會，能將我們與某種更崇高的事物聯繫起來，甚至能一窺樂趣的最高境界——**神祕**。

現在回到原點，集體行動在本質上就符合我們在第一章討論的樂趣定義。集體行動和樂趣兩者具有共同特性：

需要行動

兩者都可以讓你離開沙發，走向世界。與其擔心世上問題的嚴重性，不如做**一些事**讓它變得更好。這是無力感的解脫，讓我們從新聞社群不斷餵給我們的沮喪故事中逃脫。

親社會

兩者都會讓你不再鑽牛角尖。你不會再感到孤獨，而是與自己以外的事物建立連結。你的思維從「**我**」轉向「**我們**」，所以自我和自己的問題都不在那麼重要。

有自主權時最好

選擇幫助他人與因內疚做某事兩者感覺完全不同，因為助人無關「責任」，而沒盡到責任你才會內疚。當我們受到評判或壓力時，才會變得最不仁慈。我想起《南方四賤客》有一集是這樣的：屎蛋爸（Randy Marsh）在超市收銀台結帳時，拒絕捐一美元給慈善機構。然後，為了結帳，Whole Foods超市的收銀員強迫屎蛋爸對著擴音器說：「我不會給飢餓孩子任何東西。」收銀員大聲說：「所以，這裡有冰淇淋、伏特加、披薩袋，加上沒有給飢餓孩子任何的東西，總共是三十七・八三美元。」而排隊的每個人都在看。儘管看來諷刺，但很有趣，因為這個劇情借用了我們受到脅迫時所經歷的真實不適感。[2]（想看這個片段請至：https://share.michael rucker.com/donation-shaming）

你的樂趣檔案中是否包含一些受利他主義、志工服務或行動主義啟發的活動？也許沒有，有時我也如此，原因各有不同。我們時間太少，工作太多，總希望把餘下的時間自由運用在個人追求和隨性想做的事。而在西方文化中，人們多半把親社會活動視為對個人成功、也就是對**正事**的干擾。

此外，凡是致力於公益事業的人都知道，並非每個時刻都令人愉快。解決任何眾人之事或社會問題都是一場痛苦疲累的奮鬥。往往前進兩步、後退一步。現實逼著我們深刻體會人間眾苦和無盡磨難，到最後，那些苦痛或磨難已分不出是我們自己的還是他人的。對於那些全心投入的人來說，這可能意味著長時間的工作和真正的犧牲，有時甚至會遭遇危險。

樂趣是未被充分利用的盟友

成功的變革家聰明地領悟到，結合樂趣與行動，可以維持熱情和推動變革，這是最具影響力的**活動捆綁**。例如，想想音樂家該如何推動社會變革？最好的莫過於將他們的音樂成為某項運動的主題曲。就像之前提到的《四海一家》，以及亞當・約赫和野獸男孩為了幫助西藏獨立舉辦的盛大音樂會（參第六章）。音樂在一九八〇年代反種族隔離運動中發揮了巨大作用。不只是音樂，還包括其他形式的娛樂——幽默笑話、戲劇、募款晚會——提供了變革持續的能量，更產生廣泛影響。因為有趣，所以吸引了那些原本不可能貢獻時間的人，簡單的快樂成為深層許諾的橋梁。

無論你是否認為回報社會是一種道德要求，但它的確是樂趣應用在生活上的明智補充。因為你知道什麼會不好玩？當我們知道到外面世界問題重重，自己卻**沒有**提供幫助，這種感覺不好玩。我們都渴望以某種形式為更大利益做出貢獻，最終卻淹沒在大量社會弊病中，被凍在選擇障礙中動彈不得，所謂**選擇疲勞**（choice fatigue）[3]。你還記得第二章討論建立玩樂檔案時對選擇疲勞的說明嗎？當選擇太多、難以理解時，我們就會變得麻木、不滿、焦慮。因為看到各種集體創傷從四面八方襲來，會讓自己感覺世界所有重擔都壓在自己肩膀上，尤其當我們又覺得自己勢單力薄無法改變什麼的時候，做了種種只是**空虛**。**空虛**，又是這個字。過度擔心或發布另一個「支持」迷因，不過助長**空虛**而已。

我不能說你可憐別人不對；它當然是比冷漠更好的選擇。然而，就定義上看，缺乏同理的可憐，當然也缺乏行動。相反，讓樂趣和同情成為自然的盟友，就能把你推向集體行動。當做這件事有樂趣，就能推動自己踏上貢獻者和變革者之路，即使過程艱難，樂趣能讓你再艱難也能繼續向前行。

回報社會對個人的好處

如果你對人類面臨的巨大全球挑戰感到不安和焦慮，集體行動一定能讓你振作起來——特別是如果你選擇的切入點是帶著樂趣的。非營利組織PlayBuild就是一個很好的例子，它以樂趣作為社區貢獻和社會變革的燃料。PlayBuild是安吉拉・凱爾（Angela Kyle）和夏洛特・瓊斯（Charlotte Jones）在紐奧爾良成立的組織，致力於以遊戲改變兒童的生活。二〇一三年她們設立第一個PlayBuild駐點，當時凱爾在紐奧爾良一處破舊的黑人社區租了一塊長二十七、寬九公尺的地，把它改造成精巧、色彩繽紛的「設計遊樂場」。這是最好的故事編輯，PlayBuild將破舊環境重塑為誘人且具包容性的玩樂空間。在公園與遊樂場都缺乏的社區，PlayBuild準備了大型的積木、管道和Rigamajig Builder組裝玩具，可以讓來玩的人建構他們夢想的社區——蓋出房屋、城堡、商店。樂趣顯然是重要的結果，但使命有更深層意義：讓孩子認識到他們也能成為改變自己社區的推手。或如凱爾所說：「讓他們直接接觸社會變革。」建構環境，使他們看到有機會成為這種轉變的推動者，而不只是被動的旁觀者，任憑整個街區在卡崔納颶風後整塊變形。[4]

PlayBuild也為孩子、成人和志工提供學習機會，讓他們有能力積極整理塑造自己的環境，更可能為社區、城市、甚至地球盡力服務。用心理學家的術語來說，這是建立**自我效能（self-efficacy）**的方法，相信自己有能力面對任何挑戰。正如凱爾告訴我的：「讓社區志工參與這項運動的確會讓人感到強大，因為社區運動賦予他們權力、能力，以及自己的聲音被他人重視的可能。在一個有色人種因中產階級化而受到傷害的地區，透過倡議，宣導一些非常重要的事情，包括安全、流動、普及等問題，這些志工就是社區計畫在推行時極有動力的部分。」

不管青少年或成年人，在參與集體行動時似乎可得到類似的成果，會讓他們覺得他們在現實世界中創建了更新更好的「結構」。對世間苦難的擔憂也許難以承受，但與他人一起努力做出積極改變就不會壓力爆表。事實上，兩者呈現反向效果，集體行動反而會產生更強的自我效能感和自我意識。根據一項針對英國青少年的研究發現，[5]與他人分享目標會增加**關聯性**，[6]這是我們之前討論過的幸福主要組成。

相較起來，科學對政治行動主義（political activism）有何心理益處的研究相對有限，但對於社區服務和志願服務的身心好處的則有大量研究，研究發現這些活動與改善身心健康明顯相關。自願奉獻時間幫助他人必然會與社區團體建立關係，事實證明，這對健康有重大好處，好處包括緩解憂鬱、[7]降低血壓、[8]延長壽命[9]。甚至只是捐款做慈善也被證明可以改善健康狀況，[10]在在顯示好處不只發生在當下，更有長遠利益。

在PlayBuild，「工作」本身在本質上就是有趣的，對於希望透過社區參與來重新定義自己的人來說，這是雙贏的主張。凱爾說：「遊戲的跨世代意義也很棒。社區裡孩子和祖父母聚集在一起。我們在這裡舉辦復活節找彩蛋活動或辦野餐，這個空間不僅是孩子的，也是孩子的、父母的、祖父母的、叔伯阿姨的，大家聚在一起，玩在一起。它創造另一種溝通模式，因為環境不同，溝通方法就不同，且力量非常強大。」

以自己的樂趣爲起點

我是去服務眾人的，怎麼可以想著自己玩樂！請不要急著批評自己，因為即時的樂趣滿足可以為你提供開始的機會，讓你走著走著，就能邁向更有挑戰性的工作，或更深入地致力於某個問題——如果沒有，至少你也做出了一些貢獻。貫穿本書的一個精神是：當談到樂趣和更嚴肅的追求時，不需要犧牲一個換取另一個。用脫口秀的語言來說，這不是「有你沒我」，而是「是的，還有」。（這句話已從舞台進入日常大眾的對話，就像一種暱稱，代表擴張性和成長性態度的價值。）

我想到最能實踐「樂趣行動主義」的人是我的朋友葛雷姆・斯塔登（Graeme

Staddon），我在第七章提到過他，他是我在倫敦短暫居住時結交的朋友。我去參加蛇形跑步俱樂部時遇到他，後來兩人越走越近是因為我們都在英國努力尋找優質莎莎醬薯片，最後尋找好吃薯片的計畫失敗了，不過在過程中，我們享受了很多樂趣和很多很棒的啤酒。很遺憾的是，葛雷姆的岳父在二〇一六年因攝護腺癌去世，之後在二〇一七年，他的父親也診斷出乳腺癌（是的，男性也會得乳腺癌，儘管很少見），而他的父親存活下來，因此葛雷姆想做點事幫助他人擺脫痛苦。他在二〇二〇年初時宣布，那一年他要參加十二場馬拉松比賽，目標是每跑一哩募得五英鎊，所以總共是一千五百七十二英鎊。如果每月一次馬拉松對你來說很瘋狂，請再想想，葛雷姆已經五十一歲了，這把年紀才要重新開始跑步是很難的。儘管如此，他還是把募款活動放上募資平台且開始行動。他的前兩場馬拉松都是自己跑的，第三場馬拉松是和妻子一起去英國南威爾特郡參加Larmer Tree馬拉松賽。他原本計畫這十二場馬拉松可以結合個人跑步和團體跑步一起做，然後，新冠疫情來襲，英國與許多地方一樣，實施了嚴格的封鎖，不再有團體馬拉松了。

也許這時候很多人就會放棄了，但葛雷姆沒有，他沒有放棄的原因正突顯了樂趣的力量——只有帶著樂趣參與的行動才有真正的持續力。首先，葛雷姆從小處著手，選擇一個與個人相關的小議題，並堅定投入。其次，他回報社會的媒介是他熱愛且願意參與的活動。他知道如何計畫跑步訓練，如何組織自己的支援系統。同時，英國雖然封城了，但仍允許人們進行戶外運動（只要能保持社交距離就好）。

他令人訝異的個人承諾造就了一個好故事，當地新聞很快報導了。他出現在廣播中，他的募款頁面被大量分享。幾個月過去，十二月就要來了，他決定加大賭注，在十二月完成一場雙倍馬拉松——從南安普敦西區跑到普爾沙洲一共八十五公里，他計畫用十小時到十二小時跑完全程。從黑暗中開始，也在黑暗中結束。但他只花了九小時五十九分就完成全程，使他的年度總里程達到二千一百二十七公里（一千三百二十二哩），總共募集了五千六百九十二英鎊，幾乎是他最初目標的四倍。

跑步時常是一種孤獨的運動，但他舉辦募款活動的經驗絕不孤獨。他在Facebook有一篇貼文提到，最讓他驚訝的是基於他的努力收到的所有對話，包含面對面告訴他的以及線上留言的。人們分享了親人得到攝護腺癌或乳腺癌的故事，他們告訴他，他的努力帶來一種正面力量。

二〇二〇年，全世界的人都經歷了孤獨、平淡、焦慮，甚至憂鬱的一年，幾乎沒有選擇。但同一年，葛雷姆有著最美好的一年，激勵他人，做自己喜歡的事，同時為癌症研究做出貢獻。**這是一件很好的生意，不是嗎？**

如果連在疫情期間，一段**馬拉松賽全部停止**的時間，如果連這時候葛雷姆都可以靠著跑馬拉松募到資金，想像一下，要是你下定決心發揮興趣和創造力為某項公益事業服務，你會做什麼？若想入門，我們可以從葛雷姆身上學到什麼？請從大處著眼，仔細思考你會如何驅動你的社群參與，讓它產生一種滿足自我的經驗，可以符合人類三種基本心理需求——自主性、勝任感和關聯性（例如，感覺與他人有連結）——同時，又能廣泛地將自己與他人聯繫起來。

- **選擇一件對個人有意義的事**：如果你做的事對你來說具有獨特意義，此時回報社會的行動就能增強自主性，因為你不是基於流行或受到社會壓力而選擇這件事，而是出於個人意願。敞開心扉，試著感覺有什麼在召喚你。然後，有意識地將你的利他能量投入其中。人世間需要解決的問題百萬種，提供幫助的方法也有百萬種。請將能量導引到引起你共鳴的事情上。如果這件事在本質上激勵你且讓你感覺好，你就更可能堅持承諾。

- **尋找適合個性和技能的參與方式**：積極參與某項公益事業並不代表你必須坐在集會前排。你可以從各個角度幫助這個活動，例如傳播訊息、準備餐點、籌集資金、建造房屋……公益組織在各方面都需要幫助。特別在為人服務時，若能貢獻自我天賦才能，更能產生一種勝任感，如此也能為你生活的其他領域注入活力（無論是職業還是其他層面）。

- **傳播訊息**：從真實的角度與他人分享你的社會參與，是享受體驗、加深允諾的好方法。這是增加關聯性的機會，不但加深與這件事的聯繫，更有可能吸引其他志同道合的人一起加入、共享樂趣。

簡而言之，將你的動機從基於獎勵和以自我為中心的誘因轉為更內在、更富有同情心的誘因；就如，從我參與是為了想獲得獎勵，或給我的朋友留下深刻印象，或不想被干擾，變成我參與是因為它照亮我內心，因為做好事感覺很好。這種轉變會帶來最好的體驗和最好的結果，才有持久的動力。

為了讓你更有啟發，我提供另一個例子。一天，購物平台AppSumo的創辦人諾亞．凱根（Noah Kagan）心血來潮，想要在朋友圈辦一場有趣的活動，同時也做一些好事，最後想到辦一場Sumo 50慈善騎行活動（Sumo 50 Charity Ride）。這是專門為友誼和歡樂量身定制的活動，不僅是為了凱根，也為了他多年結交的企業家朋友。我這麼說是因為我有親身經驗，我參加了這次騎行活動。無論他是否知道，他為我（和其他人）提供了外在獎勵和內在動機的完美結合。這場活動由蘭斯．阿姆斯壯基金會（Lance Armstrong Foundation）[a]的人員規畫，他們設計了一條分為四十公里和八十公里的行車路線，所以我們都事先知道這次騎行除了樂趣之外，可能也具備某種挑戰性。出發前，諾亞安排了一場盛大的行前派對，找了奇幻魔術師喬納・巴賓斯（Jonah Babins）演出一場史詩級的魔術表演（有關這位魔術師的資料，請參見以下網址：https://share.michaelrucker. com/jonah-babins）。騎行結束後，大家一起吃著炸玉米餅（凱根超級迷戀炸玉米餅）、瑪格麗特酒，享受現場音樂。為了讓人們捐更多錢，凱根提供各種激勵措施，包括如果有人達到特定捐贈門檻，他就會提供個人職涯輔導。同時，只要募到三百美元，他就會為弱勢孩童提供一台筆記型電腦。首屆Sumo 50慈善騎行活動為有需要的兒童贏得了五十台筆記型電腦。

疫情期間，住在北卡羅萊納州鄉下的我親眼目睹了欠缺電腦對弱勢兒童的影響，他們在遠端教學的挑戰中面臨巨大的負擔。以後只要凱根辦活動，我就會去。這是一段美好時光，有美味的玉米餅可以吃，更重要的是可以見到很多有趣的人。當然，不僅是為了好玩，參加活動就表示有更多小孩可以得到往前走的工具。

爲了更大的良善一起享受樂趣

凱根的故事是很好的例子，說明你如果邀請既有社群一起共享經歷，會更容易將貢獻和服務融入生活。意思是讓你的家人，包括孩子、父母，或你邀請的家庭……無論是誰和你一起共度美好時光。

我最喜歡的童年回憶是每年和父親一起參加名為「為偉大美國淨河」（Great American River Cleanup）的環保活動。我父親曾是狂熱的潛水員，他和其他夥伴會穿上潛水裝備潛入河中，而我們其他人則登上木筏作為支援進行操作。潛水員在河底搜尋垃圾，而我們這些在木筏上的人則興奮地等著看他們挖出什麼。這個活動是有獎品的，例如「Most Keys Found」獎，最後由一位拉出一台舊打字機的人獲得。

這個活動本身就很有趣，加上它是個家庭活動。幾年前，我和女兒一起參加加州阿拉米達螃蟹灣的淨灘活動。沒錯，我們都關心海洋，但說實話，如果這不是在週休早上娛樂自己的好方法，我們永遠不會在禮拜天早上起一大早，戴上塑膠手套進行乏味累人的撿垃圾工作。活動企畫很聰明，把這項活動設計成有趣的家庭活動，安排了各項兒童活動，因為我們知道鄰居的孩子也會來，所以這項活動變得更有趣。即使沒有節日慶典，我們還是會喜歡和老朋友、新面孔一起去享受陽光和新鮮空氣。除此之外，一些經過企畫安排的樂趣才是讓我們早早起床的誘因。

志願參與公眾事務的兒童在培養實際技能的同時，他們的自尊心也會得到提升。[11] **Katamundi**是致力讓兒童也能發揮社會影響力的網路社團，它提供了開始的鑰匙。

---

a 譯註：蘭斯．阿姆斯壯（Lance Armstrong）是七屆環法自由車賽冠軍，曾經的抗癌鬥士，後因禁藥問題幾近身敗名裂。同名基金會在一九九七年抗癌成功後和Nike合作成立，旨在幫助癌症病患。

在這個平台可以找到你想關注的公益事業、制定貢獻方式，然後組建團隊實現目標。Katamundi的創辦人伊薇特．惠（Yvette Hwee）對我說：「與家人朋友一起從事社會公益事業三年後，我可以肯定地說，我們得到最大的好處是在過程中一起享受樂趣，手牽手一起為我們的共同目標而努力。作為團隊，滿足感不僅來自你做的事對社會有利，而且還享受到歸屬感和使命感。」

另一種參與公益事業的方便方法是透過雇主找機會。如果你在大型企業工作，公司應該會有負責企業社會責任（corporate social responsibility，簡稱CSR）的單位，他們的企畫可能引起你的共鳴，你可以加入現有倡議，如果不適合，你也可以自己企畫一個。旅遊活動機構Marathon Tours & Travel的創辦人湯姆．吉力根（Thom Gilligan）將慈善事業融入公司業務。你可能還記得我在第五章提過我曾在南極洲跑馬拉松，馬拉松結合旅遊只是一種手段，我們旅行的真正目的，或說吉利根規畫的所有南極洲馬拉松活動都是為了替Oceanites 籌集資金，Oceanites是個非營利的科學組織，負責監測氣候變遷和旅遊活動對南極洲和地球造成的負面影響。幾乎Marathon Tours & Travel在各地辦的各種活動都結合公益目的，他們找到貢獻社會的方法。例如在肯亞辦馬賽馬拉松賽，是為了馬賽族婦女支付高中學費而募款；在馬達加斯加辦路跑是為了替當地健康診所籌募資金；而在美國，吉力根的公司旗下有個團隊專門為年度波士頓馬拉松做募款專案，至今持續了二十年，已為波士頓的查爾斯頓男孩女孩俱樂部（Charlestown

Boys & Girls Club）籌集了超過六十三萬五千美元。吉力根和他的同事認為馬拉松不僅是對身體的挑戰，也是改善人類現況的機會。他們將馬拉松與極限冒險旅行和慈善事業結合在一起，規畫出獨特的旅遊活動，將樂趣提升到巔峰。

Marathon Tours & Travel不是非營利組織，它是營利企業，這家公司支持了吉力根及公司所有員工的生計。這些小故事都強調，你不必擁有特殊納稅人身分，甚至不必擁有正式的組織，就可以運用樂趣的力量做善事。只要有樂趣、創造力、意圖和堅持就能支持一切。你越是訓練自己找到回報社會的選項，就越容易找到它們。

玩樂，開始的簡單選項

如果你的玩樂檔案中還沒有值得關注的活動，請立即花些時間找到選項加入檔案。以下提供一些想法，說不定能激發你的靈感：

- 報名參加結合公益與樂趣的路跑活動。
- 對於有興趣的公益事業，你可以買票參加他們舉辦的晚會或各種活動。
- 參加社區大掃除或種樹愛地球等類似活動（或自己在現在居住的街區主辦一次）。
- 參加公益遊行，與家人朋友一起享受製作標語的樂趣。

- 利用Charity Miles app追蹤你的運動里程，這款app連接多個贊助商，它們會根據你的運動里程捐款給慈善機構；請邀請朋友贊助你參加挑戰。（請上網查詢：https://share.michaelrucker.com/charity-miles）
- 把你下一次假期定位為服務之旅。
- 把個人嗜好商品化，換成錢再捐獻，例如你會做陶器、會打毛衣、會做串珠首飾，就可以拿它們賣錢將利潤捐給慈善機構。
- 以生日派對為名，為某項事業募款發起生日捐（這個點子因為Charity：Water這個組織而流行）。

一旦找到足夠的選項，請不要忘記變動享樂的價值。如果你已經對某項公益事業充滿熱情，這項建議並不是為了讓你偏離軌道。你已經投入了，**就堅持下去**。然而，如果你正在尋找一種將善心融入樂趣習慣的好方法，請整合一系列隨機的小善舉，一件一件開始做，可能是有效的策略。社會心理學家茱莉安娜・布雷內斯（Juliana Breines）在《大善雜誌》（*Greater Good Magazine*）雜誌中說道：「在我們的日常生活有意識地實踐仁慈，即使在心情並不是特別慷慨的時候也要做，它有助於將仁慈養成一種習慣。會如此，很大程度是因為善良孕育出幸福感：感覺好有助於強化我們的善良行為，使我們在未來不斷再做這件事。」[12]

玩樂名人堂：冰桶挑戰

還記得當年爆紅的「冰桶挑戰」（Bucket Challenge）嗎？這個引發全國病毒性流行的現象級活動要從帕特・昆恩（Pat Quinn）和皮特・弗瑞茲（Pete Frates）兩位患有漸凍人症（ALS，全名是肌萎縮側索硬化症）的年輕人開始說起。冰桶挑戰是挑戰者要將一桶冰水倒在自己頭上，並捐款給漸凍人協會，昆恩和弗瑞茲互相挑戰，也點名他人完成這個跳戰。這股熱潮迅速蔓延，最後有數千人響應，其中不乏名人，從比爾・蓋茲（Bill Gates）到李奧納多・狄卡皮歐（Leonardo DiCaprio）；從美國總統小布希（George W. Bush）到主持天后歐普拉（Oprah）。這些影片及背後的場景從方方面面看都是樂趣的縮影，擺明就是在玩，但從一些細微處觀察則更有深意。例如，這個活動賦予參與者完全的自主權，昆恩、弗瑞茲或漸凍人協會都沒有規定冰桶挑戰的影片應該拍成什麼樣子，也沒有要求挑戰者需要說些什麼。人們可以隨心所欲地講述他們的故事，所以影片拍得有趣，觀眾看起來更有趣。隨著活動持續，參與者變得越來越有創意，有創意才能被注意。就連婚禮上也可以挑戰冰桶，只見婚禮派對上穿著西裝禮服的男男女女都拿著冰桶往身上倒，影片立刻上了大熱搜。除了看到名人和朋友被冰水淋的反應很有趣外，在挑戰難度上（就如第二章所說的極限運動）也增加了某種被捉弄的樂趣。所以一件看你敢不敢做的事，對挑戰者而言充滿樂趣，對觀看者而言也是如此。

無論是什麼助長了樂趣，反正都有效。到了二〇一四年是冰桶挑戰的高峰期，漸凍人協會的網站來訪次數高達到四百五十萬次，高於冰桶挑戰出現前的兩萬次。在最繁忙的夜晚，協會收到一千一百三十萬美元，活動期間總共收到一億一千五百萬美元。[13]當時也出現批評的聲音，有些人覺得這個活動太胡鬧，擔心會破壞這項公益事業的嚴肅性。這個擔憂似乎有點荒謬，尤其冰桶挑戰的兩位發起人都已離世，弗瑞茲在二〇一九年去世，昆恩於二〇二〇年去世，兩人死時都還不到四十歲。沒有人會誤解這種可怕疾病的嚴重性。

至少，即使在最糟糕的情況下，弗瑞茲和昆恩在去世前仍親眼見到了他們因好玩許下的承諾引發了多大的影響。二〇一九年，一間獨立研究機構報告說，冰桶挑戰募集的捐款使漸凍人協會每年的全球研究資金增加了一百八十七%，協會資助的研究計畫找到五個與漸凍人症有關的新基因，它們同時也資助了潛在治療方法的臨床試驗。[14]

樂趣看似輕如空氣，卻是一股令人驚奇的強大力量。冰桶挑戰是這股巨流的轉折點，它激勵新一代的慈善家透過有趣的方式重塑古板的募款模式（就如富人舉辦大型派對，或如莎拉・麥克拉克倫（Sarah Mclachlan）唱著小夜曲的難堪廣告b）。

利他主義和回味

正如回味是SAVOR系統中強大工具，當談到產生影響的獎勵行為時，回味也有相同的效果，甚至更強大。研究人員凱龍・高（Kellon Ko）、賽斯・馬哥利斯（Seth Margolis）、茱莉亞・雷沃德（Julia Revord）和索尼雅・路伯明斯基（Sonja Lyubomirsky）做親社會行為的研究，他們將參與者隨機分配為四組，一組執行親社會行為，一組回憶親社會行為，一組執行且回憶親社會行為，而對照組是兩者都不做。

b 譯註：二〇〇七年，加拿大歌手莎拉・麥克拉克倫（Sarah Mclachlan）替美國防止動物虐待協會拍公益廣告，據說這個廣告有兩種效果，一是讓人無法停止哭泣，二是因爲無法停止哭泣只好快點轉台。雖然此廣告仍爲協會募到超過三千萬美金的資金，但從此，麥克拉克倫成爲尷尬的公益象徵。到了二〇二二年麥克拉克倫爲快速購物平台Bolt做廣告，引發類似的效果（紛紛放棄購物）。Bolt老闆雷諾茲（Ryan Reynolds）只能自嘲地說，每箱紅酒運出前都會請莎拉唱小夜曲加持。

除了不採取任何行動的對照組之外，三組都在幸福感方面感受到明確的正向利益。**沒錯，**僅僅回味以前的善行與採取行動都有效果，兩個群體在幸福感的提升上大致相同。[15]當你想要做點什麼的時候，我卻將這些知識分享給你，該不會讓你不行善只回憶吧？**當然希望不會！**然而，這個研究完美地提醒我們，樂趣和仁善能帶來強大的好處，就算行動過了很久，只要我們有意識地想起這些生命中曾經的善，它們一樣會造成巨大效果。

關於感同身受的悲哀與自我救贖的最後建言

二〇二〇年五月八日，對我來說是黑暗的一天。在疫情大流行的最初幾個月裡，我們處於封鎖狀態。直到最近我才得知我的母親診斷出阿茲海默症，而我所處的健身產業正在崩潰，全國各地的企業紛紛關門破產。每次公司會議都像是一場鬥爭，逼著人在兩難中做出選擇。我的大腦和身體似乎背叛了我，頭痛和腦霧就像騎在我頭上似地折磨我。無論起因是壓力或新冠感染的後遺症，或是兩者皆有，我都清楚意識到我的健康狀況越來越差。但直到今天，我一直隱藏得很好。

一切風波中，我被喚醒了，被「黑人的命也是命」的運動喚醒了，我是眾多自我清算的美國白人之一。因此在五月八日，我採取了一個很小、但希望有意義的行動。我加入了一個線上團體，承諾以慢跑三・六公里紀念哈邁德・阿貝瑞（Ahmaud Arbery）的一生，他是一名黑人，在喬治亞布倫瑞克鎮自家附近慢跑時被槍殺。我也在自家附近的社區獨自慢跑，一面跑，我的心情沉重地意識到，我認為理所當然的許多自由和機會，實際上都是他人被剝奪的特權。我知道有其他人也在為阿貝瑞獨走和慢跑，但那一刻我心中非常悲哀，導致最後做完成手勢時恐慌症發作。那天晚上我上床睡覺，不斷翻來覆去睡不著，嚴重失眠從此持續數月。

可悲的是，我的努力是「不該做的事」。我其實心裡清楚，我出去跑步那天，我的能量油箱已經空了。但我想，也許這就是對自我的要求，一定要做點**什麼**，而不是耗在**空虛**……那個我在書中一直談到的可怕事情中。

我只是一個想跑完幾公里的特權白人，所以就算你裝腔作勢拉著苦海小提琴（Tiny violin）、無病呻吟，我都會聽到你的聲音。但對於那些在各行各業的人來說，過勞是真正記錄在案的挑戰，就像我在第三章提過的那些醫生，他們一開始全都是因為熱情才進入醫療服務這一行的——我敢說**每一個都是**！同樣地，過勞對於社會運動、同情善行、利他行為更是一種持續性的威脅。它可能會讓原本充滿熱情的人完全放棄工作；會讓那些因為相信未來會更美好而做出貢獻的人完全停止付出。一項研究發現，貢獻的壓力可能會讓人們不知道該不該拒絕、該何時拒絕，即使他們自己的能量油箱快空了，他們也可能因為覺得重任在身不可辜負，而導致孤身獨行，忽視自己也需要照顧。[16]

如此，**我該採取什麼不同的做法？**首先，我該找個其他人加入我的行列，等到事情過了之後，與他們坐下來，解開當時的一些心結。就算不說話，只要有朋友並肩站在一起，甚至收到陌生人泛泛的支持，都會讓我感到不那麼孤單，不會那樣無助。

但也許更重要的是，我從幾個月前就該開始改變行為了。回想起來，我知道那時的我已失去真正的樂趣。對這件事我應該更清楚，長年搞運動的老江湖都知道，個人的掙扎永遠看不到盡頭，包括他們自己。你所尋求的改變可能要花數年、甚至數十年才會逐步看到。就像科學家做研究一樣，是因為好運，才能找到一項突破性的成就。因此，如果你想在這場遊戲中待得夠長，做出有意義的貢獻，你對事業的奉獻就不能先把自己搞垮，**自我消耗是不會成功的**。

想要有所作為並不表示要一直生氣。喜劇演員崔弗・諾亞（Trevor Noah）在接受《衛報》（*Guardian*）採訪時說了類似的話。基於他的背景是在南非種族隔離制度下長大的混血兒，他的童年充滿了暴力和政治動盪，他還受到繼父的虐待，記者問他為什麼在喜劇表演中沒有更憤怒，爭論時也沒有表現得更激烈，他為什麼不生氣？諾亞這樣解釋他的幽默：「處於一種不能推動你向前的感覺中有什麼意義呢？因為現在發生的事，讓你沉浸在自己的憤怒、怨恨、痛苦中，但你要對抗的系統卻沒有感受到這些，它甚至不知道，所以你只是浪費力氣。」他稱讚他的媽媽身體力行向他展示這一點，愛和笑聲才是他們應對生活的主要情感：「我們把我們的處境變成可以拿來開玩笑的事情。」[17]

一開始你可能覺得無法控制情緒，但你可以先允許自己——事實上，命令自己——重新恢復對樂趣的偏好。我們生來就不是為了一直作戰的。想到我與其他人對待個人志業的方式：你可以積沙成塔一生持續奉獻，一定能做出有意義的事，**沒有人要求你放棄一切**。

二〇二〇年底，我開始自我療癒，儘管一開始感覺很機械。這就是我最後跑去靜修中心的原因，才開啟了寫第六章的靈感，這是我為了讓自己恢復平衡而採取的少數步驟之一。

不要說世界問題沒解決之前怎可享樂，因為這些問題永遠不會解決。我們每個人都有責任為自己、為他人創造一個空間，讓提升自我、讚揚生命、聯繫情誼、和最重要的歡樂……在那裡發生。這是證明樂趣習慣重要性的另一種方式——在那裡你才明白，是的，當世界如此黑暗，需要自律才能讓自己趨向快樂的那一邊。我不認識崔弗·諾亞的媽媽，但我猜她對愛的態度是一種有意識的選擇，而且並不總是很容易。

樂趣是一個起點，能對更美好的世界有所貢獻，但終點取決於你。你越能照顧自己，越能用快樂、同情和付出的行為激勵自己的心，你就越能發現自己可以安定，那些因提升而偶發的適應不良會漸漸平息。如果你能堅持下去，你的獎勵可能是找到最好的聯繫、滿意、喜悅和快樂……有時甚至是心靈上的滿足，讓你踏上至高的神祕奇蹟。

結語 尋找 ultima：一個有關終點、死亡與宇宙混亂的故事

「我確實有個『信仰體系』，但這個信仰體系可以總結為我老婆蜜雪兒一直掛在嘴邊的話：那就是，『這是一場混亂，請保持良善。』」

——美國演員巴頓・奧斯華（Patton Oswalt）

當我還是個孩子的時候，我真的很喜歡《多重結局冒險故事》（*Choose Your Own Adventure*）這套讀物。小時候在我們家社區，一群人像打牌一樣交換這些簡單讀物，相互比較自己選的結局，分享一個完全不同的故事，即使我們都讀同一本書，選擇不同、故事就不同，這實在太有趣了。我拿到的每一集故事我都喜歡，但全系列我最喜歡的是《在UFO 54-40裡》（*Inside UFO 54-40*）。這個故事的主角是「你」，一開始你在超音速豪華噴射機上，正從紐約飛往倫敦。飛行中你突然被外星人綁架，發現自

已被傳送到一艘雪茄形狀的太空船上。當第一頁展開時，你就已經知道你已不在地球上——冒險開始了。

早已習慣開放性故事的讀者，應該知道隨著情節發展，故事會有各種可能的結局——有些是好的，有些是壞的，有些會在引人注目的轉折處結束。然而UFO 54-40這個故事不是，這本書的獨特處在於，所有可能結局都是不快樂的，或怪到讓人不滿意的。隨著故事進展，你會被一個名為「Ultima」的烏托邦星球氣到想笑。「Ultima」聽起來很厲害吧，但書中沒有任何情節段落可以帶你去到這個神奇的地方。

我們社區的孩子大約在同一時間讀了這本書，大家開始逐字逐句地把每個決策都列出來畫成樹狀圖，我們要尋找通往Ultima的路。但經過仔細研究，分析每一種可能，**我們得到了資料**——Ultima是一個不可能到達的目的地。

起碼我們都是這樣認為的。直到有一天，我坐下來，無視這本書的慣例，不再依循指示跳頁往下走，而是從頭到尾一頁一頁讀，**出現了**，隱藏在書頁中的是：**Ultima！**任何有膽迴避規則並選擇直接前往的人都可以**抵達**。

儘管清教徒可能會認為這是作弊，但我不這麼看。**這一點也不是作弊**，我是破解了密碼。**尋找Ultima的美妙之處在於，沒有特定的選擇可以讓你到達那裡**，沒有傳統的路徑。然而，Ultima就隱藏在本書的中間，有待任何人發現。

樂趣就是我們的Ultima，它是終極目標，一直隱藏在眾目睽睽之下。你很容易就能找到它，但奇怪的是為什麼它卻顯得難以捉摸。有人可以誘導你走向正確的方向，但最終，你的選擇是維持好奇並找代理人去到那個地方。

所有的美好都會結束

有件事我可以準確預測，對於正在閱讀本書的每位讀者，我只能說：在某個時刻你的生命終將結束。（有人告訴我，一本關於樂趣的書不能包含與死亡相關的內容，所以我不得不在結論中加入這一點。）對於我們其中的某些人，比如我弟弟，終點來得太早了。如果你已在書中讀到，我希望我的訊息能引起共鳴。我希望你每次掙扎著該不該去貸款，把錢花在那些想來就不屬於優先事項的玩樂事物時，現在的你可以更仔細地考慮你的金錢支配。根據「最終你什麼也帶不走」的陳腔濫調，這裡提供一個普遍的真理：**生命全面又有限**，所以你應該優先考慮、做出計畫，讓生命做最好的利用。然而，這很難做到，因為我們大多數人都過著沒有保質期的生活。事實上，我們本能地不去思考我們的結局。社會心理學家湯姆·皮茲辛斯基（Tom Pyszczynski）、傑夫·格林伯格（Jeff Greenberg）和謝爾登·所羅門（Sheldon Solomon）在《怕死——心核裡的蠕蟲》（*The Worm at the Core*）一書中對人類害怕死亡這件事進行了深入探討，[1]他們建構出**恐怖管理理論**（terror management theory）。因為人類大部分內在系統都是為了自我保護而建立的，當我們想到這些系統最終會讓我們失望時，我們就會對之後的認知失調感到恐懼。

死亡紀念品

與其害怕死亡，不如擁抱它！你是否有過這樣的經歷，讓你意識到明天就可能生命結束？對我來說，我弟弟的驟逝給我敲響了警鐘。而對於風險投資公司Red Ventures的執行長瑞克．艾力亞斯（Rick Elias）來說，死亡警鐘是一隻大雁。

二〇〇九年一月十五日，紐約一個愉快的下午。對於瑞克來說，搭乘全美航空一五四九號班機返回北卡羅萊納州的家是再平常不過的事。飛機大概飛到一公里處，瑞克和乘客就聽到爆炸聲。大雁撞到飛機，已經切斷飛機的所有引擎動力。短短兩分鐘後，乘客被告知「做好撞擊準備」，因為飛機開始下墜，直接掉入哈德遜河。

當飛機墜下時，瑞克確信自己命將休矣，腦海閃過各種懊悔，盡皆源自生命中所有缺席快樂機會的遺憾，直到這一刻。他發現人生很失敗，而這個失敗是自己造成的，「我收集的酒太糟」，這是對缺憾的強烈隱喻，如果他沒有活著出來，他就會錯過所有延遲的、「未開封的」經歷。瑞克意識到他在負能量上浪費了多少時間，因為他沒有注意到它們的整體影響。

但好消息是瑞克和其他乘客倖存下來，從「哈德遜河奇蹟」後，瑞克變了一個人。瑞克的個人人生操作手冊出現新版本：「如果酒準備好了，人在那兒了，我就會把酒打開。我不想再推遲生活中的任何事。那種生死一線間的緊迫、可以活下來的目的確實改變了我的生活。」[2]沒有人真正知道自己的生命何時結束，但我們可以向那些曾經接近死亡的人學習，從他們的遺憾中警示自己。

死亡紀念品是用來提醒我們人皆將死的象徵，但我們也可以使用這些象徵提醒自己應該享受生命的禮物。瑞克的死亡紀念品是他的酒櫃；我的死亡紀念品是我和我弟的合照，那是我們最後一次一起冒險、兩人正排隊等著上雲霄飛車。照片現在放在我的辦公室，就放在蘭迪·鮑許（Randy Pausch）寫的《最後的演講》（*The Last Lecture*）的那本書上。我接到通知的時候還在旅行，父親只能打電話在語音信箱留言告訴我布萊恩去世的消息。當我覺得我需要重新找回對樂趣的偏好時，有時會我依賴這些紀念品。如果我剛好去到某個城鎮，有機會與老朋友聯繫，但又覺得有點懶，這時候語音信箱就特別有用。如果你正在尋找自己的死亡紀念品，人生倒數計時器是個有效的選擇。我設計了一個可以免費試用，參見下列網址：https://share.michaelrucker.com/memento-mori。每當你需要提醒時，就看看它，提醒自己，該對樂趣說yes了，就是**現在**。

為什麼承認死亡是如此強大的工具，能夠讓我們偏向樂趣，並消除生活中所有

「可能發生的阻礙」？接受死亡的概念會推動我們，是我們在為時已晚之前讓自己即時表達的動力。有些人在意識到自己末日將盡時變得非常多產，例如大衛．鮑伊（David Bowie），他在二〇一六年去世前的十八個月裡表現得特別精采。[3]我們總到命將終時才開始更珍惜生命，才更善待自己，才開始與人一起享受樂趣。

但這些事為什麼要等到最後，要到與死亡糾纏不清了，才用筆寫下來呢？無論生命是平凡碌碌或是深刻重要，當樂趣可以和生命的責任平和共存時，為什麼要把樂趣推遲到最後呢？當我們承認生命是有時限的，我們就該賦予自己相應的能力，好好過日子。

苦是人類狀態的組成部分。無論我們喜歡與否，都是人生旅途上的必然。我曾認為應該有能人可以找到方法「駭入」人生，從此避免不愉快的壓力。但我現在明白了，這是多麼錯誤的想法：否認痛苦在自然秩序中的地位似乎只會放大它的效果。痛苦和失去，本質上是人類生命的一部分。我們會看到親人死去，生老病死無可避免，而且可能是殘酷的。我希望你從這本書學到的是，雖然苦存在，但樂趣也存在。樂趣就像讓我們充分體驗生活的禮物，使我們更能應付生命中的苦，甚至超越它。

當我們無拘無束盡情享樂時，儘管樂趣必然無限量，但我們似乎永遠覺得不夠多，所以我們貶低它。然而，當我們刻意尋找樂趣時，也不該漠視痛苦，而是與痛苦和諧相處，我們打開一扇太多人無法企及但可通往新世界的大門。在這一路上，我們不僅體驗到更多的樂趣，釋放了更多寶貴的洞見和智慧，也許最重要的是，生活賜給我們體驗敬畏和驚奇的時刻，而樂趣讓這些時刻觸手可及，只要心生歡喜，就能觸及到那片叫做**神祕**的境地，即使每個人對神祕都有獨特的認知與實現方式。

如果可以使用某種魔法，讓人們欣然接受故事必然有終局的事實，又會帶來什麼可能性？

以終爲始

如果你想沐浴在生命的奇蹟中，認清生命必有終點是個很好的開始，但不需焦慮，很多人都太焦慮了。一旦我們面對死亡的現實，那會是一個強大的觸發因素，從根本上改變我們的動機。若想以純粹的科學語言說明，在我找到的資料中，有很多傳奇軼事和生命回顧，[a]但還是有一些科學研究可以豐富我們對死亡與人生的理解。

儘管乍看之下似乎很矛盾，但許多心理學家認為我們與死亡的關係與生活是否

a 作者註：如果你對生命回顧感興趣，作家布朗妮・維爾（Bronnie Ware）對人在死前的悔恨有驚人研究，而她把這些素材寫進她的暢銷書《和自己說好，生命裡只留下不後悔的選擇：一位安寧看護與臨終者的遺憾清單》（*The Top Five Regrets of the Dying*，時報），裡面的故事將會激勵所有人更加認眞面對生活。

滿意有關。自我實現和對死亡的態度似乎相關，人不免對死感到焦慮，但對不快之事有健康的恐懼是很自然的。而這裡談的是那些不願承認生命有限的人。心理學教授約翰．甘比爾（John W. Gamble）於一九七五年進行了一項科學研究，探討死亡接受度與自我實現之間的關係。[4]甘比爾表示，那些被認為自我實現較多的人，也就是根本上接受自己與他人的人，通常也更願意接受死亡的現實。相較之下，自我實現較少的人在面對自己的死亡時會遇到困難。

這種關係可以反過來看嗎？只是與死亡擦肩而過，是否會增加我們自我實現的動力，就像瑞克．艾力亞斯、我和其他人？對於可以反向或不可反向的問題，有三位專家做過研究，凱瑟琳．諾加斯（Catherine Nogas）、凱西．施韋策（Kathy Schweitzer）和朱迪．格倫斯特（Judy Grenst），她們有一篇生死學的研究論文，認為死亡焦慮與成就需求之間沒有關聯。[5]看來僅僅對死亡的恐懼並沒有那麼大的動力促進人們追求成就。事實上，害怕死亡不僅不會以任何動力刺激我們，事實上還會阻礙我們的活動和計畫。

但面對死亡一定會導致死亡焦慮嗎？不一定，研究結果表示，面對死亡反而會讓人們接受死亡，而這似乎是有影響的。約翰．雷（John Ray）和傑克布．納吉曼（Jackob Najman）曾做過相關研究，發現人對於成就的需求度與死亡的接受度呈正相關。[6]當我們接受生命必將終結（而不是害怕死亡），我們就能利用對死亡的認知採取優勢。

一般說來，接受死亡與更高的生命意義有關。例如，在一項針對人們使命感的研究中，參與者透過「人生目的測試」（purpose-in-life test, 簡稱ＰＩＬ）測試自己的使命感，心理學家發現，在ＰＩＬ上得分高的人通常對死亡有更積極的態度。邁阿密大學的研究員約翰・布萊澤（John Blazer）做了一項關於死亡率和生命意義的研究，他認為，認真審視我們的目標和目的，可以讓我們對死亡的關係認識更清楚。[7]一個認知人生意義的人（認知人生意義不是出於功名利祿的人）更有可能接受死亡。

接受死亡後的人生

一些心理學家認為，接受死亡是人之所以活著的最終目標。根據精神科醫師大衛・索貝爾（David Sobel）的說法，只有當我們承認死亡時，成長才會發生。[8]他寫道，死亡的經驗是與所愛的人、所愛的事物分離。當你能夠放下對死亡的恐懼時，你就能放下想控制和想操弄的欲望。對失敗的恐懼消失了，體驗生活的回報就變得完全可及。有些治療師將死亡經驗當作一種治療工具，引導他的病人經歷死亡。或舉辦「死亡咖啡館」，[9]這是以正常態度討論死亡的非正式聚會，有討論，死亡才不會成為禁忌。這樣的聚會經常看到，參與者可以一起探討這個話題。

我們一生中都會經歷「小」死亡——搬到另一個城鎮、與初戀或長期伴侶分手、換工作。這些「時間里程碑」可以刺激人向前走。[10]這些失去可以推動我們經歷類似死亡的心理活動，當我們承受與內化，這類失去經驗就成為通往新行為和新見解的門戶。

對悲傷有專門研究的精神科醫生伊麗莎白・庫伯勒－羅斯（Elisabeth Kübler-Ross）做了很好的總結：

死亡是生命之門的鑰匙。當我們接受個體存在的有限性，我們就能夠找到力量和勇氣來拒絕那些外在的角色和期望，並投入生命中的每一天——無論它有多長——盡力成長。當你完全明白你醒來的每一天都可能是你生命中的最後一天，你就會努力用這一天的時間來成長，成為更真實的自己，更願意接觸其他人。[11]

蘭迪・鮑許博士是卡內基美隆大學的電腦科學教授，他笑談生死，平常以對，以如此健康態度面對生死，就是我心中的英雄。二〇〇七年九月十八日，鮑許向滿座的卡內基梅隆大學學生、教職員工和朋友們做了「最後一場演講」，題為「真正實現你的童年夢想」，他談到了實現他童年的夢想，也幫助他人實現同樣的夢想。[12]那次演講其實是鮑許最後一次的演講，儘管那時他看來非常健康，但他已經診斷出胰臟癌，生命只剩下兩到五個月。

鮑許在成長過程中有著非常具體的夢想——體驗零重力、參加國家橄欖球聯盟、在《世界百科全書》（*World Book Ecyclopedia*）編寫一篇文章、成為《星艦迷航記》的寇克船長（後來他把夢想修改為「遇見寇克船長」）、贏得遊樂園的大型絨毛玩具，以及成為迪士尼的幻想工程師。有人會說蘭迪是玩樂檔案的教父。在他的最後一次演講中，鮑許談到他如何找到實現（幾乎所有）樂趣的方法。他這樣評價自己的生活：「我不知道怎樣才能不享受樂趣。我快要死了，但我在享受樂趣。而我將繼續享受剩下的每一天。因為沒有其他的玩法。」他對經驗教訓的看法是：「永遠不要失去孩子般的好奇心，這太重要了，這就是我們的動力，要幫助別人。」

鮑許熱愛玩樂、勇敢、自由、抓住當下，這樣的態度繼續激勵我和其他無數人。即使面對死亡，他對生活也表現出樂觀開朗的態度。顯然，他受人喜愛的原因之一是他非常具有感染力，他為別人帶來歡樂。但也許最重要的是，鮑許及時行樂，這讓他沒有什麼遺憾。他把人生體驗放在最優先順序，因此當他四十七歲去世時，留下一份重要的遺產：一首追求樂趣力量的頌歌。目前全世界有數百萬人觀看了他鼓舞人心的最後一場演講，他的書《最後的演講》分享了講座經驗以及他的人生智慧，這本書成為《紐約時報》暢銷書。[13]在如此短暫的生命中，蘭迪．鮑許讓世界變得更美好，在人生這條路上，他一路貢獻自我，一路享受樂趣。

過著精采生活的力量

透過膚淺的**空虛**，我們已經被安撫得很安定。當我們情緒低落時，看到有人為我們隨性發步的貼文點讚，我們似乎很享受這種微提升，因此又發布了另一則帖子，而不是去接觸、去感謝讓我們情緒稍安的人。

精采的生命體驗需要我們深思熟慮後做選擇，轉變時刻不會經常從天而降，但一定有方法可以增加從天而降的頻率。**如果你想扭轉命運，就開始轉向吧**。每天從小事開始選擇樂趣的實踐，就算只是隨便選，隨心做，隨著時間的推移，就能引導出新的行為模式，一種更新、更好的選擇。一開始的舞步也許異想天開，但或許能引你通往**神祕**，請用喜悅照亮前路。將樂趣變成習慣，當持續了一個月、一年或十年後，你的生活會如何改善？

最後一個請求

我們已經來到最後了。非常感謝你花時間閱讀這本書。如果你喜歡這本書，請與朋友分享書中的樂趣內容。我希望能將樂趣的力量傳給最多的人。此外，如果你有任何問題或意見，請與我聯絡。我寫書是為了對話和進一步探索樂趣的。

你可能注意到，我在每章的開頭都引用一位喜劇演員的名言。部分原因是為了紀念我弟弟，我們對喜劇的共同熱愛讓我們擁有很多歡樂。在結語這章的開頭，我引用了巴頓．奧斯華的話，這是完美切合主題的引言。最後一句是他的妻子蜜雪兒．麥克納馬拉（Michelle McNamara）的口頭禪，他們是在喜劇劇團表演時認識的（奧斯華將這次邂逅描述為一見鍾情）。第一次見面後，他們形影不離，之後結了婚，育有一女。然後，在這段充滿愛與忠貞的婚姻十一年後，蜜雪兒突然因意外去世

第二城喜劇團，伊利諾州芝加哥，2015 年 4 月 24 日。

了。

奧斯華說，他和妻子進行長期的哲學辯論。儘管奧斯華是無神論者，但他始終主張有某種「邏輯結構」，也對宇宙中有更高層的智慧抱持開放態度。然而蜜雪兒不同意，她說「萬事皆有因」是世界上最殘酷的謊言，相反，一切都是嚇人的隨機混亂，「她以最糟糕的方式贏得了這場爭論。」這些話出自奧斯華在Netflix的脫口秀節目《巴頓・奧斯華之殲滅》（*Patton Oswalt: Annihilation*），整場表演有無數笑中帶淚的時刻，「如果這是一些高等智慧制定的計畫，那麼他的計畫一定很爛。」

但他的妻子提供幫忙解惑的解藥，也幫助奧斯華在痛苦麻木中走出來。在蜜雪兒死後幾個月間，一切平常能寬慰他的逃避工具都失效了。我相信，當生活的痛苦沮喪讓心情盪到最低時，蜜雪兒的話是我們所有人的解藥。她用簡單一句話向丈夫發出踏入神祕的邀請：

這是一場混亂，請保持良善。

奧斯華說：「如果你想與上帝交談，或無論你認為上帝是什麼，就請先善待他人。這是與無限溝通的最佳方式。對家人、對親人好一點，把它傳播出去……你不知道它會變成什麼，但你知道你確實在做好事。

科學也支持蜜雪兒的口號。[14]除了樂趣外，為善也能讓我們高興；那些似乎對我們福祉最幫助的善行，以最真實的方法連接彼此，就算各有身分、各有價值觀，也能讓我們感受真正自由的生活。如此，樂趣和良善就成為最好的夥伴。

因此，當你從書中汲取智慧，實踐玩樂生活，養成自己的樂趣習慣時，我送你這一句：「**這就是混亂，請保持良善，玩得愉快。**」

致謝

我們在創作這本書的過程中獲得了很多樂趣，這絕對是一項團隊運動。首先，我要感謝Sara Grace，感謝她作為我的合作者參與了這次旅程，並使整個過程盡可能愉快。還要感謝Lisa DiMona，她非常了不起，在經紀人中是閃耀巨星，願意相信用樂趣當主題也能寫成書。我要感謝Stephanie Hitchcock對這個提案的熱情和好奇，以及她為了本書以最好的方式所做的各種努力。我要感謝David Moldawer，更謝謝他身為本書專案的早期編輯所做的出色工作。我要感謝Urša Bratun多年來的努力，協助我做樂趣科學的研究，這些研究都是這本書的內容基礎。我感謝Hayley Riggs，感謝她多年來的想法和部落格編輯。樂趣之年因海莉而存在。這本書的直接團隊包括Sabine Andree和Sue Campbell（以及她在Pages & Platforms出版社的團隊），他們是後來加入的，但在本書的發行過程中發揮了重要作用。

如果沒有我的家人，這本書是不可能完成的。我感謝我的父母Robert和Margaret。我可以用滿滿的說明文字填滿這一頁，但這不會很有趣。所以，我想說的是，我將永遠感激，每次我無法獨自站起來時，他們都在那裡幫我再次前進。在完成這本書的過程中，他們一直是我最大的啦啦隊，這當然很有趣。我很感謝我的妻子，她放棄了很多樂趣，所以我才能寫這本書。我保證不再寫書，就像我保證我不再參加鐵人三項、不再參加馬拉松比賽、不再拿另一個學位，或不再紋身一樣。儘管有這些虛假的承諾，但在過去的二十年，你一直是我堅定不移的鐵桿夥伴。當然，還有小傢伙：亞契和思隆。我真的很愛你們，感謝你們不斷提供有趣的課程，你們兩位都是非常優秀的老師。自私地說，我在創作這本書時最喜歡想法是，它是傳家寶，是我的一部分，我想傳給你們保留。

我很幸運在我生命的絕大時間都被很棒的人包圍著，有五組朋友特別塑造了我的世界觀，為此我要感謝他們，分組如下：我的伴郎們、伏特加火車的團隊、一九六六年我在伊斯拉維斯塔島的室友們、我的夢幻足球隊友以及我Club One / Active Wellness家庭。（請注意，從現在開始，姓名清單沒有明顯的順序。）

我的伴郎們：Brian Rucker, Micah Myers（和他的老婆，Kirsten）, Nathan Burroughs（和他的老婆，Meaghan）, Darren Pujalet（和他的老婆，Genevieve）, Luke Aguilar（和他的老婆，Amy）, Rich Gray, Erik Foster, Alberto Feliciano, Brian Manalastas, Alfred “Alfie” DelFavero, Sam Pietsch, 和Matthew Szymszyk. 伏特加火車的團隊：Nathan Baldwin, Mark Burley, Darren “Daz” Swain, Andrew Page, Todd Mathers, Aine and Philip Murphy, Rebecca Mojsin, 以及Blaise Agresta.（我本來想把我們的故事寫進這本書，但外蒙古發生的事情

就讓它留在外蒙古吧。）伊斯拉維斯塔島的室友們：Claire Bloomberg, Anne Stratman, Amy Bloomberg, Ani（和Monico）Casillas, Lisa Welch Holton, Becky Grove, Erin Dunning, Maya Lise Singer, 以及Anne Paffrath Ray. 夢幻足球隊友：Jeremy Carver, Dave Otterson, Jim Monagle, Drew Shimizu, Niccolo De Luca, Glenn Chenn, Scott Carlson, Jon Hallin, Ken Lee, Scott Russell, Andrew Nelson, 以及Dan Offenbach. 我的Club One / Active Wellness家庭：Bill McBride, Jill Kinney, Carey White, Michele Wong, Kari Bedgood, Meredith DePersia, Ryan McFadden, Elizabeth Studebaker, Jessica Isle, Erica Stenz, Karah Ehrhardt, Jennie Martin, Kenny and Annette Ko, Manda Wong, Alvin Dizon, Jerry Cardinali, Andy（和Alisah）Spieth, Lauren Suggett, Natalie Jensen, Rosemary Mamisay, Justin Weber, 以及其他 Club One / Active Wellness family的夥伴。我光是想放在本段的名字，就獲得的巨大樂趣，謝謝你們為我這個幸運的靈魂提供一生的回憶。

在這本書之前，我做過墨西哥捲餅企畫，知道的人就知道。感謝我所有南加州大學的同學為實現這一目標做的捐款。特別感謝Patrick Fellows，他沒有任何原因就收我為學徒，我想唯一的理由是我香蕉人，我愛香蕉，就像他一樣，還有我們都喜歡墨西哥捲餅，都喜歡耐力運動。

我想要感謝：Michael Gervais, Olav Sorenson, Nir Eyal, Ryan Tarzy, Tim Grahl, and Jyotsna Sanzgiri，在我人生的各個時期，你們都是令人驚嘆的老師，這六人非常慷慨地

付出了時間和智慧，我感激你們每一個人。

感謝Ritu Barua, Andy Velez, and Finley Skelton作為遠端助理，也謝謝Doan Trang，謝謝你的解說。

我要感謝所有抽出時間接受Live Life Love Project採訪但未被引用的思想領袖：Stuart MacFarlane, Jamie Ramsden, Sean Waxman, David Allen, Jeff Atkinson, Dave Scott, Scott Bell, Chris Talley, Kristi Frank, Jeff Galloway, Todd DiPaola, Tom DeLong, Mark Friedman, Gloria Park Perin, Bryan Pate, J.K. Monagle, Lloyd Nimetz, Gear Fisher, Ed Baker, Brodie Burris, Hammad Zaidi, Thom Gilligan, Mar garet Moore, Barbara Lippard, Ellen Burton, Deena Varshavskaya, Liz Applegate, Scot Hacker, Alex Gourley, Erik Allebest, Nadeem Kasaam, Jerome Breche, Brian Russell, Alex Kaplinsky, Ken Snyder, Eric Quick, Sky Christopherson, Tim Ferriss, Matthew Heineman, Sunil Saha, Howard Jacobson, Ned Dwyer, Ari Meisel, Gary Vanerchuk, Mike Leveque, Neville Medhora, Bob Summers, Brad Bowery, Craig DeLarge, Ben Rubin, Ben Greenfield, James Pshock, Chris Bingham, Al Lewis, Drew Schiller, Laura Putnam, Kate Matsudaira, Mitesh Patel, Edgar Schein, Jill Gilbert, John Gengarella, Henry DePhillips, Raj Raghunathan, Chip Conley, Matthew Nock, Cathy Presland, Daniel Freedman, Steve Groves, Matt Holt, Amanda Krantz, Morten Hansen, Charlie Hoehn, Erik Paquet, Jeffrey Pfeffer, Brad Wills, Anthony Middlebrooks, Laura Vanderkam, Jonah Babins, Noah Kagan,

Craig Lund, Cassie Mogilner Holmes, Dike Drummond, Angela Kyle, Timothy Wilson, Gary Ware, Tara Gerahty, Tania Katan, Susanne Cook-Greuter, Karen Pollard, Alexandre Mandryka, Jordan Etkin, Lisa Feldman Barrett, Kaitlin Woolley, Iris Mauss, Todd Kashdan, Tasha Eurich, Jill Vialet, Jedd Chang, Lee Huffman, and Christian Ehrlich.

我要感謝Healthcare Information和Management Systems Society Digital Changemakers這兩個組織的同伴，特別是我們的會長，Michael Gaspar。這個世界需要更多像麥可這樣的人。我還要感謝Kathleen Terry和Leadership Manhattan Beach的學習夥伴。這兩個團體都對我作為僕人領袖的成長扮演了重要角色。

我想要感謝Paula Nowick, Kelly Cash, Bryan Wish, Brad Bowery, Eugene Manin, Linda Leffel, Scott Russell, Ken Holt, Lindsey Nicole, Yonina Siegal, Julia Bellabarba, Karen Barletta, and Quin Bee，謝謝你們以外包方式回應，產生了第六章和第九張有關集體智慧的片段。

最後，我要感謝所有塑造我對樂趣看法的學者、研究者、作家、智者：Ronald A. Berk, Stanley Cohen, Laurie Taylor, David J. Linden, Willard Gaylin, Elaine Hatfield, John T. Cacioppo, Richard L. Rapson, Erik H. Erikson, Joan M. Erikson, Joseph J. Sandler, Peter Fonagy, Charles Murray, Jeffrey Goldstein, Daniel H. Pink, John B. Miner, Gary Wolf, Henry Sidgwick, John Rawls, Bronnie Ware, Richard M. Ryan, Edward L. Deci, Edward O. Wilson,

George Ritzer, Alex Soojung-Kim Pang, Martin E. P. Seligman, Peter Railton, Roy F. Baumeister, Chandra Sripada, Matthew Killingsworth, Susan Cain, Yi-Fu Tuan, Dan Sullivan, Benjamin P. Hardy, Viktor E. Frankl, Harold S. Kushner, William J. Winslade, Benjamin Hale, Karl E. Weick, Catherine Wilson, Daniel L. Schacter, Daniel T. Gilbert, Daniel M. Wegner, Robert Kegan, Shasta Nelson, Dale Carnegie, Sherry Turkle, Stuart Brown, Travis Bradberry, Jean Greaves, Eric Berne, Thomas Harris, David F. Lancy, Kathryn Schulz, Ellen Jane Langer, Elisabeth Kübler-Ross, Lisa L. Lahey, Brené Brown, Carl Pacifico, Mihaly Csikszentmihalyi, Dylan Walsh, Clare Ansberry, Willibald Ruch, René Proyer, Marco Weber, Sara Wellenzohn, Kristy Holtfreter, Michael D. Reisig, Jillian J. Turanovic, Shin-Hyun Kim, Scott Y. H. Kim, Hong Jin Kim, Hadi Kooshiar, Zohre Najafi, Amin Azhari, Erika Forbes, Peter M. Lewinsohn, Jeremy Pettit, Thomas E. Joiner, Liang Gong, John R. Seeley, Cancan He, Yingying Yin, Hui Wang, Qing Ye, Feng Bai, Yonggui Yuan, Haisan Zhang, Luxian Lv, Hongxing Zhang, Zhijun Zhang, Chunming Xie, Laurie R. Santos, Alexandra G. Rosati, Jennifer A. Hunter, Charles J. Palus, David M. Horth, Minkyung Koo, Jens Timmermann, Lynda Flower, Christian Meisel, Antonio Damasio, Nasir Naqvi, Baba Shiv, Antoine Bechara, Richard M. Wenzlaff, Michael Lacewing, Emma A. Renström, Torun Lindholm, Mark E. Koltko- Rivera, Henry Venter, Eduard Venter, Wulf-Uwe Meyer, Rainer Reisen- zein, Achim Schuetzwohl, Marret K.

Noordewier, Eric van Dijk, Gregory S. Berns, Samuel M. McClure, Pendleton R. Montague, Vin- cent K. M. Cheung, Peter M. C. Harrison, Lars Meyer, Marcus T. Pearce, John-Dylan Haynes, Stefan Koelsch, Małgorzata A. Gocłowska, Matthijs Baas, Richard J. Crisp, Carsten K. W. De Dreu, Brian Knutson, Curt M. Adams, Grace W. Fong, Robert Sapolsky, Yu-Chen Chan, Wei-Chin Hsu, Tai-Li Chou, Scott A. Langenecker, Leah R. Kling, Natania A. Crane, Stephanie M. Gorka, Robin Nusslock, Katherine S. F. Damme, Jessica Weafer, Harriet de Wit, K. Luan Phan, Kennon Sheldon, Stefano Di Domenico, Richard Koestner, Barbara A. Marinak, Linda B. Gambrell, Laura G. Burgess, Patricia M. Riddell, Amy Fancourt, Kou Murayama, Rosemarie Anderson, Sam T. Manoogian, J. Steven Reznick, Örjan de Manzano, Simon Cervenka, Aurelija Jucaite, Oscar Hellenäs, Lars Farde, Fredrik Ullén, Konstanze Albrecht, Johannes Abeler, Bernd Weber, Armin Falk, Brendan J. Tunstall, Dean Kirson, Lia J. Zallar, Sam McConnell, Janaina C. M. Vendruscolo, Chelsea P. Ho, Volker Ott, Gra- ham Finlayson, Hendrik Lehnert, Birte Heitmann, Markus Heinrichs, Jan Born, Manfred Hallschmid, Peter Katsingris, John P. Robinson, Ste- ven Martin, Deniz Bayraktaroglu, Gul Gunaydin, Emre Selcuk, Anthony D. Ong, Ayelet Fishbach, Veronika Huta, Alan S. Waterman, Harald S. Harung, Gill Pomfret, Joe Hoare, Sherry Hilber, Hanna R. Rodenbaugh, Heidi L. Lujan, David W. Rodenbaugh, Stephen E. DiCarlo, Reneé L. Polubinsky, Jennifer M. Plos, D. J. Grosshandler, Niswander Grosshandler,

Renate L. Reniers, Amanda Bevan, Louise Ke- oghan, Andrea Furneaux, Samantha Mayhew, Stephen J. Wood, Stephen Lyng, Sue Scott, Mark D. Austin, Alan Dix, Regan L. Mandryk, Stella M. Atkins, Paul Ekman, Richard J. Davidson, Kiki M. De Jonge, Eric F. Rietzschel, Nico W. Van Yperen, Benjamin Scheibehenne, Rainer Greif- eneder, Peter M. Todd, Hazel Rose Markus, Barry Schwartz, Elena Re- utskaja, Axel Lindner, Rosemarie Nagel, Richard A. Andersen, Colin F. Camerer, Kirsi-Marja Zitting, Mirjam Y. Münch, Sean W. Cain, Wei Wang, Arick Wong, Joseph M. Ronda, Daniel Aeschbach, Charles A. Czeisler, Jeanne F. Duffy, Max Hirshkowitz, Kaitlyn Whiton, Steven M. Albert, Cathy Alessi, Oliviero Bruni, Lydia DonCarlos, Nancy Hazen, John Herman, Eliot S. Katz, Leila Kheirandish-Gozal, David N. Neu- bauer, Anne E. O'Donnell, Maurice Ohayon, John Peever, Robert Rawd- ing, Ramesh C. Sachdeva, Belinda Setters, Michael V. Vitiello, James Catesby Ware, Paula J. Hillard, Laura K. Barger, Najib T. Ayas, Brian E. Cade, John W. Cronin, Bernard Rosner, Frank E. Speizer, Bronwyn Fryer, Sandi Mann, Rebekah Cadman, Lydia Saad, John Pencavel, Fran- cesco P. Cappuccio, Lanfranco D'Elia, Pasquale Strazzullo, Michelle A. Miller, John Helliwell, Huong Dinh, Lyndall Strazdins, Jennifer Welsh, Katrina L. Piercy, Richard P. Troiano, Rachel M. Ballard, Susan Carlson, Janet E. Fulton, Deborah A. Galuska, Stephanie M. George, Richard D. Olson, William W. Beach, William J. Wiatrowski, Homa Khaleeli, Elizabeth Frates, Dan

Buettner, Sam Skemp, Bryce Hruska, Sarah D. Press- man, Kestutis Bendinskas, Brooks B. Gump, Kim Brooks, Thomas P. Reith, Gareth Cook, David A. Reinhard, Erin C. Westgate, Nicole Eller- beck, Cheryl Hahn, Casey L. Brown, Adi Shaked, Sarah Alahmadi, Nicholas R. Buttrick, Amber M. Hardin, Colin West, Sanford E. DeVoe, Paul A. O´Keefe, Carol S. Dweck, Gregory M. Walton, Curt Richter, David Premack, Leif D. Nelson, Tom Meyvis, Alyssa Croft, Elizabeth Dunn, Jordi Quoidbach, Dinah Avni-Babad, Ilana Ritov, Chess Stetson, Matthew P. Fiesta, David M. Eagleman, Gilles Grolleau, Sandra Saïd, Sharon Hadad, Miki Malul, Agnete Gundersen, Michaela Benson, Karen O'Reilly, Nico H. Frijda, Sonja Lyubomirsky, David Schkade, Philip C. Watkins, Kathrine Woodward Thomas, Tamara Stone, Russell L. Kolts, Paul G. Middlebrooks, Marc A. Sommer, Ga´bor Orosz, Edina Dombi, Istva´n To´th-Kira´ly, Bea´ta B?the, Bala´zs Jagodics, Phil Zimbardo, John N. Boyd, Fred B. Bryant, Joseph Veroff, Bradley P. Turnwald, Danielle Boles, Alia J. Crum, Colette M. Smart, Scott P. King, Stephen Schueller, Megan E. Speer, Jamil P. Bhanji, Mauricio R. Delgado, Bethany Morris, Greg J. Stephens, Uri Hasson, Oliver S. Curry, Lee Rowland, Caspar J. van Lissa, Sally Zlotowitz, Harvey Whitehouse, John McAlaney, Justin Thomas, Tel Amiel, Stephanie L. Sargent, Pablo Fernandez-Berrocal, Rosario Cabello, Peter Hills, Michael Argyle, Elizabeth Bernstein, William Fleeson, Adriane B. Malanos, Noelle M. Achille, Zhenkun Zhou, Ke Xu, Jichang Zhao,

Craig Ross, Emily S. Orr, Mia Sisic, Jaime M. Arseneault, Mary G. Simmering, Robert R. Orr, David Cunningham, Liz Thach, Karen J. Thompson, Shengli Deng, Yong Liu, Hongxiu Li, Feng Hu, Zoya Gervis, Sointu Leikas, Ville-Juhani Ilmarinen, William Pavot, Ed Diener, Frank Fujita, Joshua J. Mark, Steven Fife, Michael J. Tews, John W. Michel, Raymond A. Noe, Judy Willis, Ronald Alsop, David L. Collinson, Frode Stenseng, Jostein Rise, Pål Kraft, Brigitte Wanner, Robert Ladouceur, Amélie V. Auclair, Frank Vitaro, Doris Ber- gen, Maxime Taquet, Yves-Alexandre de Montjoye, Martin Desseilles, James J. Gross, Desirée Kozlowski, Elizabeth Berry, Barış K. Yörük, Chris Hadfield, Wendy Wood, Nate Staniforth, Heather McIver, Trevor Noah, Michel Hansenne, Moïra Mikolajczak, Abraham H. Maslow, David B. Yaden, Jonathan Haidt, Ralph W. Hood, David R. Vago, Andrew New- berg, Ingrid Koller, Michael R. Levenson, Judith Glück, Mark H. Anshel, Diane Bamber, Ian M. Cockerill, Sheelagh Rodgers, Douglas Carroll, Chantal Seguin-Levesque, Marie-Lyne Laliberté, Luc G. Pelle- tier, Celine Blanchard, Robert J. Vallerand, Genevieve A. Mageau, Cath- erine Ratelle, Laude Leonard, Marylene Gagne, Josee Marsolais, Joshua Phelps, Tommy Haugen, Monica Torstveit, Rune Høigaard, Eva Roos, Eero Lahelma, Ossi Rahkonen, Wijnand A. P. van Tilburg, Eric R. Igou, Constantine Sedikides, Jennifer Sommers, Stephen J. Vodanovich, Gregory J. Boyle, Lisa M. Richards, Anthony J. Baglioni, Mary B. Harris, Gustavo Razzetti, Chantal Nederkoorn, Linda Vancleef,

Alexandra Wilkenhöner, Laurence Claes, Remco C. Havermans, Kalina Christoff, Alan M. Gordon, Jonathan W. Schooler, Michael I. Posner, Inchara Naidu, Jothi A. Priya, Gayatri Devi, Cory J. Gerritsen, Maggie E. To- plak, Jessica Sciaraffa, John Eastwood, Robert Waldinger, Catherine Ca- ruso, Diana Baumrind, Julee P. Farley, Jungmeen Kim-Spoon, Anna-Beth Doyle, Heather Lawford, Julie N. Kingery, Cynthia A. Erdley, Katherine C. Marshall, Jacob A. Burack, Alexandra D'Arrisso, Vladimir Ponizovsky, Wendy Troop-Gordon, Tarek Mandour, Curtis Tootoosis, Sandy Robin- son, Grace Iarocci, Stephanie Fryberg, Deborah Laible, Gustavo Carlo, Marcela Raffaelli, Alex Williams, Kim Reinking, Robert A. Bell, Mi- chael E. Roloff, Karen Van Camp, Susan H. Karol, Jan-Emmanuel De Neve, George Ward, Maria Konnikova, Sergio M. Pellis, Vivien C. Pellis, Brett T. Himmler, and Jaak Panksepp.

如果你才讀完最後幾頁，請返回第二章再做一次「PLAY模式」練習。我想，你應該可以找到比閱讀名單更好消磨時間的活動。嚴肅地說，我仍然感謝所有那些被點名、以及無意中未被點名的人，謝謝他們使這本書成為現實。**這真的很有趣**。

獻上誠摯的祝福，

麥克・魯克博士

參考書目&資料

作者的話

1 ***We realized the truth:*** Keller, Helen. *Let Us Have Faith* (New York: Doubleday, & Doran & Company, Incorporated, 1940).

前言

2 ***Did I mention that:*** Golden, Ryan. "What Does the Outcry over Amazon's Mental Health Kiosks Say About Corporate Wellness Programs?" *HR Dive*, June 16, 2021, https://www.hrdive.com/news/what-does-outcry-over-amazon-amazen-mental-health-kiosks-say-about-corporate-wellness/601942.

1 樂趣是解藥

1 ***We let these important skills:*** Ansberry, Clare. "An Overlooked Skill in Aging: How to Have Fun." *The Wall Street Journal.* Dow Jones & Company, June 2, 2018, http://www.wsj.com/articles/an-overlooked-skill-in-aging-how-to-have-fun-1527937260.

2 ***The United States has:*** Iacurci, Greg. "U.S. Is Worst Among Developed Nations for Worker Benefits." CNBC, February 4, 2021, http://www.cnbc.com/2021/02/04/us-is-worst-among-rich-nations-for-worker-benefits.html.

3 ***This was vividly demonstrated by:*** Ehrenreich, Barbara. *Nickel and Dimed: On (Not) Getting By in America* (New York: Metropolitan Books, 2010).

4 ***Author Rahaf Harfoush notes:*** Harfoush, Rahaf. *Hustle and Float: Reclaim Your Creativity and Thrive in a World Obsessed with Work* (New York: Diversion Books, 2019).

5 ***This so-called*** algorithmic ***work:*** Pink, Daniel H. *Drive: The Surprising Truth About What Motivates Us* (New York: Penguin, 2011).

6 ***Author Ann Larson theorizes:*** Larson, Ann. "My Disturbing Stint on a Corporate Wellness App: At Some Point, I Realized the Goal Was to Make My Job Kill Me Slower." *Slate*, April 26, 2021, https://slate.com/human-interest/2021/04/corporate-wellness-grocery-store-work-dangers.html.

7 ***Corporations hire popular speakers:*** Vaynerchuk, Gary. *Crush It!: Why NOW Is the Time to Cash In on Your Passion*, vol. 10 (New York: HarperCollins, 2015).

8 ***Corporations hire popular speakers:*** Cardone, Grant. *The 10X Rule: The Only Difference Between Success and Failure* (New York: John Wiley & Sons, 2011).

9 ***In his book*** Dying for a Paycheck***:*** Pfeffer, Jeffrey. *Dying for a Paycheck: Why the American Way of Business Is Injurious to People and Companies* (New York: HarperCollins Publishers, 2018).

10 ***In an interview with Insights:*** Walsh, Dylan. "The Workplace Is Killing People and Nobody Cares." Stanford Graduate School of Business, March 15, 2018, http://www.gsb.stanford.edu/insights/workplace-killing-people-nobody-cares.

11 ***Findings from the World Health Organization:*** Pega, Frank, Bálint Náfrádi, Natalie C. Momen, Yuka Ujita, Kai N. Streicher, Annette M. Prüss-Üstün, Alexis Descatha, et al. "Global, Regional, and National Burdens of Ischemic Heart Disease and Stroke Attributable to Exposure to Long Working Hours for 194 Countries, 2000–2016: A Systematic Analysis from THE WHO/ILO Joint Estimates of the Work-Related Burden of Disease and Injury." *Environment International* 154 (2021): 106595. https://doi.org/10.1016/j.envint.2021.106595.

12 ***And despite Taylor's undisguised contempt:*** Taylor, Frederick Winslow. *The Principles of Scientific Management* (New York: Harper & Brothers, 1919).

13 ***I recall as a doctoral candidate:*** Miner, John. *Organizational Behavior 1: Essential Theories of Motivation and Leadership* (New York: Routledge, 2015).

14 ***As it is with so many activities:*** Bartels, Bjoern. "My Love—Relationship Counter." App Store, December 18, 2010. https://apps.apple.com/us/app/my-love-relationship-counter/id409609608.

15 ***It often spikes*** before*:* Schott, B. H., L. Minuzzi, R. M. Krebs, D. Elmenhorst, M. Lang, O. H. Winz, C. I. Seidenbecher, et al. "Mesolimbic Functional Magnetic Resonance Imaging Activations During Reward Anticipation Correlate With Reward-Related Ventral Striatal Dopamine Release." *Journal of Neuroscience* 28, no. 52 (2008): 14311–19, https://doi.org/10.1523/jneurosci.2058-08.2008.

16 ***Urged on by dopamine:*** "Dopamine Jackpot! Sapolsky on the Science of Pleasure." YouTube, uploaded by FORA.tv, March 2, 2011, https://www.youtube.com/watch?v=axrywDP9Ii0.

17 ***For decades science has been:*** Brickman, Philip, Dan Coates, and Ronnie Janoff-Bulman. "Lottery Winners and Accident Victims: Is Happiness Relative?" *Journal of Personality and Social Psychology* 36, no. 8 (1978): 917–27. https://doi.org/10.1037/0022-3514.36.8.917.

18 ***We can indeed improve:*** Lindqvist, Erik, Robert Östling, and David Cesarini. "Long-Run Effects of Lottery Wealth on Psychological Well-Being." *The Review of Economic Studies* 87, no. 6 (2020): 2703–26. https://doi.org/10.1093/restud/rdaa006.

19 ***Similarly, many preferred four weeks:*** Grolleau, Gilles, and Sandra Saïd. "Do You Prefer Having More or More Than Others? Survey Evidence on Positional Concerns in France," *Journal of Economic Issues* 42, no. 4 (2008): 1145–58. https://doi.org/10.1080/00213624.2008.11507206.

20 ***Emerging science suggests these practices:*** Kable, Joseph W., and Paul W. Glimcher. "The Neurobiology of Decision: Consensus and Controversy." *Neuron* 63, no. 6 (2009): 733–45. https://doi.org/10.1016/j.neuron.2009.09.003.

21 ***In fact, some researchers argue:*** Twenge, Jean M., Thomas E. Joiner, Megan L. Rogers, and Gabrielle N. Martin. "Increases in Depressive Symptoms, Suicide-Related Outcomes, and Suicide Rates Among U.S. Adolescents After 2010 and Links to Increased New Media Screen Time." *Clinical Psychological Science* 6, no. 1 (2017): 3–17. https://doi.org/10.1177/2167702617723376.

22 ***The work of Dr. Jean Marie Twenge:*** Twenge, Jean. *IGen: Why Today's Super-Connected Kids Are Growing Up Less Rebellious, More Tolerant, Less Happy—and Completely Unprepared for Adulthood—and What That Means for the Rest of Us* (New York: Atria Books, 2017).

23 ***In*** The Compass of Pleasure*:* Linden, David J. *The Compass of Pleasure: How Our Brains Make Fatty Foods, Orgasm, Exercise, Marijuana, Generosity, Vodka, Learning, and Gambling Feel So Good* (New York: Penguin, 2012).

24 ***When Dr. Volker Ott:*** Ott, Volker, Graham Finlayson, Hendrik Lehnert, Birte Heitmann, Markus Heinrichs, Jan Born, and Manfred Hallschmid. "Oxytocin Reduces Reward-Driven Food Intake in Humans." *Diabetes* 62, no. 10 (2013): 3418–25. https://doi.org/10.2337/db13-0663.

25 ***When oxytocin is present:*** Barraza, Jorge A., and Paul J. Zak. "Oxytocin Instantiates Empathy and Produces Prosocial Behaviors." *Oxytocin, Vasopressin and Related Peptides in the Regulation of Behavior*, 2013, 331–42. https://doi.org/10.1017/cbo9781139017855.022.

26 ***Lightning is spectacular:*** Engelking, Carl. "Lightning's Strange Physics Still Stump Scientists." *Discover Magazine* , November 20, 2019. https://www.discovermagazine.com/environment/lightnings-strange-physics-still-stump-scientists.

27 ***One theory is that early:*** Goldstein, Jeffrey. *Play in Children's Development, Health and Well-Being* (Brussels: Toy Industries of Europe, 2012).

28 ***When we bias ourselves toward fun:*** Sullivan, Dan, and Benjamin P. Hardy. *The Gap and The Gain: The High Achievers' Guide to Happiness, Confidence, and Success* (Hay House Business, 2021).
29 ***Laughter is a force for democracy:*** Petras, Kathryn, and Ross Petras. *"Nothing Is Worth More Than This Day.": Finding Joy in Every Moment* (New York: Workman Publishing, 2016).
30 ***According to Walter Isaacson's biography:*** Isaacson, Walter. *Einstein: His Life and Universe* (New York: Simon & Schuster Paperbacks, 2008).
31 ***People who show an aptitude:*** Feingold, Alan, and Ronald Mazzella. "Psychometric Intelligence and Verbal Humor Ability." *Personality and Individual Differences* 12, no. 5 (1991): 427–35. https://doi.org/10.1016/0191-8869(91)90060-o.
32 ***They found that both:*** Bryant, Fred B., Colette M. Smart, and Scott P. King. "Using the Past to Enhance the Present: Boosting Happiness through Positive Reminiscence." *Journal of Happiness Studies* 6, no. 3 (2005): 227–60. https://doi.org/10.1007/s10902-005-3889-4.

2 該去玩了：PLAY模式中的時間規畫

1 ***Matthew Killingsworth, while completing his:*** Killingsworth, Matthew. *Happiness from the Bottom Up*. Diss., Harvard University, 2013.
2 ***A 2004 survey of 909 working mothers:*** Kahneman, Daniel, Alan B. Krueger, David A. Schkade, Norbert Schwarz, and Arthur A. Stone. "A Survey Method for Characterizing Daily Life Experience: The Day Reconstruction Method." *Science* 306, no. 5702 (2004): 1776–80. https://doi.org/10.1126/science.1103572.
3 ***first, research from Dr. Marissa Sharif:*** Sharif, Marissa A., Cassie Mogilner, and Hal E. Hershfield. "Having too little or too much time is linked to lower subjective well-being." *Journal of Personality and Social Psychology* (2021).
4 ***According to the results:*** "American Time Use Survey Summary." *U.S. Bureau of Labor Statistics*. U.S. Bureau of Labor Statistics, July 22, 2021. http://www.bls.gov/news.release/atus.nr0.htm.
5 ***And although Pew research indicates:*** Livingston, Gretchen, and Kim Parker. "8 Facts About American Dads." *Pew Research Center*, May 30, 2020. http://www.pewresearch.org/fact-tank/2019/06/12/fathers-day-facts.
6 ***And although Pew research indicates:*** Houle, P., Turcotte, M., & Wendt, M. (2017). Changes in parents' participation in domestic tasks and care for children from 1986 to 2015.
7 ***The Pew Research Center reports:*** Drake, Bruce. "Another Gender Gap: Men Spend More Time in Leisure Activities." *Pew Research Center*, 7 Feb. 2014, https://www.pewresearch.org/fact-tank/2013/06/10/another-gender-gap-men-spend-more-time-in-leisure-activities.
8 ***If you think that four to five hours:*** Khaleeli, Homa. "How to Get More Free Time in Your Day." *The Guardian*, 13 Mar. 2018, https://www.theguardian.com/money/shortcuts/2013/jun/07/how-get-more-free-time.
9 ***In at least their short-term thinking:*** Mogilner Holmes, Cassie. "The Pursuit of Happiness Time, Money, and Social Connection." *Psychological Science* 21, no. 9 (2010): 1348–54. https://doi.org/10.1177/0956797610380696.
10 ***In one, professors at UCLA:*** Hershfield, Hal E., Cassie Mogilner Holmes, and Uri Barnea. "People Who Choose Time over Money Are Happier." *Social Psychological and Personality Science* 7, no. 7 (2016): 697–706. https://doi.org/10.1177/1948550616649239.
11 ***Based on the frequent resharing:*** Herrbach, Toni. "Age Appropriate Chores for Kids: Printable." *The Happy HousewifeTM : Home Management*, 1 Mar. 2019, https://thehappyhousewife.com/home-management/age-appropriate-chores-for-kids-printable.

12 ***One of my favorite examples:*** Katan, Tania. *Creative Trespassing: How to Put the Spark and Joy Back into Your Work and Life* (New York: Currency, 2019).
13 ***Based on recent findings from Nielsen:*** The Nielsen Company. *The Nielsen Total Audience Report, Q1 2018*, p. 34, https://www.nielsen.com/wp-content/uploads/sites/3/2019/04/q1-2018-total-audience-report.pdf. Accessed 21 Jan. 2020.
14 ***However, we know from years:*** Robinson, John P., and Steven Martin. "What Do Happy People Do?" *Social Indicators Research* 89, no. 3 (2008): 565–71. https://doi.org/10.1007/s11205-008-9296-6.
15 ***However, we know from years:*** Bayraktaroglu, Deniz, Gul Gunaydin, Emre Selcuk, and Anthony D. Ong. "A Daily Diary Investigation of the Link between Television Watching and Positive Affect." *Journal of Happiness Studies* 20, no. 4 (2018): 1089–1101. https://doi.org/10.1007/s10902-018-9989-8.
16 ***At this point, we're all familiar:*** Hunt, Melissa G., Rachel Marx, Courtney Lipson, and Jordyn Young. "No More FOMO: Limiting Social Media Decreases Loneliness and Depression." *Journal of Social and Clinical Psychology* 37, no. 10 (2018): 751–68. https://doi.org/10.1521/jscp.2018.37.10.751.
17 ***For example, smokers who are:*** Cohen, Lee M., Frank L. Collins Jr, and Dana M. Britt. "The effect of chewing gum on tobacco withdrawal." *Addictive Behaviors* 22, no. 6 (1997): 769-773.
18 ***And in the world of human desire:*** Rietzschel, Eric F., J. Marjette Slijkhuis, and Nico W. Van Yperen. "Task Structure, Need for Structure, and Creativity." *European Journal of Social Psychology* 44, no. 4 (2014): 386–99. https://doi.org/10.1002/ejsp.2024.
19 ***Computer users trying to choose:*** Scheibehenne, Benjamin, Rainer Greifeneder, and Peter M. Todd. "Can There Ever Be Too Many Options? A Meta-Analytic Review of Choice Overload." *Journal of Consumer Research* 37, no. 3 (2010): 409–25. https://doi.org/10.1086/651235.
20 ***The scientists concluded that the brain:*** Reutskaja, Elena, Axel Lindner, Rosemarie Nagel, Richard A. Andersen, and Colin F. Camerer. "Choice Overload Reduces Neural Signatures of Choice Set Value in Dorsal Striatum and Anterior Cingulate Cortex." *Nature Human Behaviour* 2, no. 12 (2018): 925–35. https://doi.org/10.1038/s41562-018-0440-2.
21 ***The American Psychological Association:*** *Peak experience:* In *APA Dictionary of Psychology.* (2022). Retrieved from https://dictionary.apa.org/peak-experience.
22 ***"That type of game that provides":*** Mandryka, Alexandre. "Pleasure without Learning Leads to Addiction." *Game Whispering*, 29 Aug. 2016, https://gamewhispering.com/pleasure-without-learning-leads-to-addiction.
23 ***The man did safely parachute:*** Guardian Staff Reporter. "Man Accidentally Ejects Himself from Fighter Jet During Surprise Flight." *The Guardian*, 14 Apr. 2020, https://www.theguardian.com/world/2020/apr/14/man-accidentally-ejects-himself-from-fighter-jet-during-surprise-flight.
24 ***When analyzing the interactions:*** Grosshandler, D.J, and E Niswander Grosshandler. "Constructing Fun: Self-Determination and Learning at an Afterschool Design Lab." *Computers in Human Behavior* 16, no. 3 (2000): 227–40. https://doi.org/10.1016/s0747-5632(00)00003-0.
25 ***In his position paper:*** Dix, A. Fun Systematically, 2012, retrieved from http://alandix.com/academic/papers/ECCE-fun-2004/ecce-alan-fun-panel.pdf.
26 ***Stephen Lyng is a pioneer:*** Lyng, Stephen. "Edgework: A Social Psychological Analysis of Voluntary Risk-Taking." *American Journal of Sociology* 95, no. 4 (1990): 851–886.
27 ***This sets them beyond professional status:*** Ritzer, George. *Enchanting a Disenchanted World: Revolutionizing the Means of Consumption* (Newbury Park, California: Pine Forge Press, 2005).

28 ***Maslow, too, counted being:*** Maslow, Abraham H. *Toward a Psychology of Being* (New York: Simon and Schuster, 2013).
29 ***For example, a study of BMX:*** Scott, Shane, and D. Mark Austin. "Edgework, Fun, and Identification in a Recreational Subculture: Street BMX Riders." *Qualitative Sociology Review* 12, no. 4 (2016): 84–99.
30 ***I was struck by the video:*** McRae, Donald. "Sky Brown: 'Sometimes You Fall but I Wanted to Show Me Getting up Again'." The Guardian, August 3, 2020. https://www.theguardian.com/sport/2020/aug/03/sky-brown-gb-skateboarder-fall-getting-up-olympic-games.
31 ***In*** Toward a Psychology of Being: Maslow, Abraham H. *Toward a Psychology of Being* (New York: Simon and Schuster, 2013).
32 ***Some might say that's someone:*** Anshel, Mark H. "A Psycho-Behavioral Analysis of Addicted Versus Non-Addicted Male and Female Exercisers." *Journal of Sport Behavior* 14, no. 2 (1991): 145.
33 ***Excessive fun, in which self-control:*** Linden, David J. *The Compass of Pleasure: How Our Brains Make Fatty Foods, Orgasm, Exercise, Marijuana, Generosity, Vodka, Learning, and Gambling Feel So Good* (New York: Penguin, 2012).
34 ***To determine whether one:*** Vallerand, Robert J. "On Passion for Life Activities: The Dualistic Model of Passion." *Advances in Experimental Social Psychology*, vol. 42, pp. 97–193 (Academic Press, 2010).
35 ***Vallerand's experiments show that obsessive passion:*** Vallerand, Robert J., Céline Blanchard, Geneviève A. Mageau, Richard Koestner, Catherine Ratelle, Maude Léonard, Marylène Gagné, and Josée Marsolais. "Les Passions De L'âme: On Obsessive and Harmonious Passion." *Journal of Personality and Social Psychology* 85, no. 4 (2003): 756–67. https://doi.org/10.1037/0022-3514.85.4.756.
36 ***According to the research:*** Hirshkowitz, Max, Kaitlyn Whiton, Steven M. Albert, Cathy Alessi, Oliviero Bruni, Lydia DonCarlos, Nancy Hazen, et al. "National Sleep Foundation's Sleep Time Duration Recommendations: Methodology and Results Summary." *Sleep Health* 1, no. 1 (2015): 40–43. https://doi.org/10.1016/j.sleh.2014.12.010.
37 ***In contrast, if we get less:*** Barger, Laura K, Najib T Ayas, Brian E Cade, John W Cronin, Bernard Rosner, Frank E Speizer, and Charles A Czeisler. "Impact of Extended-Duration Shifts on Medical Errors, Adverse Events, and Attentional Failures." *PLoS Medicine* 3, no. 12 (2006). https://doi.org/10.1371/journal.pmed.0030487.
38 ***Dr. Czeisler also believes:*** Fryer, Bronwyn. "Sleep Deficit: The Performance Killer." *Harvard Business Review*, Oct. 2006, https://hbr.org/2006/10/sleep-deficit-the-performance-killer.
39 ***If you're one of the:*** Zitting, Kirsi-Marja, Mirjam Y. Münch, Sean W. Cain, Wei Wang, Arick Wong, Joseph M. Ronda, Daniel Aeschbach, Charles A. Czeisler, and Jeanne F. Duffy. "Young Adults Are More Vulnerable to Chronic Sleep Deficiency and Recurrent Circadian Disruption than Older Adults." *Scientific Reports* 8, no. 1 (2018). https://doi.org/10.1038/s41598-018-29358-x.

3 每一刻都有味：SAVOR法則

1 ***Although burnout can affect any:*** Reith, Thomas P. "Burnout in United States Healthcare Professionals: A Narrative Review." *Cureus*, 2018. doi:10.7759/cureus.3681.
2 ***As Wilson explains, people possess:*** Cook, Gareth. "How to Improve Your Life with 'Story Editing.' " *Scientific American*, 13 Sept. 2011, https://www.scientificamerican.com/article/how-to-improve-your-life-with-story-editing.

3 ***In one experiment conducted by Wilson:*** Wilson, Timothy D., David A. Reinhard, Erin C. Westgate, Daniel T. Gilbert, Nicole Ellerbeck, Cheryl Hahn, Casey L. Brown, and Adi Shaked. "Just Think: The Challenges of the Disengaged Mind." *Science* 345, no. 6192 (2014): 75–77. https://doi.org/10.1126/science.1250830.

4 ***The research group concluded that:*** Alahmadi, Sarah, Nicholas R. Buttrick, Daniel T. Gilbert, Amber M. Hardin, Erin C. Westgate, and Timothy D. Wilson. "You Can Do It If You Really Try: The Effects of Motivation on Thinking for Pleasure." *Motivation and Emotion* 41, no. 5 (2017): 545–61. https://doi.org/10.1007/s11031-017-9625-7.

5 ***Participants who received the reminders:*** Westgate, Erin C., Timothy D. Wilson, and Daniel T. Gilbert. "With a Little Help for Our Thoughts: Making It Easier to Think for Pleasure." *Emotion* 17, no. 5 (2017): 828–39. https://doi.org/10.1037/emo0000278.

6 ***Successful story editing can:*** Dweck, Carol S. *Mindset: The New Psychology of Success.* (New York: Random House, 2008).

7 ***This small mindset shift:*** West, Colin, Cassie Mogilner, and Sanford E. DeVoe. "Happiness from Treating the Weekend like a Vacation." *Social Psychological and Personality Science* 12, no. 3 (2020): 346–56. https://doi.org/10.1177/1948550620916080.

8 ***At the least, you will:*** O'Keefe, Paul A., Carol S. Dweck, and Gregory M. Walton. "Implicit Theories of Interest: Finding Your Passion or Developing It?" *Psychological Science* 29, no. 10 (2018): 1653–64. https://doi.org/10.1177/0956797618780643.

9 ***These now-legendary stories:*** Avallone, Tommy, director. *The Bill Murray Stories: Life Lessons Learned from a Mythical Man.* Gravitas Ventures, 2018. 1 hr., 11 min.

10 ***In the 1920s:*** Richter, Curt Paul. "A Behavioristic Study of the Activity of the Rat." *Comparative Psychology Monographs* (1922).

11 ***David Premack studied this phenomenon:*** Premack, David. "Toward empirical behavior laws: I. Positive reinforcement." *Psychological Review* 66, no. 4 (1959): 219.

12 ***For example, if you're trying:*** Nelson, Leif D., and Tom Meyvis. "Interrupted Consumption: Disrupting Adaptation to Hedonic Experiences." *Journal of Marketing Research* 45, no. 6 (2008): 654–64. https://doi.org/10.1509/jmkr.45.6.654.

13 ***For example, in a study:*** Quoidbach, Jordi, and Elizabeth W. Dunn. "Give It Up: A Strategy for Combating Hedonic Adaptation." *Social Psychological and Personality Science* 4, no. 5 (2013): 563–68. https://doi.org/10.1177/1948550612473489.

14 ***The people left uncertain stayed:*** Wilson, Timothy D., David B. Centerbar, Deborah A. Kermer, and Daniel T. Gilbert. "The Pleasures of Uncertainty: Prolonging Positive Moods in Ways People Do Not Anticipate." *Journal of Personality and Social Psychology* 88, no. 1 (2005): 5–21. https://doi.org/10.1037/0022-3514.88.1.5.

15 ***In all six studies:*** Avni-Babad, Dinah, and Ilana Ritov. "Routine and the Perception of Time." *Journal of Experimental Psychology: General* 132, no. 4 (2003): 543–50. https://doi.org/10.1037/0096-3445.132.4.543.

16 ***The authors concluded that:*** Stetson, Chess, Matthew P. Fiesta, and David M. Eagleman. "Does Time Really Slow Down During a Frightening Event?" *PLoS ONE* 2, no. 12 (2007). https://doi.org/10.1371/journal.pone.0001295.

17 ***In*** The End of History and the Last Man***:*** Fukuyama, Francis. *The End of History and the Last Man.* (Simon and Schuster, 2006.)

18 ***Having a lot more does:*** Hadad, Sharon, and Miki Malul. "Do You Prefer Having Much More or Slightly More Than Others?" *Social Indicators Research* 133, no. 1 (2016): 227–34. https://doi.org/10.1007/s11205-016-1362-x.

19 *They do this by leaving:* Gundersen, Agnete. "Starting Over: Searching for the Good Life—an Ethnographic Study of Western Lifestyle Migration to Ubud, Bali." *New Zealand Sociology* (2017): 157–171.
20 *Dr. Michaela Benson and her colleague:* O' Reilley, Karen, and Michaela Benson. "Lifestyle Migration: Escaping to the Good Life?" In *Lifestyle Migration: Expectations, Aspirations, and Experiences*, pp. 1–13 (Farnham, United Kingdom: Ashgate, 2008).
21 *It's also important not to:* Benson, Michaela. "The Movement Beyond (Lifestyle) Migration: Mobile Practices and the Constitution of a Better Way of Life." *Mobilities* 6, no. 2 (2011): 221–35. https://doi.org/10.1080/17450101.2011.552901.
22 *As the psychologist Nico Frijda:* Frijda, Nico H. "The Laws of Emotion." *American Psychologist* 43, no. 5 (1988): 349–58. https://doi.org/10.1037/0003-066x.43.5.349.
23 *For instance, Sonja Lyubomirsky:* Lyubomirsky, Sonja, Kennon M. Sheldon, and David Schkade. "Pursuing Happiness: The Architecture of Sustainable Change." *Review of General Psychology* 9, no. 2 (2005): 111–31. https://doi.org/10.1037/1089-2680.9.2.111.
24 *Even so, most experts agree:* Watkins, Philip C., Kathrane Woodward, Tamara Stone, and Russell L. Kolts. "Gratitude and Happiness: Development of a Measure of Gratitude, and Relationships with Subjective Well-Being." *Social Behavior and Personality: An International Journal* 31, no. 5 (2003): 431–51. https://doi.org/10.2224/sbp.2003.31.5.431.

4 回味樂無窮：「之後」的力量

1 *On the twentieth anniversary:* Spade, David. 2015. "I'm told that today is the 20th anniversary of Tommyboy." Facebook. March 31, 2015. https://www.facebook.com/DavidSpade/photos/im-told-that-today-is-the-20th-anniversary-of-tommyboy-aside-from-that-making-me/10153717195027678.
2 *Dr. Barbara Fredrickson:* Fredrickson, Barbara L. "What Good Are Positive Emotions?" *Review of General Psychology* 2, no. 3 (1998): 300–319. https://doi.org/10.1037/1089-2680.2.3.300.
3 *Dr. Barbara Fredrickson:* Burton, Chad M., and Laura A. King. "The Health Benefits of Writing about Intensely Positive Experiences." *Journal of Research in Personality* 38, no. 2 (2004): 150–63. doi:10.1016/s0092-6566(03)00058-8.
4 *Researchers from MIT:* Ramirez, Steve, Xu Liu, Christopher J. MacDonald, Anthony Moffa, Joanne Zhou, Roger L. Redondo, and Susumu Tonegawa. "Activating Positive Memory Engrams Suppresses Depression-like Behaviour." *Nature* 522, no. 7556 (2015): 335–39. https://doi.org/10.1038/nature14514.
5 *I have been influenced in particular:* Bryant, Fred B., and Joseph Veroff. *Savoring: A New Model of Positive Experience* (Lawrence Erlbaum Associates, 2007).
6 *This tracks well with the findings:* Ford, Brett Q., Phoebe Lam, Oliver P. John, and Iris B. Mauss. "The Psychological Health Benefits of Accepting Negative Emotions and Thoughts: Laboratory, Diary, and Longitudinal Evidence." *Journal of Personality and Social Psychology* 115, no. 6 (2018): 1075–92. https://doi.org/10.1037/pspp0000157.
7 *Dr. Kevin Rathunde suggests:* Rathunde, Kevin. "Broadening and Narrowing in the Creative Process: A Commentary on Fredrickson's 'Broaden-and-Build' Model." *Prevention & Treatment* 3, no. 1 (2000). https://doi.org/10.1037/1522-3736.3.1.36c.
8 *Some psychologists:* Lieberman, Matthew D., Naomi I. Eisenberger, Molly J. Crockett, Sabrina M. Tom, Jennifer H. Pfeifer, and Baldwin M. Way. "Putting Feelings into Words." *Psychological Science* 18, no. 5 (2007): 421–28. https://doi.org/10.1111/j.1467-9280.2007.01916.x.

9 *Experts warn that journaling:* Eurich, Tasha. "Here's Why You Should Journal (Just Not Every Day)." *The Muse*, 19 June 2020, https://www.themuse.com/advice/heres-why-you-should-journal-just-not-every-day.
10 *They found that people appreciate:* Cosley, Dan, Victoria Schwanda Sosik, Johnathon Schultz, S. Tejaswi Peesapati, and Soyoung Lee. "Experiences with Designing Tools for Everyday Reminiscing." *Human–Computer Interaction* 27, no. 1-2 (2012): 175–198.
11 *Thomas and Briggs also made:* Thomas, Lisa, and Pam Briggs. "Reminiscence Through the Lens of Social Media." *Frontiers in Psychology* 7 (2016). https://doi.org/10.3389/fpsyg.2016.00870.
12 *Two, because taking a moment:* Rucker, Michael. "Interview with Jordan Etkin About the Folly of Activity Tracking." *Mike Rucker, Ph.D.*, 23 Dec. 2020, https://michaelrucker.com/thought-leader-interviews/dr-jordan-etkin-activity-tracking-folly.
13 *In general, there are two:* Herold, David M., and Martin M. Greller. "Feedback the Definition of a Construct." *Academy of Management Journal* 20, no. 1 (1977): 142–47. doi:10.5465/255468.

5 最棒的遠走高飛

1 *"has sort of a natural importance":* "Chris Hadfield: How Looking at 4 Billion Years of Earth's History Changes You | Big Think." YouTube, uploaded by Big Think, 24 Mar. 2018, https://www.youtube.com/watch?v=qPvSRPsWhOQ.
2 *What Hadfield describes seems:* Stenseng, Frode, Jostein Rise, and Pål Kraft. "Activity Engagement as Escape from Self: The Role of Self-Suppression and Self-Expansion." *Leisure Sciences* 34, no. 1 (2012): 19–38. https://doi.org/10.1080/01490400.2012.633849.
3 *They allow us to be fully present:* Killingsworth, M. A., and D. T. Gilbert. "A Wandering Mind Is an Unhappy Mind." *Science* 330, no. 6006 (2010): 932. doi:10.1126/science.1192439.
4 *American workers had a record number:* "Study: A Record 768 Million U.S. Vacation Days Went Unused in '18." *U.S. Travel Association*, 11 Nov. 2019, https://www.ustravel.org/press/study-record-768-million-us-vacation-days-went-unused-18-opportunity-cost-billions.
5 *Annual surveys by Expedia:* Expedia.com. "Americans Plan to Take an Additional Week of Vacation This Year, Expedia Reports." *Cision PR Newswire*, 3 Feb. 2021, https://www.prnewswire.com/news-releases/americans-plan-to-take-an-additional-week-of-vacation-this-year-expedia-reports-301221553.html.
6 *The writer Susan Sontag:* Sontag, Susan. *On Photography* (New York. Picador: 2001), pg. 14. (Original publication 1973).
7 *In a book I love called:* Staniforth, Nate. *Here Is Real Magic.* Bloomsbury, 2018.
8 *Jaye Smith, cofounding partner:* Garone, Elizabeth. "The Surprising Benefits of a Mid-Career Break." *BBC Worklife*, 2016, https://www.bbc.com/worklife/article/20160325-the-surprising-benefits-of-a-mid-career-break.
9 *That the case for my friend:* Wills, Brad. 2018. "Why I Left and What I Learned." LinkedIn. February 5, 2018. https://www.linkedin.com/pulse/why-i-left-what-learned-brad-wills.
10 *Former entrepreneur turned speaker:* Sivers, Derek. "Travel Without Social Praise." Derek Sivers, September 24, 2019. https://sive.rs/tp2.
11 *While the first person tries:* Stenseng, Frode, Jostein Rise, and Pål Kraft. "Activity Engagement as Escape from Self: The Role of Self-Suppression and Self-Expansion." *Leisure Sciences* 34, no. 1 (2012) 19–38. doi:10.1080/01490400.2012.633849.

6 神秘

1 ***Publishing in the journal:*** Taquet, Maxime, Jordi Quoidbach, Yves-Alexandre de Montjoye, Martin Desseilles, and James J. Gross. "Hedonism and the Choice of Everyday Activities." *Proceedings of the National Academy of Sciences* 113, no. 35 (2016): 9769–73. https://doi.org/10.1073/pnas.1519998113.

2 ***In science we have a saying:*** Street, Farnam. "The Map Is Not the Territory." *Farnam Street*, 1 Oct. 2020, https://fs.blog/2015/11/map-and-territory.

3 ***Dr. Todd B. Kashdan:*** Kashdan, Todd. *Curious? Discover the Missing Ingredient to a Fulfilling Life* (New York: William Morrow & Co, 2009).

4 ***In contrast, when we aren't:*** Kashdan, Todd. "Science Shows You Can Die of Boredom, Literally." *Psychology Today*, March 2010, https://www.psychologytoday.com/us/blog/curious/201003/science-shows-you-can-die-boredom-literally.

5 ***Boredom has been linked:*** Kim, Meeri. "Boredom's Link to Mental Illnesses, Brain Injuries and Dysfunctional Behaviors." *The Washington Post*, 17 July 2021, https://www.washingtonpost.com/health/boredom-mental-health-disconnected/2021/07/16/c367cd30-9d6a-11eb-9d05-ae06f4529ece_story.html.

6 ***Curiosity is also closely:*** Hunter, Jennifer A., et al. "Personality and Boredom Proneness in the Prediction of Creativity and Curiosity." *Thinking Skills and Creativity*, vol. 22, 2016, pp. 48–57. *Crossref*, doi:10.1016/j.tsc.2016.08.002.

7 ***A surprise means that we:*** Meyer, Wulf-Uwe, Rainer Reisenzein, and Achim Schützwohl. "Toward a Process Analysis of Emotions: The Case of Surprise." *Motivation and Emotion* 21, no. 3 (1997): 251–274.

8 ***In their article:*** Noordewier, Marret K., and Eric van Dijk. "Surprise: Unfolding of Facial Expressions." *Cognition and Emotion* 33, no. 5 (2019): 915–930.

9 ***The team concluded that:*** Berns, Gregory S., Samuel M. McClure, Giuseppe Pagnoni, and P. Read Montague. "Predictability Modulates Human Brain Response to Reward." *The Journal of Neuroscience* 21, no. 8 (2001): 2793–98. https://doi.org/10.1523/jneurosci.21-08-02793.2001.

10 ***The best ones:*** Cheung, Vincent K.M., Peter M.C. Harrison, Lars Meyer, Marcus T. Pearce, John-Dylan Haynes, and Stefan Koelsch. "Uncertainty and Surprise Jointly Predict Musical Pleasure and Amygdala, Hippocampus, and Auditory Cortex Activity." *Current Biology* 29, no. 23 (2019). https://doi.org/10.1016/j.cub.2019.09.067.

11 ***In contrast, those high in need:*** Gocłowska, Małgorzata A., Matthijs Baas, Richard J. Crisp, and Carsten K. De Dreu. "Whether Social Schema Violations Help or Hurt Creativity Depends on Need for Structure." *Personality and Social Psychology Bulletin* 40, no. 8 (2014): 959–71. https://doi.org/10.1177/0146167214533132.

12 ***It is clear fun promotes:*** Tews, Michael J., John W. Michel, and Raymond A. Noe. "Does Fun Promote Learning? The Relationship Between Fun in the Workplace and Informal Learning." *Journal of Vocational Behavior* 98 (2017): 46–55. https://doi.org/10.1016/j.jvb.2016.09.006.

13 ***Karl E. Weick, one of America's:*** Weick, Karl E. *Sensemaking in Organizations*. Vol. 3. Sage, 1995. Sage.

14 ***Austrian psychiatrist and neurologist:*** Frankl, Viktor E. *Man's Search for Meaning* (New York: Simon & Schuster, 1985).

15 ***Meaning is so important:*** Hale, Benjamin. *The Evolution of Bruno Littlemore* (New York: Twelve, 2011).

16 ***He believed that to be happy:*** Sidgwick, Henry. *The Methods of Ethics* (Indianapolis, Indiana: Hackett, 1874/1982).

17 ***The link between well-being:*** Kozlowski, Desirée. "What Is Hedonism and How Does It Affect Your Health?" *The Conversation*, 3 Sept. 2017, https://theconversation.com/what-is-hedonism-and-how-does-it-affect-your-health-78040.

18 ***It just lets you readjust:*** Rucker, Michael. "Interview with Lisa Feldman Barrett About Emotion and Affect." *Mike Rucker, Ph.D.*, 5 Feb. 2021, https://michaelrucker.com/thought-leader-interviews/lisa-feldman-barrett-emotion-affect.

19 ***In contrast, when we are distracted:*** Quoidbach, Jordi, Elizabeth V. Berry, Michel Hansenne, and Moïra Mikolajczak. "Positive Emotion Regulation and Well-Being: Comparing the Impact of Eight Savoring and Dampening Strategies." *Personality and Individual Differences* 49, no. 5 (2010): 368–73. https://doi.org/10.1016/j.paid.2010.03.048.

20 ***Shortly before his death, Abraham Maslow:*** Maslow, Abraham H. "The Farther Reaches of Human Nature." *The Journal of Transpersonal Psychology* 1, no. 1 (1969): 1–9.

21 ***After studying Maslow's work:*** Koltko-Rivera, Mark E. "Rediscovering the Later Version of Maslow's Hierarchy of Needs: Self-Transcendence and Opportunities for Theory, Research, and Unification." *Review of General Psychology* 10, no. 4 (2006): 302–317.

22 ***David Bryce Yaden, from the University of Pennsylvania:*** Yaden, David Bryce, Jonathan Haidt, Ralph W. Hood, David R. Vago, and Andrew B. Newberg. "The Varieties of Self-Transcendent Experience." *Review of General Psychology* 21, no. 2 (2017): 143–60. https://doi.org/10.1037/gpr0000102.

23 ***A band whose purpose was:*** Diamond, Michael, and Adam Horovitz. *Beastie Boys Book* (Random House Publishing Group, 2018).

24 ***"That's a fallacy":*** Decurtis, Anthony "Adam Yauch: 'I Don't Care If Somebody Makes Fun of Me.' " *Rolling Stone*, 28 May 1998, https://www.rollingstone.com/music/music-news/adam-yauch-i-dont-care-if-somebody-makes-fun-of-me-188139.

25 ***"Yauch LOVED disguises":*** Potts, Erin. "Adam Yauch, Activism & Fake Mustaches." *Medium*, 28 Nov. 2017, https://medium.com/@erin_potts/adam-yauch-activism-fake-mustaches-dc101a1524f8.

26 ***When they danced:*** Flower, Lynda. " 'My Day-to-Day Person Wasn't There; It Was like Another Me': A Qualitative Study of Spiritual Experiences during Peak Performance in Ballet Dance." *Performance Enhancement & Health* 4, no. 1–2 (2016): 67–75. doi:10.1016/j.peh.2015.10.003.

7 友誼很奇怪

1 ***A New York Times article:*** Williams, Alex. "Why Is It Hard to Make Friends Over 30?" *The New York Times*, 2012, pp. 97–98.

2 ***Church membership in the U.S.:*** Jones, Jeffrey. "U.S. Church Membership Down Sharply in Past Two Decades." *Gallup*, 13 Aug. 2021, https://news.gallup.com/poll/248837/church-membership-down-sharply-past-two-decades.aspx.

3 ***One frequently cited meta-analysis:*** Holt-Lunstad, Julianne, Timothy B. Smith, and J. Bradley Layton. "Social Relationships and Mortality Risk: A Meta-Analytic Review." *PLoS Medicine* 7, no. 7 (2010). https://doi.org/10.1371/journal.pmed.1000316.

4 ***A critic for U.K. entertainment site:*** Fleming, Laura Zoe. "Joke's On Who . . . ?—Impractical Jokers U.K. (TV Review)." *VultureHound Magazine*, 9 Aug. 2016, https://vulturehound.co.uk/2016/08/jokes-on-who-impractical-jokers-uk-tv-review.

5 ***Fun Friends are like human growth:*** Reis, Harry T., Stephanie D. O'Keefe, and Richard D. Lane. "Fun Is More Fun When Others Are Involved." *The Journal of Positive Psychology* 12, no. 6 (2016): 547–57. https://doi.org/10.1080/17439760.2016.1221123.

6 ***You may already be familiar:*** Gladwell, Malcolm. *The Tipping Point: How Little Things Can Make a Big Difference* (Little, Brown, 2006).
7 ***You may already be familiar:*** Christakis, Nicholas A., and James H. Fowler. "Social contagion theory: examining dynamic social networks and human behavior." *Statistics in Medicine* 32, no. 4 (2013): 556–77.
8 ***Emotional contagion, a concept pioneered:*** Hsee, Christopher K., Elaine Hatfield, John G. Carlson, and Claude Chemtob. "The effect of power on susceptibility to emotional contagion." *Cognition and Emotion* 4, no. 4 (1990): 327–40.
9 ***It's credited as likely responsible:*** Stamenov, Maksim, and Vittorio Gallese, eds. *Mirror Neurons and the Evolution of Brain and Language*, Vol. 42. (John Benjamins Publishing, 2002).
10 ***Researchers studying intrinsic motivation:*** Burgess, Laura G., Patricia M. Riddell, Amy Fancourt, and Kou Murayama. "The Influence of Social Contagion within Education: A Motivational Perspective." *Mind, Brain, and Education* 12, no. 4 (2018): 164–74. https://doi.org/10.1111/mbe.12178.
11 ***Their game was featured in:*** Adams, Russell. "You're It! How I Got the 'Tag' Story." *The Wall Street Journal*, Dow Jones & Company, June 16, 2018, https://www.wsj.com/articles/inside-a-journalists-pursuit-of-grown-men-playing-tag-1525963582.
12 ***Research from Dr. Jeanne Tsai:*** Tsai, Jeanne L., Brian Knutson, and Helene H. Fung. "Cultural variation in affect valuation." *Journal of Personality and Social Psychology* 90, no. 2 (2006): 288–307. doi:10.1037/0022-3514.90.2.288.
13 ***But as Dr. Iris Mauss:*** Rucker, Michael. "Interview with Iris Mauss About the Consequences of the Pursuit of Happiness." *Mike Rucker, Ph.D.*, 9 Apr. 2021, https://michaelrucker.com/thought-leader-interviews/iris-mauss-pursuit-of-happiness.
14 ***One tool he found helpful:*** MacLeod, Chris. "Does Meetup.com Work for Making Friends?" *Succeed Socially*, https://www.succeedsocially.com/doesmeetupwork.
15 ***In one study, adults were:*** Hudson, Nathan W., and R. Chris Fraley. "Volitional Personality Trait Change: Can People Choose to Change Their Personality Traits?" *Journal of Personality and Social Psychology* 109, no. 3 (2015): 490–507. doi:10.1037/pspp0000021.

8 爲人父母的樂趣：從搖籃到空巢期

1 ***Daniel Gilbert famously theorized:*** Gilbert, Daniel. *Stumbling on Happiness.* (Vintage Canada, 2009).
2 ***Children are the best thing in a parent's life:*** Wargo, Eric. "Aiming at Happiness and Shooting Ourselves in the Foot." *APS Observer* 20, no. 7 (2007).
3 ***A 2016 study on the "happiness penalty:"*** Glass, Jennifer, Robin W. Simon, and Matthew A. Andersson. "Parenthood and happiness: Effects of work-family reconciliation policies in 22 OECD countries." *American Journal of Sociology* 122, no. 3 (2016): 886-929.
4 ***Or perhaps kids only make parents:*** Blanchflower, David. "Children, Unhappiness and Family Finances: Evidence from One Million Europeans." NBER, 25 Feb. 2019, https://www.nber.org/papers/w25597.
5 ***The study termed these people:*** Ashton-James, Claire E., Kostadin Kushlev, and Elizabeth W. Dunn. "Parents reap what they sow: Child-centrism and parental well-being." *Social Psychological and Personality Science* 4, no. 6 (2013): 635–42. https://doi.org/10.1177/1948550613479804.
6 ***Play is generally defined as:*** Yogman, Michael, Andrew Garner, Jeffrey Hutchinson, Kathy Hirsh-Pasek, Roberta Michnick Golinkoff, Rebecca Baum, Thresia Gambon et al. "The power of play: A pediatric role in enhancing development in young children." *Pediatrics* 142, no. 3 (2018).

7 ***Meanwhile, those kids who received:*** Bonawitz, Elizabeth, Patrick Shafto, Hyowon Gweon, Noah D. Goodman, Elizabeth Spelke, and Laura Schulz. "The Double-Edged Sword of Pedagogy: Instruction Limits Spontaneous Exploration and Discovery." *Cognition* 120, no. 3 (2011): 322–30. https://doi.org/10.1016/j.cognition.2010.10.001.

8 ***The insight comes from Professor:*** Gray, Peter. "Playing with Children: Should You, and If So, How?" *Psychology Today,* September 6, 2014. https://www.psychologytoday.com/us/blog/freedom-learn/201409/playing-children-should-you-and-if-so-how.

9 ***The comedian Maz Jobrani has:*** " 'Persian Parents Party' | Maz Jobrani—I'm Not a Terrorist but I've Played One on TV." YouTube, uploaded by Maz Jobrani, 6 Dec. 2016, https://www.youtube.com/watch?v=b750fKHXS18.

10 ***Jobrani and my coworker:*** Lancy, David F. *The Anthropology of Childhood: Cherubs, Chattel, Changelings* (Cambridge University Press, 2008).

11 ***And in fact, elsewhere:*** Moore, Lela. "From Tokyo to Paris, Parents Tell Americans to Chill." *The New York Times,* 2 Aug. 2018, https:// www.nytimes.com/2018/08/02/reader-center/free-range-parenting-outside-united-states.html.

12 ***Michael W. Yogman, M.D.:*** Yogman, Michael, Andrew Garner, Jeffrey Hutchinson, Kathy Hirsh-Pasek, Roberta Michnick Golinkoff, Rebecca Baum, Thresia Gambon et al. "The power of play: A pediatric role in enhancing development in young children." *Pediatrics* 142, no. 3 (2018).

13 ***Further research also indicates:*** Cates, Carolyn Brockmeyer, Adriana Weisleder, Benard P. Dreyer, Samantha Berkule Johnson, Kristina Vlahovicova, Jennifer Ledesma, and Alan L. Mendelsohn. "Leveraging Healthcare to Promote Responsive Parenting: Impacts of the Video Interaction Project on Parenting Stress." *Journal of Child and Family Studies* 25, no. 3 (2015): 827–35. https://doi.org/10.1007/s10826-015-0267-7.

14 ***They wanted to guide kids:*** Shine, Stephanie, and Teresa Y. Acosta. "Parent-Child Social Play in a Children's Museum." *Family Relations* 49, no. 1 (2000) 45–52. doi:10.1111/j.1741-3729.2000.00045.x.

15 ***For instance, Dr. Thomas A.:*** Harris, Thomas Anthony. *I'm OK—You're OK* (New York: Harper & Row, 1967).

16 ***In*** The Alter Ego Effect***:*** Herman, Todd. *The Alter Ego Effect: The Power of Secret Identities to Transform Your Life* (New York: HarperCollins, 2019).

17 ***They celebrate it:*** Rucker, Michael. "Interview with Susanne Cook-Greuter About Fun and the Ego." *Mike Rucker, Ph.D.,* 2 Feb. 2021, https://michaelrucker.com/thought-leader-interviews/dr-susanne-cook-greuter-about-fun-and-the-ego.

18 ***Dr. Yogman notes that:*** Yogman, Michael. "Fathers' Roles in the Care and Development of Their Children: The Role of Pediatricians." *American Academy of Pediatrics,* 1 July 2016, https://pediatrics.aappublications.org/content/138/1/e20161128.

19 ***An Israeli study, for example:*** Feldman, Ruth, Ilanit Gordon, Inna Schneiderman, Omri Weisman, and Orna Zagoory-Sharon. "Natural Variations in Maternal and Paternal Care Are Associated with Systematic Changes in Oxytocin Following Parent–Infant Contact." *Psychoneuroendocrinology* 35, no. 8 (2010): 1133–41. https://doi.org/10.1016/j.psyneuen.2010.01.013.

20 ***Rambunctious, rough-and-tumble play:*** Yogman, Michael W. "Games Fathers and Mothers Play with Their Infants." *Infant Mental Health Journal* 2, no. 4 (1981): 241–48.

21 ***In*** Savoring, ***Fred Bryant writes:*** Fred B. Bryant and Joseph Veroff, *Savoring: A New Model of Positive Experiences* (New Jersey: Lawrence Erlbaum Associates, 2007), pg 41.

22 ***Author Rachel Macy Stafford:*** Stafford, Rachel Macy. "Six Words You Should Say Today." *Hands Free Mama,* 3 Oct. 2020, https://www.handsfreemama.com/2012/04/16/six-words-you-should-say-today.

23 ***A recent study at the University of Toledo:*** Dauch, Carly, Michelle Imwalle, Brooke Ocasio, and Alexia E. Metz. "The Influence of the Number of Toys in the Environment on Toddlers' Play." *Infant Behavior and Development* 50 (2018): 78–87. https://doi.org/10.1016/j.infbeh.2017.11.005.
24 ***Discussing the phenomenon in*** Savoring: Fred B. Bryant and Joseph Veroff, *Savoring: A New Model of Positive Experiences* (New Jersey: Lawrence Erlbaum Associates, 2007), pg. 42.

9 培養工作上的樂趣習慣

1 ***In one research project on academic achievement:*** Woolley, Kaitlin, and Ayelet Fishbach. "For the Fun of It: Harnessing Immediate Rewards to Increase Persistence in Long-Term Goals." *Journal of Consumer Research* 42, no. 6 (2016) 952–66. doi:10.1093/jcr/ucv098.
2 ***Their studies have also revealed:*** Woolley, Kaitlin, and Ayelet Fishbach. "Immediate Rewards Predict Adherence to Long-Term Goals." *Personality and Social Psychology Bulletin* 43, no. 2 (2016): 151–62. doi:10.1177/0146167216676480.
3 ***In 2020, Drs. Erik Gonzalez-Mulé:*** Gonzalez-Mulé, Erik, and Bethany S. Cockburn. "This Job Is (Literally) Killing Me: A Moderated-Mediated Model Linking Work Characteristics to Mortality." *Journal of Applied Psychology* 106, no. 1 (2021): 140–51. doi:10.1037/apl0000501.
4 ***As a review of nine studies:*** Lammers, Joris, Janka I. Stoker, Floor Rink, and Adam D. Galinsky. "To Have Control over or to Be Free from Others? The Desire for Power Reflects a Need for Autonomy." *Personality and Social Psychology Bulletin* 42, no. 4 (2016): 498–512. https://doi.org/10.1177/0146167216634064.
5 ***Self-determination theory:*** Deci, E. L., & R. M. Ryan (2012). "Self-determination theory." In P. A. M. Van Lange, A. W. Kruglanski, & E. T. Higgins (Eds.). *Handbook of Theories of Social Psychology* (pp. 416–436). (Sage Publications Ltd.) https://doi.org/10.4135/9781446249215.n21.
6 ***This was the conclusion of John Trougakos:*** Trougakos, John P., Ivona Hideg, Bonnie Hayden Cheng, and Daniel J. Beal. "Lunch Breaks Unpacked: The Role of Autonomy as a Moderator of Recovery During Lunch." *Academy of Management Journal* 57, no. 2 (2014): 405–21. https://doi.org/10.5465/amj.2011.1072.
7 ***In a now widely circulated lecture:*** Cleese, John. "Creativity in Management." Lecture given at Grosvenor House Hotel, London, UK, January 23, 1991.
8 ***I use this method myself:*** Frachon, Kate. "Turn Your Weekly To-Do List into a Raise or Promotion." *Ink+Volt*, 11 May 2017, https://inkandvolt.com/blogs/articles/turn-your-weekly-to-do-list-into-a-raise-or-promotion.
9 ***If you're a small business owner:*** Jarvis, Paul. *Company of One: Why Staying Small Is the Next Big Thing for Business* (Boston: Houghton Mifflin, 2019).
10 ***Authors Adam Gazzaley and Larry Rosen:*** Gazzaley, Adam, and Larry D. Rosen. *The Distracted Mind: Ancient Brains in a High-Tech World* (Cambridge, Massachusetts: MIT Press, 2016).
11 ***Once an athlete becomes aware:*** Hanin, Yuri L. "Emotions and Athletic Performance: Individual Zones of Optimal Functioning Model." *European Yearbook of Sport Psychology 1* (1997): 29–72.
12 ***Research psychologists Robert Yerkes and John Dodson:*** Yerkes, Robert M., and John D. Dodson. "The Relation of Strength of Stimulus to Rapidity of Habi-Formation." *Journal of Comparative Neurology and Psychology* 18, no. 5 (1908): 459–82. doi:10.1002/cne.920180503.
13 ***That's what Nicholas Epley and Juliana Schroeder:*** Epley, Nicholas, and Juliana Schroeder. "Mistakenly Seeking Solitude." *Journal of Experimental Psychology: General* 143, no. 5 (2014): 1980.
14 ***After his solo he shared:*** "Dave Grohl Lets Fan Play Guitar On Stage. 'Brady'—Foo Fighters PlayStation E3 Party 2003." *YouTube*, uploaded by rage12345678, 30 Oct. 2013, https://www.youtube.com/watch?v=2L83Cmf58Dw.

15 ***"In my research, I've found":*** Fogg, BJ. "How You Can Use the Power of Celebration to Make New Habits Stick." *Ted*, 6 Jan. 2020, https://ideas.ted.com/how-you-can-use-the-power-of-celebration-to-make-new-habits-stick.

16 ***High-performance psychologist Dr. Michael Gervais:*** Gervais, Michael. *The Passion Trap* (blog). LinkedIn Pulse, July 10, 2020. https://www.linkedin.com/pulse/passion-trap-michael-gervais.

17 ***But it's worth being deliberate:*** Sonnentag, Sabine, Carmen Binnewies, and Eva J. Mojza. " 'Did You Have a Nice Evening?' A Day-Level Study on Recovery Experiences, Sleep, and Affect." *Journal of Applied Psychology* 93, no. 3 (2008): 674–84. https://doi.org/10.1037/0021-9010.93.3.674.

10 受苦也甘願的樂趣：或說，如何實現膽大包天的計畫

1 ***Pleasure—feeling good—became unsustainable:*** Kringelbach, Morten L., and Kent C. Berridge. "Towards a Functional Neuroanatomy of Pleasure and Happiness." *Trends in Cognitive Sciences* 13, no. 11 (2009): 479–87. doi:10.1016/j.tics.2009.08.006.

2 ***Over the past decade:*** Ehrlich, Christian. "Be Careful What You Wish For but Also Why You Wish for It—Goal-Striving Reasons and Subjective Well-Being." *The Journal of Positive Psychology* 7, no. 6 (2012): 493–503. doi:10.1080/17439760.2012.721382.

3 ***There have even been accounts:*** Hopkins, Benjamin S., Daniel Li, Mark Svet, Kartik Kesavabhotla, and Nader S. Dahdaleh. "CrossFit and Rhabdomyolysis: A Case Series of 11 Patients Presenting at a Single Academic Institution." *Journal of Science and Medicine in Sport* 22, no. 7 (2019): 758–62. https://doi.org/10.1016/j.jsams.2019.01.019.

4 ***In her paper "The Hidden Cost":*** Etkin, Jordan. "The Hidden Cost of Personal Quantification." *Journal of Consumer Research* 42, no. 6 (2016): 967–984.

5 ***These findings were replicated again:*** Kent, Rachael. "Self-Tracking Health Over Time: From the Use of Instagram to Perform Optimal Health to the Protective Shield of the Digital Detox." *Social Media + Society* 6, no. 3 (2020): 205630512094069. doi:10.1177/2056305120940694.

6 ***Dr. Etkin's work taps into:*** Rucker, Michael. "Interview with Jordan Etkin About the Folly of Activity Tracking." *Mike Rucker, Ph.D.*, 23 Dec. 2020, https://michaelrucker.com/thought-leader-interviews/dr-jordan-etkin-activity-tracking-folly.

7 ***Meanwhile, the children in the:*** Lepper, Mark R., David Greene, and Richard E. Nisbett. "Undermining Children's Intrinsic Interest with Extrinsic Reward: A Test of the 'Overjustification' Hypothesis." *Journal of Personality and Social Psychology* 28, no. 1 (1973): 129–37. https://doi.org/10.1037/h0035519.

8 ***I saw that play out:*** "New Study Brings Value of Activity and Biometric Tracking into Question." PRWeb, 26 Feb. 2013, https://www.prweb.com/releases/fitness/tracking/prweb10470191.htm.

9 ***In the very first Ironman race:*** Carlson, Timothy. "First Ironman Champion." *Slowtwitch*, https://www.slowtwitch.com/Interview/First_Ironman_Champion__7033.html.

10 ***I'm a big fan of:*** Thaler, Richard H., and Cass R. Sunstein. *Nudge: Improving Decisions about Health, Wealth, and Happiness* (New York: Penguin, 2009).

11 ***Many studies show that what:*** Wadhera, Devina, and Elizabeth D. Capaldi-Phillips. "A Review of Visual Cues Associated with Food on Food Acceptance and Consumption." *Eating Behaviors* 15, no. 1 (2014): 132–43. doi:10.1016/j.eatbeh.2013.11.003.

12 ***For example, a study showed:*** Turnwald, Bradley P., Danielle Z. Boles, and Alia J. Crum. "Association between indulgent descriptions and vegetable consumption: Twisted carrots and dynamite beets." *JAMA Internal Medicine* 177, no. 8 (2017): 1216–18.

13 ***Cofounder Daniel Spils shared:*** Argument, The. "1 of My 43 Things." Medium, September 9, 2016. https://medium.com/theargument/1-of-my-43-things-271d076c2ba8.

11 樂趣是改變的動力

1 ***Being the change you want:*** Ehrlich, Christian. "The Goal-Striving Reasons Framework: Further Evidence for Its Predictive Power for Subjective Well-Being on a Sub-Dimensional Level and on an Individual Goal-Striving Reasons Level as Well as Evidence for Its Theoretical Difference to Self-Concordance." *Current Psychology* 40, no. 5 (2019): 2261–74. doi:10.1007/s12144-019-0158-y.

2 ***Albeit satirical, it's funny because:*** "Nothing for Hungry Kids." *South Park Digital Studios LLC*, uploaded by South Park, 21 Oct. 2015, https://www.southparkstudios.com/video-clips/lit77f/south-park-nothing-for-hungry-kids.

3 ***Most of us feel a draw:*** Schwartz, Barry. *The Paradox of Choice: Why More Is Less* (New York: Ecco, 2004).

4 ***Fun is obviously an important outcome:*** Jessica Blatt Press. "Ideas We Should Steal: Turning Blight into Play Spaces." *The Philadelphia Citizen*, 9 Feb. 2021, https://thephiladelphiacitizen.org/ideas-we-should-steal-turning-blight-into-play-spaces.

5 ***In fact, it appears to produce:*** Montague, Anne C., and Francisco Jose Eiroa-Orosa. "In It Together: Exploring How Belonging to a Youth Activist Group Enhances Well-Being." *Journal of Community Psychology* 46, no. 1 (2017): 23–43. doi:10.1002/jcop.21914.

6 ***Sharing a purpose with others:*** Ibid.

7 ***Volunteering your time to help:*** Umberson, Debra, and Jennifer Karas Montez. "Social Relationships and Health: a Flashpoint for Health Policy." *Journal of Health and Social Behavior* 51, no. 1_suppl (2010): S54-S66. doi:10.1177/0022146510383501.

8 ***Volunteering your time to help:*** Ibid.

9 ***Volunteering your time to help:*** Berkman, Lisa S. and S. Leonard Syme. "Social Networks, Host Resistance, And Mortality: A Nine-Year Follow-Up Study of Alameda County Residents" *American Journal of Epidemiology* 109, Issue 2 (1979): 186–204, https://doi.org/10.1093/oxfordjournals.aje.a112674.

10 ***Even donating money to charity:*** Yörük, Barış K. "Does Giving to Charity Lead to Better Health? Evidence from Tax Subsidies for Charitable Giving." *Journal of Economic Psychology* 45 (2014): 71–83. doi:10.1016/j.joep.2014.08.002.

11 ***Children who volunteer and engage:*** Johnson, Monica Kirkpatrick, Timothy Beebe, Jeylan T. Mortimer, and Mark Snyder. "Volunteerism in Adolescence: A Process Perspective." *Journal of Research on Adolescence* 8, no. 3 (1998): 309–32. https://doi.org/10.1207/s15327795jra0803_2.

12 ***That's largely because of the way:*** Breines, Juliana, "Three Strategies for Bringing More Kindness into Your Life." *Greater Good*, Sept. 16, 2015, https://greatergood.berkeley.edu/article/item/three_strategies_for_bringing_more_kindness_into_your_life.

13 ***In its busiest night:*** ALS Association. "The ALS Association FY 2015 Annual Report." *Issuu*, https://issuu.com/alsassociation/docs/020816-fy-2015-annual-report-websit.

14 ***It funded research that led:*** "Ice Bucket Challenge Dramatically Accelerated the Fight Against ALS." *ALSA*, http://web.alsa.org/site/PageNavigator/pr_060419.html.

15 That's right, ***the group that simply:*** Ko, Kellon, Seth Margolis, Julia Revord, and Sonja Lyubomirsky. "Comparing the Effects of Performing and Recalling Acts of Kindness." *The Journal of Positive Psychology* 16, no. 1 (2019): 73–81. https://doi.org/10.1080/17439760.2019.1663252.

16 ***One study found that the pressure:*** Maslach, Christina, and Mary E. Gomes. "Overcoming Burnout." In R. M. MacNair (Ed.) & Psychologists for Social Responsibility. *Working for Peace: A Handbook of Practical Psychology and Other Tools* (Oakland, California: Impact Publishers/New Harbinger Publications, 2006), pp. 43–49.

17 *He credited his mom:* Aitkenhead, Decca. "The Daily Show's Trevor Noah: 'I Am Extremely Political.' " *The Guardian*, 28 Nov. 2017, https://www.theguardian.com/culture/2016/nov/25/trevor-noah-interview.

結語：尋找Ultima：一個有關終點、死亡與宇宙混亂的故事

1 *This has been thoroughly explored:* Solomon, Sheldon, Jeff Greenberg, and Tom Pyszczynski. *The Worm at the Core: On the Role of Death in Life* (New York: Random House, 2015).

2 *"And that urgency, that purpose":* Elias, Ric. "3 Things I Learned While My Plane Crashed." *TED Talks*, uploaded by TED Talks, 22 Apr. 2011, https://www.ted.com/talks/ric_elias_3_things_i_learned_while_my_plane_crashed.

3 *David Bowie, for instance:* Walters, Joanna, and Edward Helmore. "David Bowie's Last Days: An 18-Month Burst of Creativity." *The Guardian*, 26 Mar. 2020, https://www.theguardian.com/music/2016/jan/15/david-bowies-last-days-an-18-month-burst-of-creativity.

4 *A scientific study that explored:* Gamble, John Wylie. "The Relationship of Self-Actualization and Authenticity to the Experience of Mortality." (1975): 3578-3578.

5 *A study by Drs. Catherine Nogas:* Nogas, Catherine, Kathy Schweitzer, and Judy Grumet. "An Investigation of Death Anxiety, Sense of Competence, and Need for Achievement." *OMEGA-Journal of Death and Dying* 5, no. 3 (1974): 245–55.

6 *A study conducted by Drs. John Ray:* Ray, J. J., and J. Najman. "Death Anxiety and Death Acceptance: A Preliminary Approach." *OMEGA—Journal of Death and Dying* 5, no. 4 (1975): 311–15. doi:10.2190/mhel-88yd-uhkf-e98c.

7 *John Blazer, a researcher:* Blazer, John A. "Relationship Between Meaning In Life And Fear Of Death." *Psychology* 10, no. 2 (1973): 33–34.

8 *According to David Sobel:* Sobel, David E. "Death and dying." *AJN The American Journal of Nursing* 74, no. 1 (1974): 98–99.

9 *"Death Cafes"—informal gatherings designed:* "Forthcoming Death Cafes," Death Cafe, https://deathcafe.com/deathcafes.

10 *These "temporal landmarks" can kick-start:* Dai, Hengchen, Katherine L. Milkman, and Jason Riis. "The Fresh Start Effect: Temporal Landmarks Motivate Aspirational Behavior." *Management Science* 60, no. 10 (2014): 2563–82. https://doi.org/10.1287/mnsc.2014.1901.

11 It is through accepting the finiteness: Kübler-Ross, Elisabeth. *Death: The Final Stage of Growth* (Englewood Cliffs, New Jersey: Prentice-Hall, 1975).

12 *Randy talked about achieving:* Pausch, Randy. *Really Achieving Your Childhood Dreams* (Network Media Group, Carnegie Mellon University, 2007).

13 *His inspiring last lecture has:* Pausch, Randy. *The Last Lecture* (Hachette Books, 2008).

14 *Science also supports McNamara's mantra:* Hui, Bryant P., Jacky C. Ng, Erica Berzaghi, Lauren A. Cunningham-Amos, and Aleksandr Kogan. "Rewards of Kindness? A Meta-Analysis of the Link between Prosociality and Well-Being." *Psychological Bulletin* 146, no. 12 (2020): 1084–116. https://doi.org/10.1037/bul0000298.